U0133663

青年时期的沈从文

1933 年，沈从文在北平留影

沈从文 著

古人的文化

黄永玉敬题

中国青年出版社

目录

001 _ 勤奋和对生命的思索（沈龙朱）

*

007 _ 扇子史话

012 _ 古代镜子的艺术

025 _ 镜子的故事（上）

043 _ 镜子的故事（下）

*

065 _ 中国古玉

076 _ 玉的应用

087 _ 中国古代陶瓷

*

099 _ 古代人的穿衣打扮

109 _ 我国古代人怎么穿衣打扮

124 _ 宋元时装

135 _ 从文物中所见古代服装材料和其他生活事物点点滴滴

156 _ 从文物来谈谈古人的胡子问题

　　　　*

170 _ 龙凤艺术——龙凤图案的应用和发展

181 _ 鱼的艺术——鱼的图案在人民生活中的应用及其发展

190 _ 狮子在中国艺术上的应用及其发展

　　　　*

209 _ 玻璃工艺的历史探讨

222 _ 螺钿工艺试探

251 _ 我们从古漆器可学些什么

264 _ 漆工艺问题

276 _ 谈辇舆

287 _ 谈车乘

*

292 _ 说"熊经"

302 _ 谈金花笺

313 _ 过节和观灯

*

328 _ 谈写字（一）

336 _ 谈写字（二）

*

348 _ 附录：沈从文简要年表

*

356 _ 编者手记

1982 年，沈从文和张兆和在凤凰码头

勤奋和对生命的思索

沈龙朱

　　青少年时代的沈从文，曾混迹于湘西的土军阀部队之中，亲眼见过无数滥杀中无辜生命的消失（他在文章里写过当地起义失败后，农民受到镇压，地方军队的"清乡"，被迫挑着人头进城的老百姓，天王庙里靠打告决生死的判案……），这不能不引起他对人性和生命的思考。人的一生本来就短暂，而当时社会环境恶劣，更有无数看来偶然的因素，随时都可能造成一个鲜活生命的消失。他不能不思考自己的这一生到底应该怎么度过。在五四精神的影响下，他终于下决心跳出当年湘西那个圈子，要独闯北京来上学，来打开自己生命的新天地。

　　小学毕业的学历，考北大当然不会被录取。考燕京被录取了却没有钱交学费，从老上级陈渠珍那里得到的 27 元资助，维持得了几天？欠着小公寓的房钱，小饭铺的伙食钱，还不得不到当时农大、北大的朋友和同乡那里去"打溜"（现在叫"蹭饭"）；

他穿着南方带来的夹袍子在北京小公寓那不生火的房间里过冬；他努力写文章，向报刊投稿，希望得到几块钱稿费维持生活，但往往是没有下文。据说，当时主编《晨报》文艺副刊的孙伏园先生曾把他的投稿粘成一长串，当着其他人的面展示并团成一团投入纸篓。沈从文在无奈之下写信求助于郁达夫，并且得到了他的热情帮助和支持。

我们听说这两个对比鲜明的故事，往往为后者感动，对前者不平。其实爸爸在说及前者时，是当作自己的笑话来谈的，一点没有对孙先生的怨恨。一个只有小学学历的人，当然知道自己当时的文字生涩而幼稚。我们后来才知道孙伏园先生是在新文学运动发展中很有功劳的人，是他把《晨报》的文艺专栏扩大为专版副刊，刊登过鲁迅、冰心等著名作家早期的不少作品，那是对新文学运动的重大推动，使后来的报纸文艺副刊成为发展新文学，特别是短篇小说、散文、诗歌、杂文的重要阵地，也成为发现新人的重要来源。照我猜想，父亲还可能像感激郁达夫一样感谢孙伏园先生，因为正是这两种鲜明对比的刺激，让他看到自己的不足，发奋写作，试验探讨各种题材，大量阅读学习，从幼稚生涩的文字中渐渐闯出有自己特点的写作天地。

孙伏园那一代先行者创办的报纸文艺副刊，后来也成了沈从文一生写作生活中极其重要的部分。从二十世纪三十年代起到四十年代末，在教书、写作的同时，他始终没有完全脱离过文艺副刊的编辑工作。他对来稿极其认真，认为不错的文章，就会细致地加以修改后推荐给读者，许多后起之秀正是由此走向写作之路；他认为不理想的稿件，也会同样认真地写退稿信，细致、平等地讨论文章的不足之处，鼓励作者改进。在整理他遗留的信件中，我就发现过不止一封这类信件。我想正是从单纯求得生活，为有口饭吃而写作，到成为那个时代的职业作家，这个过程更让他感悟到生命的宝贵，懂得了怎样才能让自己的生命更有意义——只有勤奋再勤奋！

父亲的勤奋，贯穿一生。因为生命宝贵，他要利用好自己生命中的每一分钟。既然已经投身写作，他希望作品带来的不仅仅是自己的饭碗和名声。其实，他还是不喜欢所谓的名声，因此生前对挂他的名字做什么事总是持反对态度。在世时，他捐款兴建的小学图书馆要求他题写"沈从文藏书楼"，他就只是写下"藏书楼"三个字；他多次写信嘱咐吉首大学和研究他作品的朋友，不要专门举办以他的名义的活动。秉承他的意愿，我家人谢绝了以他的名义举办文学奖，谢绝了以他的名字命名凤凰县的广场……

在抗日战争以后，沈从文对工作与生命的思索关注更多了。他逐渐把自己的作品当作生命的一种延续。他自己经历过的生存环境让他关心着生活在底层的老百姓，也许因为他自己喜欢写短篇小说，他很欣赏和推崇俄国作家契诃夫，他对于自己的要求就是写它五十年能赶上契诃夫就不错了。实际上他已经把契诃夫留给全人类读者的作品，看成是契诃夫生命最有意义的延续。

工作有各种各样的分工，有的能出头露面，有的也许显得平庸，但只要是勤奋踏实地去做好自己的事，这种生命的存在就是有意义的。《边城》中沈从文对爷爷的描述，就是这种看法的反映。老船工一辈子风雨无阻地在那小河边为老百姓摆渡，沈从文喜欢这样踏踏实实做事做人。他对自己也有这样的要求，对我们兄弟，同样也希望能成为扎扎实实做事的人，用他的话来说就是做任何事都要"耐烦"。他写文章勤奋耐烦，文章一遍一遍地修改，常常在深夜流着鼻血工作；他批改学生文章非常耐烦，有时在文稿上写的建议比原作正文字数还要多；他编辑文艺副刊非常耐烦，他的修改、推荐和转寄稿费同时发出的鼓励信件，使许多青年作家后来成了他的朋友……父亲以自己做事的那种勤奋和耐烦，无形地培养着我们兄弟一生的工作态度。我们没有他的写作才能，也没有像他后半生那样转行搞文物研究，但是学到了在任何困难环境之下扎实做好自己工作的那份"耐烦"。

新中国成立后，沈从文从北大教授改行到了博物馆，彻底结束了文学生涯，一头扎进了文物研究这一行，也有了一定的成就。我想，还是与他对生命的思索紧紧相连着的。他研究、爱好文物，首先看重的是历史上前人劳动的成就，前人那些精美的设计、高超的工艺，实际也就是生命的一种延续。他把古人丝绸的花纹、织锦的技术、陶瓷的造型推向苏州、杭州、景德镇等地，当时的口号"古为今用"，不就是为了这些前人的工艺成就在我国能更有生命力地延续下去吗？就在这新的一行里，他重新用二十世纪二十年代刚到北京时的那种勤奋、扎实去一点点地学习、积累，在库房里靠整理文物学习和积累；在展厅讲解员的位置上学习和积累；在编写展览柜的说明中学习和积累；在研究旧文献和大量新出土的文物中学习和积累……在二十世纪五十年代以后不断的政治运动造成的干扰下，他始终没有放弃自己的工作，他最终实现了用自己的研究成果将生命延续给未来的努力。

扇子，在我国有非常古老的历史。出于招风取凉、驱赶虫蚊、掸拂灰尘、引火加热种种需要，人们发明了扇子。

从考古资料方面推测，扇子的应用至少不晚于新石器时代陶器出现之后，如古籍中提到过"舜作五明扇"。但有关图像和实物的发现却较晚。目前所见较早的扇子形象是东周、战国铜器上刻画的两件长柄大扇，以及江陵天星观楚墓出土的木柄羽扇残件。从使用方面看，由奴隶仆从执掌，为主人障风蔽日，象征权威的成分多于实际应用（图〇一）。

战国晚期到两汉，一种半规形"便面"

成为扇子的主流。其中以江陵马山楚墓出土、朱黑两色漆篾编成的最为精美。便面一律用细竹篾制成，上至帝王神仙，下及奴仆烤肉，灶户熬盐，无例外地都使用它。

魏晋南北朝时期，"麈尾""麈尾扇""羽扇"及"比翼扇"相继出现。"羽扇"前期本由鸟类半翅制成，后来用八羽、十羽并列，且加了长木柄。"麈"是领队的大鹿，魏晋以来尚清谈，手执麈尾有"领袖群伦"的含义。"麈尾扇"传由梁简文帝萧纲创始，近于麈尾的简化，固定式样似在纨扇上加鹿尾毛两小撮。"比翼扇"又出于麈尾扇，上端改成鸟羽，为帝子天神、仙真玉女升天下凡翅膀的象征。

隋唐时"麈尾"虽定型，但使用范围缩小。"纨扇"起而代之，广为流行。"纨扇"亦即"团扇"，主要以竹木为骨架，制成种种形状，并用薄质丝绸糊成；历来传说出于西汉成帝朝（公元前32—前7）。南北朝时，纨扇扇面较大，唐代早期还多作腰圆形，近乎"麈尾"之转化。唐开元、天宝以来才多"圆如满月"式样。纨扇深得闺阁喜爱，古代诗词中多有反映，如"团扇，团扇，美人并来遮面"，"银烛秋光冷画屏，轻罗小扇扑流萤"，"团扇复团扇，奉君清暑殿。秋风入庭树，从此不相见"。借团扇刻画出少女种种情态或愁思，可见扇子的功能已大为扩展。

宋元时期纨扇尽管还占主要地位，且更多样化，但同时也出现另一新品种"折叠扇"，即折扇；一般认为是北宋初从日本、高丽传入的。南宋时生产已有相当规模。但扇面有画的传世实物连同图像反映、画录记载，两宋总计不到十件，元代更少（图〇二）。这种情况也许是因当时多用山柿油涂于纸面做成"油纸扇"，不宜绘画，只供一般市民使用；或与当时风习有关，虽也有素纸"折叠扇"，但只充当执事仆从手中物，还不曾为文人雅士所赏玩，因而尚未成为书画家染翰挥毫的对象。元代山西永乐宫壁画，保留了大量元人生活情景，"折叠扇"仍只出现于小市民手中。

图〇二
元 钱选《招凉仕女图》，台北故宫博物院藏

到了明代，折扇开始普遍流行，先起宫廷，后及社会。明永乐年间，成都所仿日本"倭扇"，年产约两万把。早期扇骨较少，后来才用细骨。扇面有加金箔者，特别精美的由皇帝赏给嫔妃或亲信大臣，较次的按节令分赐其他臣僚。近年各地明代藩王墓中均有贴金折扇及洒金折扇出土。浑金扇面还有用针拨画山石人物的，极似倭扇格式。也有加画龙、凤的，可能只限于帝后使用。至于骚人墨客等风雅之士，讲究扇面书画，使之更近于工艺品。当时的川蜀及苏州都是折扇的主要产地。折扇无疑已成为明代扇子的主流，影响到清代，前后约三个世纪之久。

歌舞百戏用扇子当道具，也是由来已久。唐宋"歌扇"已成为诗文中习用名词，杂剧艺人不分男女腰间必插一扇；元杂剧中扇子已成为必不可少的道具，习惯上女角多用小画扇，大臣儒士帮闲多用中型扇，武臣大面黑头等则用白竹骨大扇，有长及二尺[1]的。演员借助扇子表现角色的不同身份和心理状态，妙用无穷。剧目和文学作品中也有以扇为主题的，如"桃花扇""孙悟空三借芭蕉扇""晴雯撕扇"等，可见其影响之大。

折扇外骨的加工，明代已得到极大发展。象牙雕刻，螺钿镶嵌，及用玳瑁薄片粘贴，无所不有。但物极必反，不加雕饰的素骨竹片扇也曾流行一时，甚至一柄值几两银子。清代还特

1　尺，长度单位，合1/3米。

别重用洞庭君山出的湘妃竹，斑点有许多不同名称，若作完整秀美"凤眼"形状，有值银数十两的（图〇三）。至于进贡折扇，通常四柄放一扇匣内，似以苏浙生产的占首位。

清代宫廷尚宫扇，包含各种不同式样。雍正四妃像中，即或执折扇，或执宫扇。宫扇一般式样多为上宽下略窄，扇柄多用羊脂玉、翡翠、象牙等珍贵材料加工而成，扇面还有用象牙劈成细丝编成网孔状的，这实在只是帝王的珍玩，已无任何实用意义。

至于农人，则一律是蒲葵扇，雍正在《胤禛耕织图册》中本人自扮的老农也不例外。高级官僚流行雕翎扇，贵重的有值纹银百两的，到辛亥革命后才随同封建王朝覆没而退出历史舞台。后来京剧名角余叔岩、马连良扮诸葛亮时手中挥摇的雕翎扇，大约从北京的前门外挂货铺花四五元就可买到。

1987年发表于《人民画报》第8期

图〇三
清 清宫潮州贡扇，为竹丝骨绢团扇，故宫博物院藏

古代镜子的艺术

中国金工用青铜铸造镜子，约在春秋战国时期。多数镜子的背面，都有精美的装饰图案，从造型特征和艺术表现看，可以分成两类，代表两种不同风格：一种镜身比较厚实，边沿平齐，用蟠螭纹作图案主题，用浅浮雕、高浮雕和透空雕等技法处理的，图案花纹和河南新郑、辉县，山西李峪村及最近安徽寿县各地出土青铜器部分装饰花纹相近。有一种透空螭纹镜子，数量虽然不多，做法却自成一个系统，产生时代可能早一些。另一种镜身材料极薄，边缘上卷，图案花纹分两层处理，一般是在精细底纹上再加各种主题浅浮雕，底纹或作涡旋云纹、几何纹及丝绸中的罗锦纹。主题装饰有代表性的，计有山字形矩纹、连续矩纹、菱形纹、连续菱纹、方胜格子嵌水仙花纹、黼绣云藻龙凤纹、长尾兽（蜼）纹，及反映当时细金工佩饰物各式花纹。这部分图案比前一部分有个基本不同处，是它和古代纺织物丝绸锦绣花纹发生密切联系，制作精美程度也达到了当时金铜工艺高峰，产生时代可能稍晚一些，先在淮河流域发现，通称"淮式镜"。新中国成立后，长沙战国楚墓中出土同类镜子格外多，才知道叫它作"楚式镜"比较正确（图○四）。从现有材料分析，青铜镜子的发明，虽未必创自楚国，但是楚国铸镜工人对于生产技术的进步提高和改进图案艺术的丰富多样化，无疑有过极大贡献。镜子埋藏在地下已经过二千三百余年，出土后还多保存得十分完整，镜面黑光如漆，可以照人。照西汉《淮南子》一书所说，是用"玄锡"作反光涂料，再用细毛呢摩擦的结果。后来磨镜药是用水银和锡粉做成的。经近人研究，"玄锡"就

图○四
战国楚 透雕蟠螭纹铜镜，
中国国家博物馆藏

指这种水银混合剂。由此知道我国优秀冶金工人，战国时期就已经掌握了烧炼水银的新技术。这时期起始流行的鎏金技术，同样要利用水银才能完成。这些重要发现或发明，是中国冶金史和科学技术发明史上一件重大事情，由于新的科学技术的应用，使得中国金工装饰艺术显得更加华美和壮丽。当时特种加工镜子，还有涂朱绘彩的、用金银错镂镶嵌的、加玉背并镶嵌彩色琉璃的，都反映了这个伟大历史时期金铜工艺所达到的高度水平。

到汉代，青铜镜子应用范围日益广泛，图案花纹也以新的内容不断丰富。第一种是特别有代表性的连续云藻纹镜，云藻多用双钩法处理，材料薄而卷边，还具楚式镜规格，大径在五寸[1]以内，通常都认为是秦汉之际的制作。有的又在镜中作圆框或方框，加铸十二字铭文，"长富贵，宜酒食，乐无事，日有憙"是常见格式。或用"安乐未央"四字铭文，必横列一旁。

第二种是小型平边镜子，镜身稍微厚实，铜质泛黑，惟用"见日之光，长毋相忘"八字作铭文，每字之间再用两三种不同的简单云样花式制成图案，字体方整犹如秦刻石。图案结构虽比较简单，铭文却提示出一个现象，西汉初年社会，已起始用镜子作男女间爱情表记，生前相互赠送，作为纪念，死后埋

---

1 寸，长度单位，合 1/30 米。

入坟中，还有生死不忘之意。"破镜重圆"的传说，就在这个时期产生，比后来传述乐昌公主故事早七八百年。又有大型日光镜，外缘加七言韵语，文如《长门赋》体裁，借形容镜子使用不时，作为爱情隔阂忧虑比喻。另有一种星云镜，用天文星象位置组成图案，或在中心镜纽部分作九曜七星，又把四围众星用云纹联系起来，形成一种云鸟图案，这都是西汉前期镜子。

第三种是中型或大型四神规矩镜，用青龙、白虎、朱雀、玄武分布四方作主要装饰，上下各有规矩形，外缘另加各种带式装饰，如重复齿状纹、水波云纹、连续云藻纹、连续云中乌鹊夔凤纹，主题组织和边缘装饰结合，共同形成一种活泼而壮丽的画面。正如汉代一般工艺图案相似，在发展中起始见出神仙方士思想的侵入。这种镜子或创始于武帝刘彻时的尚方官工，到王莽时期还普遍流行，是西汉中期到末叶官工镜子标准式样。有的在内外缘间还加铸年号、作者姓名和七言韵语，表示对于个人或家长平安幸福的愿望。最常见的是"尚方作竟（镜）真大巧，上有仙人不知老，渴饮玉泉饥食枣"和"新有善铜出丹阳，和以银锡清且明，巧工作之成文章，左龙右虎辟不祥"等语句。有些铭文还说做生意凡事顺心能发大财。又有铭文说"铜以徐州为好，工以洛阳著名"。它的产生年代和图案铭刻反映的社会意识，因之也更加明确。

第四种是大型"长宜子孙"（图〇五）、"长宜高官"铭文镜，

图〇五
汉 "长宜子孙"铭文铜镜，
故宫博物院藏

字体作长脚花式篆，分布四周，美丽如图画。图案简朴，过去
人认为是西汉早期制作，近年来多定作西汉末东汉初期成品。
此外还有由四神规矩发展而成的神人龙虎镜、分段神像镜、"位
至三公"八凤镜、"天王日月"神像镜、凸起鼍龙镜、西王母
车马人物镜，可代表汉末过渡到魏晋时期的产品。八凤镜用平
剔法，简化对称图案如剪纸，边缘或作阴刻小朵如意云，富于
民间艺术风味。神仙龙虎镜，有的平面浮雕龙虎和西汉白虎、
朱雀瓦当浮雕风格相同，形象特别矫健壮美。一般多用浅浮雕，
是西汉以来技法。较晚又用圆浮雕法把龙虎简化，除头部其他
部位都不显明，产生年代多在桓帝祠老子以后，有署建安年号

的。神仙龙虎镜加"胡虏殄灭天下复，风雨时节五谷熟"等七言诗的，创始于西汉，汉魏之际还有模仿。又有一种高圆浮雕夔龙镜，龙身高低不一，在构图和表现技法上有新发展。特别引人注意的是西王母东王公车马神像镜，铜质精美，西王母蓬发戴胜，仪态端庄，旁有玉女侍立，间有仙人六博及毛民羽人竖蜻蜓表演杂技。主题图案组织变化丰富，浮雕技法也各具巧思。有的运用斜雕法，刻四马并行，拉车奔驰，珠帘绣幰，飘忽上举，形成纵深体积效果，十分生动，在中国雕刻艺术史上是新成就，后来昭陵六骏石刻及宋明剔红漆雕法，都受它的影响。这种镜子在浙江绍兴一带出现最多，为研究汉代西王母传说流行时代和越巫关系问题，提供了重要线索。

又根据近年出土记录，西汉以来还有鎏金、包金和漆背加彩画人物各种不同加工大型镜子产生。当时除尚方官工特别制作外，铸镜工艺在国内几个大商业城市，也已经成为一种专门手工业，长安、洛阳、广陵及西蜀各地都有专门名家，铸造各式镜子，罗列市上出售。许多镜子上的铭文，就把这些事情反映得清清楚楚。这些镜子当时不仅被当成高级美术商品流行全国，还远及西域各属及国外。近年在西北出土的镜子，可根据它判断墓葬相对年代。在日本出土的汉镜及汉式镜，又得以进一步证明中日两国间文化的交流，至晚在西汉就已开始，比《魏略》说的东汉晚期早二百年。东汉末年到三国时期，还有一种铁制镶嵌金银花纹镜子，早见于曹操《上杂物疏》记载中。近年来这种镜子在国内也常有出土。镜纽扁平，图案花纹比较简质，和八凤镜风格相近，开启后来应用铁器错银技法。因铁质入土容易氧化，完整的镜子保存不多。

晋、南北朝三百余年中，除神像龙虎镜、西王母镜，东晋时犹继续生产，此外还有"天王日月"铭文镜，边缘多用云凤纹处理，内缘铭文改成四言，如道士口诀律令。再晚一些又有分罫十二生肖四神镜、高浮雕四神镜、重轮双龙镜、簇六宝相花镜，等等。后四种出现于六朝末陈、隋之际，唐代还流行。南北朝晚期镜子图案逐渐使用写生花鸟作主题后，在技法表现上也有了改进和提高，花鸟浮雕有层次起伏，棱角分明，充满了一种温柔细致情感。主要生产地已明确属于扬州，可说明这阶段南方生产的发展和美术工艺的成就。

唐代物质文化反映于造型艺术各部门，都显得色调鲜明，组织完美，整体健康而活泼，充满着青春气息。镜子艺术的成就，同样给人这种深刻印象。镜身大部分比较厚实（特别是葡萄鸟兽花草镜），合金比例，银锡成分增多，因此颜色净白如银。造型也有了新变化。突破传统圆形的束缚，创造出各种花式镜。大型镜子直径大过一尺二寸，小型镜子仅如一般银币大小。并且起始创造有柄手镜。至于图案组织，无论用的是普通常见花鸟蜂蝶，还是想象传说中的珍禽瑞兽或神话故事、社会生活，表现方法都十分富于风趣人情，具有高度真实感。唐代海外交通范围极广，当时对外来文化也采取一种兼容并蓄的态度来丰富新的艺术创造内容，在音乐、歌舞、绘画、纺织图案、服装各方面影响都相当显著。镜子图案的主题和表现技法，同样反映出这种趋势。例如满地葡萄鸟兽花草镜、麒麟狮子镜、醉拂菻击拍鼓弄狮子镜、骑士玩波罗球镜、黑昆仑舞镜、太子玩莲镜，都可以显著见出融合外来文化的痕迹。前一种图案组织复杂而精密，用高浮雕技术处理，综合壮丽与秀美成一体，在表现技法中格外突出。后几种多用浅浮雕法，细腻利落，以善于布置见长，结构疏密恰到好处。极小的镜面也留出一定空间，使得花鸟蜂蝶都若各有生态，彼此呼应，整体完善而和谐。

唐代统治者宣扬道教，神仙思想因之流行，在唐镜的图案上也得到各种不同的反映。例如嫦娥奔月镜（图〇六）、真子飞霜镜、王子晋吹笙引凤镜、仙真乘龙镜、水火八卦镜、海上三神山镜，图案组织都打破了传统的对称法，做成各种不同的新式样。唐代佛教盛行，艺术各方面都受影响，镜子图案除飞天、频伽外，还有根据《莲花太子经》制作的太子玩莲图案，用一些胖娃娃作主题，旋绕于花枝间。子孙繁衍、瓜瓞绵绵是一般人所希望。因此这个主题画在丝绸锦绣中加以发展，就成为富贵宜男百子锦。织成幛子被单，千年来还为民众熟习爱好。汉代铸镜作带钩多在五月五日，唐人习惯照旧，传说还得在扬子

图〇六
唐 菱花月宫纹铜镜，
故宫博物院藏

江中心着手，显然和方士炼丹有瓜葛牵连。又八月五日是唐玄宗生日，定名叫"千秋节"（又称"千秋金鉴节"），照社会习惯，到这一天全国都铸造镜子，当作礼物送人，庆祝长寿。唐镜中比较精美的鸾衔长绶镜、飞龙镜和特别加工精美的金银平脱花鸟镜、螺钿花鸟镜，多完成于开元、天宝二十余年间，部分且为适应节令而产生。唐代社会重视门阀，名家世族儿女婚姻必求门当户对，但是青年男女却乐于突破封建社会的束缚来满足恋爱热情。当时人常把它当作佳话奇闻，转成小说、诗歌的主题。镜子图案对于这一个问题虽少直接表现，但吹笙引凤、仙人乘龙、仙女跨鸾，以及各式花鸟镜子中鸂鶒、鸳鸯、鹡鸰口衔同心结子相趁相逐形象及鱼水和谐、并蒂莲形象，却和诗歌形容恋爱幸福及爱情永不分离喻义相同。镜子铭文中，又常用北周庾子山五言诗及唐初人拟苏若兰织锦回文诗，借歌咏化妆镜中人影，对于女性美加以反复赞颂。

唐代特种加工镜子，计有金银平脱花鸟镜、螺钿花鸟镜、捶金银花鸟镜、彩漆绘嵌琉璃镜，这类具有高度艺术水平的镜子图案，有部分和一般镜子主题相同；有部分又因材料特性引起种种不同新变化，如像满地花螺钿镜子的成就，便是一个好例。这些镜子华美的装饰图案，在中国制镜工艺发展史上达到了一个新的高峰。

唐镜花样多，有代表性的可以归纳成四类：第一类宝相花图案，包括有写生大串枝、簇六规矩宝相花、小簇草花、辐射式宝相花及交枝花五种。第二类珍禽奇兽花草图案，包括有小串枝花鸟、散装花鸟和对称花鸟等；鸟兽虫鱼中有狮子、狻猊、天鹿、天马、鱼、龙、鹦鹉、鸳鸯、练鹊、孔雀、鸾凤、鹡鸰、蝴蝶、蜻蜓等。第三类瑞兽串枝葡萄图案，包括方圆大小不同式样。第四类故事传说图案，包括各种人物故事，社会生活，如真子飞霜、嫦娥奔月、孔子问荣启期、俞伯牙钟子期、骑士打球射猎等。特别重要部分是各种花鸟图案，可说总集当时工艺图案的大成。唐人已习惯采用生活中常见的花鸟蜂蝶作装饰图案，应用到镜子上时更加显得活泼生动（这是唐镜图案最值得我们学习的一点）。花鸟图案中如鸾衔绶带、雁衔威仪、鹊衔瑞草、俊鹘衔花各式样，又和唐代丝绸花纹关联密切。唐代官服彩绫，照制度应当是各按品级织成各种本色花鸟，妇女衣着则用染缬、刺绣、织锦及泥金绘画，表现彩色花鸟，使用图案和镜子花纹一脉相通，丝绸遗物不多，镜子图案却十分丰富，因此镜子图案为研究唐代丝绸提供了种种可靠材料。

唐镜在造型上的新成就，是创造了小型镜和各种花式镜，打破了旧格式，如银圆大小贴金银花鸟镜，八棱、八弧、四方委角等花式镜。

宋代镜子可分作两类，在我国青铜工艺史上应当占有一个特别位置的，是部分缠枝花草官工镜。造型特征是镜身转薄，除方圆二式外，还有"亞"字形（图〇七）、钟形、鼎形及其他

图〇七
宋 "亞"字形凤纹铜镜，故宫博物院藏

许多新式样出现。装饰花纹也打破了传统习惯，做成各种不同格式。新起的写生缠枝花，用浅细浮雕法处理，属于雕刻中"识文隐起"的做法。图案组织多弱枝细叶相互盘绕，形成迎风浥露效果。特别优秀作品，产生时代多属北宋晚期。宋人叙丝绸刺绣时喜说"生色花"，有时指彩色写生折枝串枝，有时又用作"活色生香"的形容词，一般素描浮雕花朵都可使用。这种"生色花"反映于镜中图案时，作风特别细致，只像是在浅浮雕上见到轻微凸起和一些点线的综合，可是依然生气充沛，具有高度现实感和韵律节奏感。这一类官工镜子，精极不免流于纤细，致后来难以为继。另有一类具有深厚民间艺术作风的，用粗线条表现，双鱼和风穿牡丹两式有代表性，元明以来犹在民间流行。

北宋在北方与契丹辽政权对峙，西北方面和西夏又连年用兵，因此铜禁极严，民间铸镜多刻上各州县检验铸造年月和地名，借此得知当时各县都有铸镜官匠。第二类镜子的创作，就完成于这种地方工匠手中，文献和实物可以相互证明。

青铜镜子的生产，虽早在两千三四百年前，一直使用下来，到近二百年才逐渐由新起的玻璃镜子代替。如以镜子工艺美术而言，发展到宋代特种官工镜，已可说近于曲终雅奏。劳动人民的丰富智慧和技巧以及无穷无尽的创造力，随同社会发展变化，重点开始转移到新的烧瓷、雕漆、织金锦、刻线等其他工艺生产方面去了。青铜工艺虽然在若干部门还有不同程度的进展，例如宋代官制规定，还盛行金银加工的马鞍装具。最低品级官吏，都使用铁錾银鞍镫。铁兵器杂件也常错镂金银。宋宣和仿古铜器，在当时极受重视，制作精美的商周赝品，直到现代还能蒙蔽专家眼目。创造的也别有风格，不落俗套。南宋绍兴时姜娘子铸细锦底纹方炉，在青铜工艺品中还别具一格。不过制镜工艺事实上到南宋时已显明在衰落中，特别是在南方，已再不是工艺生产的重点。这时扬州等大都市的手工业多被战争破坏，原有旧镜多熔化改铸铜钱或供其他需要。一般家常镜子，重实用而不尚花纹。在湖州、饶州、临安闻名全国的"张家""马家""石家念二叔"等店铺所做青铜镜子，通常多素背无花，只在镜背部分留下个出售店铺图记。一般情况且就铜原料生产地区，由政府设"铸鉴局"监督，和铸钱局情形相似，用斤两计算成本，三百十文一斤。镜工艺术水平低落是必然的。私人铸造虽然还不断创造新样子，却受当时道学思想影响，形态别扭，纹样失调，越来越枯燥无味。如有些用钟或鼎炉式样，铸上八卦和"明心见性"语句的，在造型艺术处理上不免越来越庸俗。女真族在北方建立的金政权和南宋政权对峙，生产破坏极大，官私铸镜，虽还采用北宋串枝花草镜规模，此外也创造了些新式样，但就总的趋势说来，工艺上还是在日益下落中，少发展，少进步。

1956 年

镜子的故事（上）

　　历史博物馆[1]在午门楼上有个新的全国出土文物展览，三千七百件文物中有许多种脸盆和镜子。把它们的时代、式样和出土地区都弄清楚后，我们也可以得到许多知识。如联系它们应用时的社会背景和发展关系，这些日用东西，也可为我们解决一些过去没有弄明白的历史问题。并启发我们，中国古文化史或美术史的研究，有一条新路待人去走，就是把地下实物和历史文献相结合，用发展和联系的方法看问题。若善于运用，会有些新的收获。

　　我们不是常说，人类爱美心是随同社会生产发展而逐渐提高的，至晚在彩陶出现的时期，我们老祖先既能够做得出那么好看的有花纹的陶器，又会用各种玉石兽牙虾贝装饰头部和手

1　历史博物馆，时名为北京历史博物馆，沈从文于1949年开始在此处从事文物研究工作。

臂，石头生产工具也除实用外要求精美和完整，对于他自己的身体和脸上，总不会让它肮脏不堪。但是怎么来解决这个问题？除相互照顾可能就是从水中照着影子来解决。没有陶器时在池水边照，有了陶器就用盆子照。这种推测如还有些可信，彩陶中钵子式器物，或许就是古人作盥洗用的东西，本有名字我们已不知道。到后来随着社会发展，到了青铜器时代，洗脸和照脸分成两种器物，用铜制的来代替了。中国人最初使用镜子，到目下为止，我们还缺少正确知识。虽俗说"轩辕造镜"，轩辕时代的科学家一时还难以肯定。过世不久的专家梁思永先生[1]，在二十多年前发掘安阳殷商墓葬和文化遗址时，据说从青铜遗物中已发现过镜子。这就是说，中国人能掌握青铜合金制种种工艺品时，一部分人的生活用具中，也起始有了镜子。算时间，至少是三千二百年前的事情！可惜没有详细正式报告，思永先生已成古人了。

　　从古代文献叙述中，可以知道有史以后，古人照脸整容，的确是用一个敞口盆子，装满清水来解决的。这种铜器叫作"盘"或"鉴"，盘用于盥洗，鉴当作镜子使用。古器物照例刻有铭文，盘铭最古的，无过于传说成汤盘铭"苟日新，日日新，又日新"九个字。其次是武王盘铭"与其溺于人也，宁溺于渊"十个字。

1　梁思永先生，中国著名考古学家，于 1954 年去世。

鉴铭最古的传说是周武王鉴"瞻尔前，顾尔后"六个字。这些都是语言警辟，可惜无实物做证。从文字措辞比较，我们说这种盘子可能古到商周，铭文却是晚周或汉代读书人作的。最著名的重要实物无过周代的"虢季子白盘"（图○八）和"散氏盘"，商周遗物中，虽常有虺龙纹和鱼鸟兽纹青铜盘出土，多和食器发生联系，可不大像宜于贮水化妆。这次西北区郑县出土一个东周龙纹盘和华北区唐山出土一个燕国兽纹盘，就和食器同在一处。这类铜盘也有可能在祀事中或吃喝前后用来洗洗手，或诸侯会盟时贮血水和酒浆，参加者必染指盟誓，但和个人化妆关系究竟不多。鉴的器形从彩陶时代就已确定，商代瓦器中常有发现。这次郑州出土瓦器群，就有几件标准式样，是底微圆，肚微大，缩肩而敞口，和春秋战国以后的鉴很相近。但是这东西当时的用途，我们却取个保留态度。因为看样子，用于饮食

图○八
西周 虢季子白盘，中国国家博物馆藏

比用于盥洗机会还多些。

成定型的青铜鉴，多在春秋战国之际才出现。目下国内最重要的实物，有如下几件：

第一件是现存上海博物院的山西浑源出土的二大鉴，鉴口边沿铸有几只小虎攀缘窥伺，雕刻得十分生动神气。

第二件是河南汲县[1]出土的水陆交战人物图鉴，重要处是它的图案设计，丰富了我们对于战国时人生活方面许多知识，剔空部分当时可能还填有金银彩绘。

第三件是科学院新近在河南辉县发掘出土的一件，上面有精细刻镂花纹，包括两层楼房的建筑，头戴鹖尾冠人物燕享奏乐射箭生活，以及鸟树狗马等杂物形象，并且很像用熟铜捶薄方法制成的。

第四件是大型彩绘陶鉴，也在辉县出土，花纹壮丽而谨严，可作战国彩绘陶的代表。

另外还有一件传说辉县出土彩绘漆大鉴，原物已经残毁，不过从残余部分花纹，还可以看出它壮丽而秀美的构图和同时代金银错图案极相近。

其中除浑源大鉴，还像一个澡盆，辉县漆鉴，本来可能贮满清水时便于照脸，其余几件东西，居多还像酒食器。古代如

---

1 汲县：现为卫辉市。

果真的用鉴作化妆用具，求它切于实用，这种鉴可能是"漆"做的，讲究的就用错金银作边缘附件。证据是出土物中发现过许多这种错金银或青铜刻花圈形附件，小型的已知道是贮镜柈的食具，口径大到一尺二寸以上的，至今还不能明白用途。照例说它是装东西的"容器"是并不具体的。一切日用器物，决不会凭空产生的，和前后必有联系。它虽上无所承，但下却有所启，西汉初叔孙通著《汉礼器制度》称，"洗之所用，士用铁，大夫用铜，诸侯用白银，天子用黄金"。洛阳金村曾出土过战国时代小型桃式银洗。汉代瓢式银匜已有发现，纯金洗却未出过土。如照《贡禹奏议》所说，则银和金也可作金银镶边的漆器解。极明显，到了汉代，士大夫通用鉴式另有发展，而且专用作盥洗工具了，通名就叫作"洗"（图〇九），别名叫作"朱

图〇九
汉 永和三年 铜洗，内底铸铭文纪年，为汉代铜洗的标准器，故宫博物院藏

提堂狼洗"。西南朱提郡是主要生产地，格式也有了统一化趋势，花纹不是一双鲤鱼或一只大角羊，就是朱鹭和鹿豕，并加上"大富贵乐有鱼""长乐未央"等吉利文字，用阳纹铸到洗的中心。另有一种小型洗，多用细线阴刻满花、云中鸿雁、麋鹿熊罴或龙凤作主题，绕以活泼而流动的连续云气，用鎏金法制作而成。显然是照叔孙通所说，汉代王侯贵族才能使用。在汉代工艺品中，这是一种新型的生产。还有一种中型缺边碗式洗，铜、陶、漆都发现过，多和贮羹汤醴酒的羽觞一道搁在平案上。晋代青釉陶瓷的生产，代替了青铜的地位，洗即发展成两个式样：大小折中于中型鎏金洗和平底碗之间，在边沿或留下一圈网纹装饰和几个小小兽面，或只有两道弦纹，中心留下两条平列小鱼浮雕，反映到南方缥青瓷生产的，随后就有印花越州窑、龙泉窑的中型洗。至于宋代钧、官、汝、哥南北诸名瓷，却多把一切装饰去掉不用。北方定窑则在双鱼外又加有种种写生花鸟装饰。这种"洗"如依然有实用意义，大致只宜洗笔不再洗手了。还有一种容量和"朱提堂狼洗"相差不多，稍微改浅了一些，边沿摊平，一切装饰不用，只在边沿和中心部分做几道水纹，晋六朝以来，南北两大系的青瓷都用到，发展下来就成了后世的"脸盆"。例如这次华东区扬州农场出土的一件，就属于缥青瓷系；中南区广东出土的一件，就属于北方青瓷系。宋明以来标准式样，有故宫宋定式墨绘脸盆，有这次陈列的宋赵大翁墓壁画中化妆时用的脸盆，有在首都明代妃子墓中发现的那个黄金脸盆，以及另一个比较小一些的嵌银龙凤花纹脸盆。这种式样保留下来，在不同地区，用不同材料，配以种种繁简不同花纹装饰，直延续到明清二代，有景德镇青花脸盆，有彭城窑面盆，有宜兴挂釉加彩脸盆，有广式苏式白铜脸盆，随后才有"景泰蓝"和"铜胎画珐琅"的脸盆出现。现代搪瓷盆就由之演进而来。

至于镜子呢，古人本来也叫作"鉴"。因名称意义容易混淆，现在有些人就把同一器物，战国时的叫"鉴"，汉代的叫"镜子"。这种区别并不妥当，因为战国时人文章中已常提起镜子。把战国时的镜子叫作"鉴"，是根据叙述周代工官分职的专书《考工记》而来。书中在金工部分说，"金锡半，谓之鉴燧之齐"，译成现代语言就是"做镜鉴的合金成分，是铜锡各半"。但照注解"鉴燧"指"阳燧"，是古人在日光下取火用的。此外还有"阴燧"，可对月取水。卫宏《汉官旧仪并补遗》也说过"皇帝八月酎……用鉴燧取水于月，以火燧取火于日"。三国时高堂隆却以为"阳燧取火于日，阴燧取水于月"。崔豹《古今注》并说明取火的方法，"照物则影见，向日则火生，以艾承之则火出"。说法虽不相同，但可见这种古代聚光取火镜子，起源必定相当早，到汉代封建帝王还当成一种敬神仪式使用。我国古代科学发明极多，对于世界文化有极大贡献。早在万年前的石器时代，就会钻木取火，进入青铜时代，又会用"阳燧"取火，应当是可信的。不过在考古材料中，我们今天还不曾发现过青铜制的"阳燧"，发现的多是照脸用的各种镜子。铸镜成分各时代也不相同，早期镜子大约百分比是铜占七五锡铅占二五。镜子铸成必加工磨光，西汉淮南王刘安著的《淮南子》，就叙述过古人磨镜方法，是把"玄锡"敷到镜面上，再用细白毛织物摩擦拂拭，才能使用。"玄锡"就是水银。磨镜子古代早有专工，《海内士品》一书中，记述汉末名士徐孺子，想去送他老师江夏黄公的丧葬时，没有路费，就带了一副磨镜子的家伙，沿路帮人磨镜糊口，终于完成愿心。"青铜时代"虽到战国就已结束，青铜镜子的工艺，却一直沿袭下来，一百余年前，才由新起的玻璃镜子代替。《红楼梦》小说写刘姥姥进大观园，吃醉了酒，糊糊涂涂撞进宝玉房中时，先走到一个"西洋穿衣镜"前面，看见自己的影子，笑眯眯的，还以为是"亲家"。这是许多人都熟习的故事。其实当时的城里人，也居多还使用铜镜。

过去一般读书人，认为镜子从秦代起始，是受小说《西京杂记》的影响。"高祖初入咸阳宫，有方镜，广四尺，高五尺九寸，表里通明。人来照之则倒见，以手扪心来，则见肠胃五脏，历然无碍。"旧社会老百姓上衙门打官司时，照例必用手扪心，高喊一声："请求青天大老爷秦镜高悬！"典故就出在这个小说里。意思是把那位县官当成"秦镜",明察是非。镜子照见五脏,不会真有其事。但是战国已有方镜,这次长沙楚墓就有一面出土。大过五尺的方镜,汉代却当真有过。晋初著名文人陆机,给他的弟弟陆云书信中,就提起过"见镜子方五尺三寸,宽三尺,照人能现全影"。《西京杂记》多故神其说地方,不尽可信。陆机所见古代实物,是相当可靠的。也有洗澡用的大型铜澡盘,能容五石水,见曹操《上杂物疏》。郭缘生《述征记》还说,这个澡盘在长安逍遥宫门里,面径丈二。可知是秦汉宫廷旧物。

从出土实物和文献结合看来,镜子大致和盥洗的"鉴"同时,约在春秋战国之际才比较普遍应用（图十）。战国时著名思想家

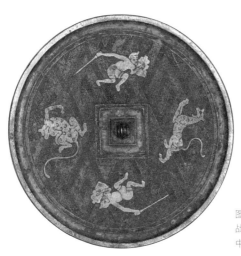

图十
战国秦　武士斗兽纹铜镜,
中国国家博物馆藏

庄周和韩非，文章中都引用过镜子作比喻，可见是当时人已经熟习的东西。最著名的是《战国策》中说到的邹忌照镜子故事。故事说，城北徐公有美名。邹忌打扮得整整齐齐去见齐王以前，问他的妻、妾和朋友，比城北徐公如何？三人都阿谀邹忌，说比城北徐公美。但是邹忌自己照镜子看，却实在不如，不免嗒然丧气。因此去见齐王，陈说阿谀极误事。阿谀有种种不同原因，例如"爱""怕"和"有所请求"，都能够产生。官越大，阿谀的人越多，越容易蒙蔽真理，越发要警惕。齐王采纳了他的意见，改变作风，广开言路，因此称霸诸侯。故事虽流传极久，但一般人对于镜子的认识，除"秦镜高悬"，还知道"破镜重圆"。这两个名词，一个表示明察秋毫，一个表示爱情复好。至于故事的详细内容、本源，即或是"读书人"，照例也不大明白了。

镜子在实用意义外附上神话和汉代方士巫术信仰关系密切。后来有两个原因更增加了它的神秘性：一个是七世纪隋唐之际，王度作的《古镜记》，把几面镜子的发现和失去，说得神乎其神。另一个是从晋六朝以来，妇女就有佩镜子的风气，唐代女子出嫁更必需佩镜子。到十九世纪，玻璃镜子普遍使用后，铜镜成了古董，照习惯，妇女出阁还当成辟邪器挂在胸前。把镜子年代混淆，另外还有一个原因，是宋代《宣和博古图》和清代《西清古鉴》，都把唐代的海兽葡萄镜当成汉代作品。这事至今还有读书人相信。

近几十年研究镜子的人，从实物出土的地方注意，才纠正了过去的错误，充实了许多新知识。首先是淮河流域寿州一带发现了许多古镜，花纹风格都极特别，过去陕西河南不多见，因此叫它作"淮式镜"。至于产生的时代，还是沿袭旧称，认为秦代制作。其实寿州原属楚国，如果是"秦镜"，应当在咸阳长安一带大量出土才合理！直到近年，长沙楚墓出土这种镜子又多又精美，才明白它更正确的名称，应当叫作"楚式镜"，是战国时楚国有代表性的一种精美高级工艺品。镜子的大量生产，或普遍作墓中殉葬物，也是楚国得风气之先，而后影响各地，汉代以后才遍及全国。我们这么说，是因为秦赵燕齐诸国墓葬中，也发现过镜子，但数量却极少。如不是不会用镜子，只有一种解释说得通，就是殉葬制度中不用镜子。但是到汉代，坟墓中用镜子殉葬，却已成普通习惯了。

战国镜子和别的铜器一样，花纹图案地方色彩十分鲜明。大体上可以分成两大类：第一大类，例如午门楼上展出新出土的一面"漆地堆花蟠虺方镜"，上海博物馆展出的一面"虎纹镜"，和流出国外的"四灵鸷方镜""圆透雕蟠螭方镜"及同一纹样的圆镜，其他图录中所见龙纹和蟠螭纹镜。除第二种具浑源铜器风格，后几种都和新郑器及一般战国时中原铜器花纹相通。这一类镜子，艺术作风虽不相同，制度却大致相同。胎质都比较厚实，平边，花纹浑朴而雄健，可代表北方系作风。至于出土地不明确的那面"金银错骑士刺虎镜"，和相传洛阳金村出土的一面"玉背镜"，以及寿州、长沙出土的大量龙纹镜、山字镜、兽纹镜，制度就另是一种，属于第二大类。胎质都极薄，边缘上卷，设计图案多活泼而秀美，不拘常格。特别是长沙出土的各式镜子，更可代表南方系艺术作风，具有显明的地方特征。

战国镜子花纹处理多沿袭商周青铜器而加以发展，分做两层，有精细而多变化的底纹，在底纹上再加浅平浮雕，浮雕还可分"平刻""线描"和有阴阳面的"剔花"。在种种不同风格变化中，充分反映出设计上的自由、活泼、精致和完整，特别重要的还是它的统一完整性。又因磨治加工过程格外认真不苟且，方达到了青铜工艺的最高成就。可说是青铜器末期，结合了最高冶金技术和最精雕刻设计艺术的集中表现。它的复杂多样的花纹，上承商周，下启秦汉，还综合战国纹饰特长，反映于各种圆式图案中，为后来研究古代花纹图案发展史的人，给予了极大便利。

例如"连续矩文"，是商代铜器和白陶器中重要纹饰中一种花纹，本来出于一般竹蒲编织物，反映到铜陶纹饰中，和古代高级纺织物关系就格外密切。到战国末期，除部分铜鼎花纹还保持这种旧格式，一般车轴头上的图案花纹还使用到它，其他器物上已不常见。但是这种矩纹却继续用种种新鲜活泼风格，特别是结合精细底纹做成的方胜格子式变化，反映于长沙古镜装饰图案中，不仅丰富了中国圆式图案的种类，特别重要的还是对于中国古代的黼绣纹，也间接提供了许多重要参考资料。古代谈刺绣，常引用《尚书》中"山龙华虫，藻火粉米"等叙述。既少实物可见，历来解释又总不透彻。汉代以后儒生制作多附会，越来越和历史本来面目不合。从别的器物花纹联系，虽有金银错器、漆器、彩绘陶器可以比较，但却并不引起学人认真注意。近三十年，燕下都新出土的各种大型砖瓦花纹和辉县出土的漆棺花纹，因为和蒙古人民共和国诺音乌拉古墓中一片丝织物花纹相似，特别是燕下都的砖瓦花纹和金文中"黼"字极相近，才起始启示我们"两弓相背"的黼绣一种新印象。但由于长沙上千面镜子的发现，完全近于"纳绣""锁丝"的精细镜子底纹，和由龙凤综合发展而成的种种云藻主纹，更不啻为我们丰富了古代刺绣花纹以千百种具体式样。这些镜纹极显明和古代丝绸刺绣花纹关系是分不开的，并且从内容上还可以看出，有些本来就是从其他丝绣装饰转用而成。例如，一种用四分法处理的四叶放射式装饰，有些花朵和流苏坠饰，是受镜面限制，才折叠起来处理的。如果用于古代伞盖帐顶时，就会展开恢复本来的流苏珠络形式。还有菱形图案的种种变化，孤立来看总难说明它的起源，如联系其他漆器、错金器比较，就可以明白原来和古代丝织物的花纹都基本相通（楚墓出土实物已为我们完全证明）。这些花纹还共同影响到汉代工艺各部门。诺音乌拉古墓出土的一件大绣花毯子，边沿的纺织物图案就和这次陈列的那面朱绘镜子菱形花纹完全相同。另外一片残余刺绣上几个牵马胡人披的绣衫上的方胜格子纹，又和这次长沙出土的一个战国时镂刻填彩青铜奁上的花纹相合。其他一些云纹绣，更是一般金银错图案。还有一种镜子，在对称连续方格菱纹中，嵌上花朵装饰，底纹格外精美的，也有可能在当时就已织成花锦，或用纳绣法钉上金珠花朵，反映到服饰上。西域发现的汉锦，唐代敦煌发现的方胜锦，显然就由之发展而出。洛阳出土大空心砖上的方胜花纹，沂南汉墓顶上藻井平棋格子花纹，也是由它发展的。至于羽状底纹上的连续长尾兽纹，写实形象生动而活泼，又达到图案上的圜转自然效果，构图设计，也启发了汉代漆盘中的基本熊纹布置方法……总之，楚式镜纹的丰富变化，实在是充分吸收、融合商周优秀传统并加以发展的结果，和同时期工艺各部门的装饰图案，又发生密切联系，至于影响到汉代以后的装饰图案，更是多方面的。这是美术史或工艺史的研究工作者，都值得特别注意的一件事情。离开了这些实际比较材料，仅从文字出发，以书注书，有些问题是永远无从得到正确解答的。

近人常说汉代文学艺术，受楚文化影响极深。文学方面十分显著，因为西汉人的辞赋，多直接从楚辞发展而出。至于艺术方面，大家认识就不免模模糊糊。去年楚文物展览和这次出土文物展览，我们从几面镜子花纹联系比较中得到了许多具体知识！汉代铜器在加工技术上，主要特征是由模印铸造改进为手工线刻，花纹也因此由对称式云龙鸟兽纹和几何纹图案，发展变化为自由、现实、写生，不守一定成规的表现。阴刻花纹虽起源极早，商代以来，雕玉雕骨早已使用，但直接影响到汉代工艺的，也只有从楚文物中的漆器、木刻和青铜镜子等技法处理上，见出它的本来面目和发展趋势。

楚国统治者在诸侯间尝自称"荆蛮"，近于自谦封地内并无文化可言。当时所说，大致指的只是封建制度中的旌章车辂，仪制排场，在会盟时不如齐晋诸侯的讲究。至于物质文化，实在并不落后于人。特别是善于融合传统，有色彩，有个性，充满创造精神和自由思想的工艺美术，春秋战国以来，楚国工人所达到的艺术水平，和中原诸国比较，是有过之而无不及的。楚国爱国诗人屈原文学上的成就，和楚国万千劳动人民工艺上的成就，共同反映出楚文化的特征，是既富于色彩，又长于把奔放和精细感情巧妙结合起来，加以完整的表现。这虽然同时也是战国文学艺术的一般长处，是战国时期美学思想在文学艺术上的具体反映，但是从楚文化中，甚至于从一面小小青铜镜子中，我们却更容易看出鲜明的时代精神和民族风格。

镜子既然是古代人的日用品，为便于应用和保护，必需装在一个适用的盒子里或套子里。长沙出土文物中，还发现过许多种刻画精美的大小漆盒子。这种漆盒大型的多分层分格，里面装有镜子、小木梳篦和脂粉黛墨。这种漆器叫作"奁具"（图十一）。古代社会女子教育"德容言功"四种要求中，整洁仪容占第二位，因此女子出嫁时，随身也少不了一个"奁具"。不过当时代表的是"艺术"，可不是"财富"。到后来，陪嫁依然少不了"妆奁"，但是意义已完全不同了。到现代，除了

图十一
汉 彩绘双层九子漆奁具，长沙马王堆一号墓出土

西南边疆兄弟民族还使用这种基本上用红黑二色为主的旧式彩绘漆器，制作方法并影响到印度、缅甸、暹罗、越南的生产，其余地方已少见到这种制作了。

这次长沙出土文物中，除那个彩绘狩猎漆奁外，还有个镂刻方胜花纹青铜奁具，图案精美而复杂。如不是用金银错技术填嵌金银，就是用彩漆填嵌处理的，新时必然丹翠陆离，异常华美。这也是这次展览中一件重要艺术品。这个铜奁和长沙楚墓发现的人物彩画漆奁，人物车马漆奁，细刻云兽纹素漆奁，可算得是楚国工艺品中几件"杰作"，也可作古代"奁具"的代表。它们是因镜子而产生的。过去人谈古器物，常把许多种筒子式青铜器都叫作"奁"，但是这些器物用处显然不会相同。只有长沙楚墓出土这种青铜或彩绘漆"奁具"，里面大多数还有镜子梳篦和其他化妆用品，才可和史游《急就章》提起的"镜奁梳篦各异工"相印证，知道是战国汉代以来化妆用的奁具标准格式。这种奁具到汉末还有漆地画金银花纹的，魏晋以来技术依然能够保存，从曹操《上杂物疏》和晋人著《东宫旧事》的记载可以知道。不过晋代一般人使用的漆奁，大都是素质无花，因晋代法令禁止普通漆器文画加工。法令还提起过，造漆器的人必须把店铺工匠姓名和年月写上。齐高帝也有令禁止一般杂漆器加绘金银花。这次在杭州发掘的几件南宋时临安府生产的素漆器，式样还是汉晋旧格，文字可和晋令相印证，证明了直到宋代，一般民间漆器，还遵守这个五六百年前的法令。这件事情，也是用文献结合出土实物才知道的。

奁具的"筒子式"或"三套式"改进成饼子式或蔗段"五撞""六撞"式，以及花朵式的外形，是配合唐镜从唐代才起始的。上海博物馆保存有元代画马名家任月山的媳妇墓葬中出土的几件漆器，剔红盒可证明现存明代雕漆多本宋元旧法，另外一个素漆花式套奁，却是现存唐式漆奁中极有价值的范本。奁具也有方的，和后世县官印盒差不多，材料有用木片拼合的，也有用夹纻法作胎的，居多用竹篾编成。最著名的遗物，是在朝鲜汉代古墓中发现的一个，上面画了许多彩漆人物，还有商山四皓和武王、纣王等的画像。这种东西到汉末又名"严具"。陆机书信中还提起看过曹操用的严具，是个六七寸高的方盒子，内有梳篦、镊子等杂物。

1954 年秋

镜子的故事（下）

午门楼上展览除战国镜子外，还有很多精美的汉唐镜子，其中有四面镜子，在镜子工艺和应用发展历史中，各占不同重要地位。

一　华东区浙江大学出土的西王母画像镜

照历史发展说来，中国的青铜器时代，结束于战国。这并不是说战国以后就没有青铜艺术。秦汉以来，铁工具已经成了主要生产工具、饮食日用器具或特别用具，漆器和釉陶的使用又日益普遍，再不是青铜器独占的局面。因此青铜器失去了过去的特别重要地位。这是社会发展的新趋势。但青铜器物在社会上却依然有它的广泛需要，使用范围并未缩小，还更加普遍了，这一点我们从墓葬遗物中就容易看出。日用器物如辘轳灯、烛盘、熨斗、香炉、酒枪、带钩、弩机、熊虎镇、小刀、剪子及小型车马明器中用的种种金铜什件，大件器物如鼎、豆、甗、壶、钟、釜、镟、酒镣、堂狼洗、车上什件、帐辅杂件、度量衡器，大都是铜作，有些还特别精致。不过除堂狼洗铸有鱼羊类花纹，带钩、弩机和一部分用器有用鎏金银花新技术表现，辘轳灯和熊虎镇仿像生物，可代表汉代立体雕刻，其余铜器多只用简单带纹装饰，有的还毫无装饰。但也有新的发展部分，就是用手工精细刻镂，代替了商周以来旧法的模铸，图案也由对称定型变为自由活泼和逼真生动。这种技术发展于战国，盛行于汉代，来源有可能是先从南方流行，后遍及国内各地（这次中南区衡阳工地汉墓出土一尊细刻花纹铜器和许多仿铜青釉刻花陶器，是最好的代表）。另外又发展了铜上镀金的工艺，古名"鋈续"，意思是把金汁倒到其他金属上面去，后世通名"鎏金"（图十二），其实是用汞类做媒触剂完成的。起始只用于战国末期的小件犀比带钩上，可知技术还相当困难。到汉代，因社会重视金银，才促进了技术发展，广泛应用到各种铜器上去。例如那种精细刻镂水云鸟兽花纹，面径六七寸大的铜洗，制作就格外讲究。这种新型工艺美术品，当时可能是和金银钼漆器奁具配成一套使用的。在漆器中，新发展的金银钼器，必有带式装饰，精美的多用纯金银或错金银法做成，比较一般性的也在铜上鎏金。这种附件既增加了夹纻漆器的坚固性，

图十二
汉　鎏金规矩纹铜镜，
故宫博物院藏

又增加了它的美术效果，汉代"钮器"是由此得名的。不过继承了青铜工艺模铸技法的固有长处，在花纹方面而加以新发展的，主要却是镜子。

现在人一提起镜子，不说"秦镜"，必说"汉镜""唐镜"。西汉早年的镜子，本和战国"楚式镜"或一般所谓"秦镜"不容易区别。前代镜式样到西汉还流行，是过去人容易把它的时代混淆而通称"秦镜"或"汉镜"的原因。特别是内沿方框作十二字铭文，字体具秦刻石遗意，花纹如楚式镜中的云龙镜，过去人都认为是标准"秦镜"的，从铭文所表示的思想情感看来，大致还是西汉初期也流行的镜子。

显明标志出早期汉镜工艺造型特征的，约计有五方面：

一、花纹中已无辅助底纹；二、镜面起始加上种种表示愿望的铭文（早期字体比一般秦刻石还古质，西汉末才用隶书）；三、镜背穿带部分由桥梁式简化为骨朵式；四、边沿不再上卷，胎质比较厚实；五、除错金银镜外，还有了漆背金银平脱和贴金、鎏金镜子的产生。

具有前四种特征的汉镜，如把它和战国楚式镜比较，会觉得汉镜简朴有余而艺术价值不高。第五种近于新成就，如这次长沙出土柜中新补充的两面西汉末加金镜，一个系薄金片贴上，一个系鎏金，在技术上是重要的，但数量并不多，缺少一般代表性。有一点十分重要，即出土地依然还在南方，可知加金技术经南方发展是有道理的。早期汉镜花纹图案的简化和小型镜子出土比较多，显示出社会在发展中。上层艺术性要求不太高，而一般使用已日益普遍，这类镜子的产生是由实用出发而来的。武帝以来，生产有了新的发展，社会政治日益变化，宗教巫术氛围浓厚，装饰艺术用比较复杂的形式反映到镜面上。东汉以来，神仙信仰加强，并且解除了巫蛊禁忌，故事传说日益普遍，神人仙真于是才上了镜面，镜子的使用也由实用以外兼具有辟邪意味和长生愿望了。这还仅就花纹图案一方面而言。

汉镜问题在铭文。大体而言，也可分作两大类，即三言、四言和六言、七言。从内容区别，有四种不同代表格式。第一类如：

一、"长富贵，宜酒食，乐无事，日有憙。"（十二字铭文）

二、"见日之光，长毋相忘。"（八字铭文）

前一种，可说是标准汉人"功利思想"的反映。后一种，已可看出汉人有用镜子作男女彼此间赠答礼物的习惯。也有具政治性的，如"见日之光，天下大明"八字，近于当时阴阳术士的谶语，或在成哀之际出现。

铭文最短的只四个字，种类极多，计有"家常富贵""长宜子孙""长宜高官""长毋相忘""位至三公""长乐未央"等，虽同用四字铭文，却表现不同思想情感，反映于式样不同镜面上。"家常富贵"多小型镜，制作极简，近于民间用品。"长宜高官""长宜子孙"多大型镜，花纹虽同样简朴，制作却十分完整。"长乐未央"还具战国镜式花纹和形制，多小型镜，四小字平列在花纹一方，近于秦汉之际宫廷式样。"长毋相忘"有各种不同格式，可看出是一般中等社会通常用品，纹饰虽简单，但铸模精致，切于实用。

第二类六言、七言铭文的，由骚赋文体出发，极常用的有：

三、"内清质以昭明，光辉象夫日月，心忽扬而愿忠，然壅塞而不泄。"

四、"新有善铜出丹阳，和以银锡清且明，巧工作之成文章，左龙右虎辟不祥。"

前一式文字安排有一圈的，有分为两层的。从文体看可以明白它实远受屈宋骚赋影响，近接司马相如、枚乘等文赋，可说是骚赋情感在镜铭上的反映。铭文内容含义，可说有政治也有爱情。除铭文之外几乎无其他花纹，小型的铜镜格外精美。后一式时代或稍晚些，一般多认为是王莽时官工镜。完全显明具政治性的，有"胡虏殄灭四夷服，天下人民多康宁"等语句，本来应当和汉武帝在中国边境的军事行动不可分，但是出土遗物时代都比较晚（用图案表现战事的还更晚，又不和铭文结合）。和前述二式同出现于西汉末王莽时代，现在一般还认为是王莽时的官工造镜，有具年款的，一般多不刊年款。表示宗教情感和长生愿望铭文同在一处，最著名的是"尚方作竟（镜）真大巧，上有仙人不知老，渴饮玉泉饥食枣"，铭文中一面指明这种镜式最先必出于官工制作，一面更反映《史记·封禅书》《汉书·郊祀志》所提起过的"神仙好楼居，食脯枣"等方士传说在汉代的发展和影响。这种神仙思想，影响到中国文化是多方面的，例如对于中国建筑艺术，就因此发展了向上高升的崇楼杰阁结构。如汉人文献记载，武帝时宫中井幹楼、别风阙，都高达五十丈，鸿台高四十丈，金凤阙、蜚廉观各高二十五丈，渐台高二十丈，通天台还高及百丈，云雨多出其下。汉武帝在通天台上举行祀太乙仪式时，用太祝领导八岁童女三百人，各着彩绣衣服，在上面歌舞，壮伟动人景象可想而知。这种风气反映到东汉中等人家墓葬中，也不断发现有高及数尺三层叠起的灰陶和釉陶楼房，从结构上看，可能和用博山炉一样，还是让死者升天和"王乔""赤松子"不死意义。至于反映于社会一般装饰彩画上，是"青龙、白虎、朱雀、玄武"四神主题画地位的确定，和由"海上三山"神话传说而来的仙人云气、鸿雁麋鹿，这些气韵飘逸、色彩绚丽的装饰花纹，应用到金银错、彩漆、丝绸和铜、陶、玉、木、石等雕刻工艺中，都得到极高的成就。特别是两件金银错兵器附件上的花纹，可作古代谈养生导引"熊经鸟申"五禽之戏的形象注释。它的产生早可到秦始皇，作为巡行的兵卫仪仗使用，晚到汉武帝，是文成五利手中所执的法物！在新的器物制作上，除完全写实的金铜熊、羊、辟邪，更有各种式样的透空雕花博山香炉的产生，珍贵的多用纯金银做成，最常见是青铜的。这种社会风习反映到镜鉴上，也做成图案设计的主题。不过镜面既受型范技术限制，又受圆形面积限制，更重要的是镜子是日用品，要求数量多，因此虽刻画得依然如"生龙活虎"，比较起来，究竟不能如其他工艺富于活泼生命。惟汉镜时代特征，却依然反映得十分清楚。

还有神仙思想主要是长生希望，铭文表示向天许愿长保双亲康宁的，多和"上有仙人不知老"等铭文在一道。向神仙求福本是宗教情感的表现，但这种孝子思想，却又和东汉儒学提倡孝道相关。

我们说"早期"或"晚期"，也许措辞用得不易完全符合历史本来。例如"家常富贵"小型镜，虽是汉代作品，但六朝以后还继续铸造。因为它是好简朴的一般人民习惯使用的式样。铭文所有愿望也是普通小有产者的希望，时代性就不大十分显著。至于"见日之光，长毋相忘"小型和中型镜，虽代表的是中层社会个人情感，和私生活发生联系，到东汉就有了其他式样代替，六朝以后铭文所表示的情绪虽还相同，措辞已大不相同了。"胡虏殄灭四夷服""上有仙人不知老"等铭文镜，反映的既是政治现实和宗教信仰，照理应出于武帝时代，事实上却多在东汉才出现。这些问题需要更具体、更全面的出土材料，才可得到正确解决。如用部分知识推测，是不可免有错误的。这也可以看出全国性文物发掘保存的重要性。因为用比较方法和归纳方法，就可以得到许多有用的知识。

汉镜的图案设计比铭文问题复杂。"见日之光"小型镜多重轮，铭在中圈部分，每字常用一花式图案隔离，中型的即无间隔花式。它的式样或者由"日重光月重轮"的祥瑞信仰而来。也有作内方外圆布置，内用四分法加流苏装饰，文字分别嵌于四方。又有作星象式或乳钉旋绕，纽作十二重叠乳钉，通常都叫作"星云镜"，这是从兽纹演进简化而成的。"长宜子孙""长宜高官"等大型镜，虽近于早期官工镜样，制作得十分完整，但除中心的四叶装饰，有的除了有一圈云纹外，竟只使用一些重复线条。虽然在设计时深具匠心，整体结构效果极大方，几个字的安排还特别注意保留晚周错金柳叶篆文格式的特长，经营位置，恰到好处，但是究竟素朴简单了一点。这种镜式到东汉还保留，只换上铭文作"位至三公"，愿望就变得具体了许多。花纹比较进一步的，是在连弧内作八凤或朱雀图案的镜式。构图设想，或本源于"日中星鸟"记载，又或不过采用汉人熟习的祥瑞传说。有做八凤的，有做十二凤的，也有并外弧用到二十四凤的。一般叫作"夔凤镜"，本名或者还是"朱雀镜"。如系由取火阳燧发展而出，装饰花纹用三足乌，就更符合传说。这类镜子常作扁平纽，无底纹，花作平雕，在技术上已近于后代"剔花"（即把空处剔除露出花纹）。又分阴剔和阳剔。若系阴剔，多余的阳纹线条，就形成四只蝙蝠式样，算得是镜纹设计的新成就。这种格式起于西汉，到东汉再衍变就成为一种"兽面辟邪"镜式，或连弧部分加上方框，每一框中用"位至三公"四言铭文处理，就完全失去本来用意了。早期汉镜多较薄，到西汉末才胎质厚实，一般多不卷边，可证明主要是承继战国以来北方系的式样。凡边沿向外过度斜削，时代多比较晚些，属于另外一种格式。正和扁平纽一样，或者和生产地域的风格有关。生产地见于铭文的有"丹阳"和"西蜀"字样，又有"洛阳名工"的铭文。私人造镜著名的有"周仲造镜""驺氏镜""向氏镜"等，用的还是官工镜格式，或者和《考工记》提起的世袭官工有关。

汉镜花纹图案由简而繁，始于武帝时代，到西汉末成、哀之际和王莽时代才完成，但和战国镜纹却有基本不同处。显著特征是战国镜边缘多空白，汉代镜则由简单重轮法改进而用三五道重轮法，表现多种鸟兽云气花纹，和齿状带式装饰反复重叠，使之得到一种综合效果。在技术上正和漆器、空心砖等图案设计一样，带式装饰有占镜面一半的，因此再难于区别边沿装饰和中心部分的主从关系。规矩镜花纹多浅刻，或兼喻儒家"内方外圆"的教育意义。但汉代博局，也用的是这种规矩花纹，有出土陶器可证明。绍兴镜子东王公像前的博局，也有用规矩纹装饰的，说明赌博也要守一定规矩！

政治现实和宗教情绪反映到镜纹上，本来应当和社会发展有密切关系，不可能孤立生长，花纹和铭文也应当有统一性。汉镜却常有些参差处。例如神仙思想的反映，照《史记·封禅书》《汉书·郊祀志》的叙述，多在秦始皇汉武帝两个时代，特别是汉武帝时代，排场来得壮大，许多重要艺术成就，都在这个时期形成。最重要的如西王母传说（图十三），也应当在这时期产生，至迟到西汉末年已经流行，但镜纹镜铭和石刻画上的反映，却都晚到东汉桓帝祠老子前后。至于"上有仙人不知老"铭文的神仙或西王母形象正式反映到镜面时，宗教在宫廷中的庄严神秘感早已失去，它被当成一种民间信仰，一个普遍流传的美丽神话。是否西王母神话的信仰，先只在宫廷中秘密奉行，

到东汉末巫蛊禁忌解放，才公开成为民间传说和社会风气，更因越巫诪张为幻，才特别流行于长江下游？情形不得而知。总之这类镜子出现的正确时代、区域值得深入研究，不仅可以解决本身问题，还能够用它来校定同时期几个小说的年代，推测早期道教或天师教形式。

　　在先秦镜纹上表现人物，著名的只有两面镜子：一面是错金骑士刺虎镜，另一面是细花平刻仙真人物弹琴驯虎镜。前一面或用的是"卞庄刺虎"故事，和宗教无关联。后一面照后来发展看，可能是描写"安期生""王乔""赤松子"一类列仙生活。镜式都属于先秦式。其他神仙人物镜，却多在前后相距三四个世纪的汉末才出现。较早的神仙镜多中型，镜面神像或者是当时在群众中有了权威的"老子"或"岁星"。但汉代巫教盛行，信奉杂神的风气普遍，如刘章、项羽、伍子胥都曾被当作信仰对象，甚至于还有把"鲍鱼"当作神来敬奉，称作"鲍君神"的。所以能上镜面的神，必然也相当多。这种神仙人物镜，图案设计表现方法可分成三种类型：第一类用圆圈围绕布置方式，中间或穿插有既歌且舞的伎乐表现。第二类作三层分段布置，主题神肩部多带有一对云气样的小小翅膀，表示他可以上天下地，来去自在。旁边或有侍从玉女站立，和云气中龙虎腾跃，边沿花纹装饰精美而复杂。中国带式装饰中由云纹而逐渐变为卷草，从镜边装饰可得到具体发展印象。铭文具方士祝愿口吻，且常迁就镜面位置，有语不成章处，可知本来必同样重要，经过复制，从应用出发，才成这样子。就花纹说，鸟兽和侍从羽人，虽还活泼生动，主题神有的却方而严峻，和反映于陶石上一般汉代人物画像的活泼飘逸不大相称。技术以半圆雕法为主，也有用点线勾勒的。时代多在东汉后期，可知和记载上桓帝祠老子关系密切。这种神像和早期佛教也可能有些联系，因为敦煌洞窟壁画中的"降魔变"构图设计，还像是由它影响而来。最重要的是第三类，用西王母和东王公作主题表现的神仙车马人物镜，其中穿插以绣幰珠络的驷马骈车，在中国镜子工艺美术上，自成一种风格。这种镜子虽近于汉镜尾声，但却给人以"曲终雅奏"之感，重要性十分显著。这完全是一种新型的艺术创造，即在有限平面圆圈上，作立体驷马奔车的表现，得到体积和行动的完美效果。表现方法有用连续点线处理的，有边沿作平刻，主题用高浮雕处理的。有在高浮雕技法中兼用斜雕方法处理的。点线法和高浮雕本属旧有，斜刻方法表现体积，使用到镜面上，却是一种崭新大胆的试验。正和川蜀汉墓雕砖法一样，直接影响到唐代著名石刻昭陵六骏，和宋明剔红漆器的刻法。镜面设计有的还保留四分法习惯，有的又完全打破旧例，尽车马成为主要部分，占据镜面极多。一般形象多是西王母和东王公各据一方，西王母袍服盛妆，袖手坐定，如有所等待，面前横一长几，旁有玉女侍立，东王公则身旁常搁一博局，齿筹分明，有的又作投壶设备，或者身前还有个羽人竖蜻蜓献技。孝女曹娥碑又说到父亲曹盱能"弦歌鼓舞，婆娑乐神"。当时越巫举行敬神仪式时，或者也正是披羽衣做种种杂技表演。青龙白虎各占一部分面积。马多举足昂首，作奋迅奔赴姿势，在车窗边间或还露出一个人头。照情形看来，镜中的表现，如不是周穆王西游会王母的传说，就是照《神异经》说到的西王母、东王公相对博戏故事。

这种镜子特别重要处，还是它出现的区域性十分显著，主要出土地限于江浙和山东一部分地方。如照山东嘉祥武梁石刻人神排列秩序看来，"西王母"实高居石刻最上层，代表天上。

但汉代人风俗习惯，每个死人都必须向管领地下的"东王公"买地，东王公又俨然是阴间唯一大地主。同时汉代传说"泰山"也是管领地下的主神。这位东王公究竟是周穆王化身？还是汉武帝化身？抑或是王莽化身？两者又如何结合于汉末南方镜子上，当成图案的主题？在社会学上或工艺史上，都是一个待研究的问题。或出于"越巫"的造作，或属于早期"天师教"的信仰，又或不过只是因为生死契阔，天上人间难再相见，为铭文中"长毋相忘"四个字加以形象化发展。死者乘车升天，也只是汉代传说嫦娥奔月故事，主题虽用的是宗教神话，但表现的却只是普通人间情感。镜面也有作伍子胥和吴王夫差像的，和曹娥碑的"迎伍君神"相合，可知是东汉末年南方人一般信仰。又也有作游骑射猎图的。最重要的成就，还是车马人神除雕刻得栩栩如生外，还丰富了我们古代神话的形象，也提供了我们早期轿车许多种式样。一般铜质都比较差，但镜面雕刻实可说犀利壮美，结构谨严。这次午门楼上东头柜中展出的一面，就具有标准风格。这种镜子最精美的，多是一九三四年在绍兴古墓群出土，因此世界上多只知道有"绍兴镜"。其实它应当是汉末三国吴时的南方青铜工艺品代表，绝不止是绍兴一地的生产。

二 晋墓中发现的两破瓦镜

在西汉早期镜子中，社会上既有了类似"长毋相忘"表示情感的铭文，上层又有"长门献赋"的故事，民间又有"上山采蘼芜"等乐府诗歌流传，可知"爱情"在汉代社会生活中，实有了个比较显著的地位，也因此加重了男女间离鸾别鹄的情操。或生前恋慕，用镜子表现情感，或死后纪念，用镜子殉葬，表示生死同心，都是必然的发展。死人复活的传说，如《孔雀东南飞》诗歌叙述，如干宝《搜神记》小说记载，也自然会在社会间流传，特别是社会分崩离析之际。所以照社会现实推测，"破镜重圆"希望或传说，和死人复活的故事相同，至迟应当在魏晋之际发生。文献上记载较早的，是旧传东方朔著《神异经》，就有"夫妇将别，各执半镜为信相约"故事。这次在西南区昭化出土的二晋墓中，各有破瓦镜一片，拼合恰成一个整体，向我们证明了晋代以来，民间当真就有了这种风俗。到陈隋之际，才有乐昌公主和徐德言"破镜重圆"故事产生。"破镜重圆"和死人复活一样，对古人来说，本只是生死者间一种无可奈何的希望。乐昌公主以才色著名，在兵事乱离中和丈夫相约，各执半镜，约作将来见面机会。国亡被掳后，进入当时炙手可热的越国公杨素府中。后来还因破镜前约，找着了丈夫徐德言，夫妇恢复同居。又因徐德言寄诗有"镜与人俱去，镜归人不归。无复姮娥影，空余明月辉"，乐昌公主临去被迫作诗有"今日何迁次，新官对旧官。笑啼俱不敢，方验作人难"之句，载于《两京新记》《本事诗》《太平广记》和《古今诗话》中，当成"佳话"流传。后来教文学史的就把"破镜重圆"事当作起于陈隋，本来的出处倒忘记了。历史和文物的结合，可以为我们启发出许多新问题，并解决许多旧问题，这两面平平常常的破瓦镜，就是一个好例。

汉魏以来铁器已普遍使用，因此也有了"铁镜"，并且还有"错金银铁镜"和"漆背贴金银花文铁镜"。曹操的《上杂物疏》中曾提起过许多种。这次展览也有一方素铁镜子。收藏镜子一般用的是奁具，随身使用却放在镜囊中。"镜囊"通名"镜套"，是用锦缎或刺绣制成的。古代的不易保存，目下常见的多是明清两代以来遗物。明清铜镜在艺术上已不足言，但镜套却有绣得极精美的。镜子使用时或拿在手上，或挂在架子上，在汉代石刻中，我们已看见过它的式样。至于使用情形，全靠镜后纽部那个穿孔，贯上丝绳，手拿或挂在一定架子上。挂镜子的器具名叫"镜架"或"镜台"，讲究贵重的多用玉石、玳瑁、象牙制成，一般只是竹木髹漆。镜台有用玉制的，是从《世说》温峤用玉镜台作聘礼记载知道，但镜台的样子，却不大引起人注意。传世晋代著名人物画家顾恺之作的《女史箴图》卷子中，保留有一幅古人临镜整容的精美画面。画中两人席地而坐，一个已收拾停当，手执镜子，正在左右顾盼。一个刚把长发打散，背后面却有个侍女理发，面前搁有镜台和脂粉奁具。镜台画作玳瑁纹，是长方形，附在镜架中部。并用文字解释画题，大意是"人人都知道化妆打扮身体，可不大明白更重要的是注意品德"。这是现存最重要的一卷中国古代教育连环画，在历史意义和美术价值上，都非常珍贵。原画于鸦片战争英军火焚圆明园时，就被英国军官抢走，辗转到了英国博物馆，现在还未归还中国。

曹操在《上杂物疏》中，还提起过许多种汉代重要日常用具，我们又借此知道汉镜中"错金"和"金银花"是两种不相同技术的生产。后一种如不是平脱法，就应当是捶薄金银片的加工技术。捶金薄片，商墓中即已发现过。春秋战国之际，河南新郑还发现过细刻龙纹金甲片，因已脱离附件，当时用处还不能具体明白。汉代用薄金片镶嵌在漆器上，重要出土记录有蒙古诺音乌拉古坟出土和陕西宝鸡斗鸡台出土的。长沙这次出土一面鎏金镜，一面贴金镜，贴金镜边沿还另刻细致云纹，和本来的齿状纹不同。魏晋六朝以来金银细工有进一步发展，《东宫旧事》和《邺中记》就记载有许多种金银器物和镶嵌工艺美术品，齐梁诗文更常有形容叙述。但实物知识，我们却并不多。

至于一般青铜镜子花纹，魏晋以来先是半圆雕的中型高圆浮雕鼍龙镜突破旧规，随后是十二生肖鸟兽浮雕分罫作边缘装饰，中圈分布圆式宝相花镜纹占重要位置，直沿用到六朝末年，铭文也由七言改为五言和四言。最常见的是使用庾子山诗句，"玉匣聊开镜，轻灰暂拭尘。光如一片水，影照两边人。"四言最著名的，有"炼形神冶，莹质良工。如珠出匣，似月停空。当眉写翠，对脸傅红。绮窗绣幌，俱含影中"。过去传说是五代西蜀王建赠某妇人的，现在已明白这种镜子产生时代，实早到隋唐之际，这时期镜铭主要是对于女性美的赞颂，花鸟图案和文字体裁都秀美柔和，和使用对象性情要求相适应。有综合十二辰、八卦、小簇宝相花合成一体的，也有沿袭汉代四神镜方法，用狻猊、辟邪、狮子、麒麟作主题，用四分法布置的。大致是六朝末官工民工镜子通用格式，到初唐犹使用。镜铭虽再不提起"新有善铜出丹阳"的语句，工艺风格依然显出南方特征，铭文和南朝文字也有一致性，主要生产还是南方。《唐六典》即明载扬州贡物中有青铜镜。

三　唐代花式捶银花鸟纹镜

唐镜花式丰富多方，不是本文能够详尽。大体说来，有如下几种新的发展，从新的发现中可以证明。一、受现实主义影响，写生花鸟镜的流行，大卷枝花多丰满健康，小簇花多秀美活泼，并有各种鸟类穿插其间。二、融合外来文化，产生了新型的厚胎卷边满枝葡萄镜，葡萄间多用异兽、练鹊、蜻蜓、蝴蝶点缀其间。三、带故事性的人物上了镜面，计有俞伯牙钟子期故事、孔子问荣启期故事、玉兔捣药嫦娥奔月故事、王子晋弄玉乘鸾跨鹤故事、莲花太子故事（唐镜许多种和当时的道教有密切关系，只有这一式受佛教影响）。四、花鸟镜中常见而又精美的，有双鸾衔长绶镜，有鹦鹉鸳鸯镜，有小簇花蜂蝶争春镜，有贴金银捶花和金银平脱镜，有嵌螺钿镜。五、有八卦、万字等家常镜。同时也起始有了带柄镜子，这是从圆扇得到启发产生的。方镜也发现得较多（图十四），大致是便于搁置到镜台上的原因。在造型艺术上的特征，主要即镜形打破了旧有圆

图十四
唐 海兽葡萄纹方镜，故宫博物院藏

形格式，做种种不同花式发展。又镜面有大过一尺，小仅如钱大的。六出花式是常用格式，小型镜制作多格外精美。怪兽葡萄狻猊狮子多作半圆浮雕，宝相卷枝和小簇花多作线浮雕。故事人物镜和双鸾对舞诸镜，在布置上都完全打破平均四分或圆形围绕习惯，作圆状屏风格式，或四方委角葵花式。共通优点是图案设计的现实性，给人一种生动活泼印象。花鸟多从写实出发，达到浮雕高度艺术水平。布置妥帖，是唐代一般艺术设计的特征，唐镜更充分反映这个特征，而且多样化。

这里要特别介绍的，是一面直径只两寸多些，花式金银加工的小小花鸟镜。因为在艺术上它代表了唐镜的新作风，在技术上又代表了唐镜的新成就。

唐代用金工艺计十四种，捶金镶嵌方法应当名叫"贴金"，是把薄质金银叶子贴到镜面捶成的。唐代纯金银器常有出土，且多比较材料，基本花纹已大体明白。一般镜子早期图案，还多用陈隋旧样，宝相花用"簇六"法或"聚八仙"法是通常格式。鸾衔绥带和鸂鶒、鸳鸯、练鹊、鹡鸰、戴胜、白头翁等鸟雀和蜂蝶昆虫在花朵间飞息，才正确见出唐代装饰作风。这些花鸟图案在中型镜类已显得十分活泼生动。用贴金法和平脱法反映于大型和极小镜子中，更加精美、细致而完整。工艺成就和社会习俗有密切联系，所以这种金银加工技术的全盛时期，必然和社会发展一致，应当在开元、天宝之际数十年间。姚汝能述

《安禄山事迹》，记玄宗和贵妃赠安禄山礼物中，就有许多种金银平脱器物，且有大件器物，正如小说中述玄宗嘱主工事的说"免为大眼孔胡儿所笑"而特做的。当时这种标准式样，已不易见到。但从其他出土金银器物中，和这一面小小贴银镜子中，却可体会到金银工艺美术，在唐代历史全盛时期的成就。

《唐六典》载用金十四种，这种名"贴金"，旧式错金则属于"戴金"，即"钑金"一格，至于在漆上嵌镶镂空金银花鸟的"平脱"法，基本上是和它有区别的。后人一般都叫作"金银平脱"，实不大适合。金银平脱和其他加金用具，到肃宗时就一再用法律禁止，不许制造，因此唐墓出土器物虽极多，但贴金和平脱镜并不多。在唐代数百年间，全部风格上的发展和变化，我们所了解的知识到如今还是不具体的。惟从现存资料如故宫收藏，及肃宗时就流传日本的几件重要镜子看来，却可知唐代标准特种官工镜的花纹和品质。还有镜子花纹和当时锦绣丝绸花纹有相通处，例如小簇花和绫锦刺绣纹样有联系，大卷枝写生却多反映于彩印染缬罗帛上，这是从比较上可以明白的。这些问题，过去少有人注意到，却值得注意，因为借此也可以丰富我们对于唐代丝绣花纹的知识。特别重要的还是可因此明白一个镜子的花纹，也不是孤立的，必然和其他许多方面有联系。

我们并且还知道，到了这个时期，一般镜奁多从实用出发，已由"筒子"形式改进成为"扁饼"形式和"花式"样子，同时还使用相同花纹锦绣镜囊，前面已提起过。唐代因玄宗八月初五日（一作初三）生辰，由国家把这一天定名"千秋节"，在这一天公私普遍铸造镜子送礼，传说最好的镜工必在扬子江心开炉，泻铸。政府上下也多在这一天用镜子作祝贺礼物。唐代诗文中常提起这件事。一般"鸾衔绶带"镜、"回纹万字"镜、"真子飞霜"镜、"八卦水火"镜，大都是在节令中的产物或礼物。小型贴金银花鸟镜和金银脂粉盒子，有比一般银圆还小的，或者是宫廷中和贵族社会亲戚妇女相互馈赠礼物，是便于平日随身携带的化妆用具。

这种金银加工小型花鸟镜，有花如豆粒，鸟如蚊虫，设计构图依然十分谨严周到，统一完整。到宋代，这点特别长处就失去了。唐宋时期各地工艺都有高度发展，且大量用金银器，写生花鸟更多名家。惟青铜镜子工艺上的特征，实无所闻。

1954 年秋

中国古玉

中国的雕玉艺术，是从石器时代磨治石器发展下来的一种特殊艺术。它的初期作品，在形态和花纹上的成就，我们目下实在还不大明白。只知道至迟在公元前十二世纪左右，殷商时代古坟中出土的种种雕玉，就显示出它在艺术上已达成熟期。后来雕玉技术中的平面透雕、线刻、浮雕和圆雕，种种不同表现方法，都已具备，并且可以看出已经熟练运用旋轮车盘，利用高硬度的宝石末和金属工具来切磋琢磨。艺术上的特征，即把严峻雄壮和秀美活泼几种美学上的矛盾，极巧妙地融合统一起来，表现于同一作品中，非常的成功。无论是大型玉戈和玉刀，还是一件小佩玉，效果总是相同的。由于玉本质的光莹润泽和制作设计上的巧慧，做工的精练与谨严，特别是治玉工人对于材料的深刻理解，使它在中国古代美术史中，占有一个特别重要的位置。

中国历史文献称商代最后一个帝王帝辛，因人民反抗他的残暴政治，自焚于鹿台时，身边还有宝玉一亿有余。统治者占有大量雕玉，充分反映出中国奴隶社会的末期，奴隶主和奴隶之间的阶级对立是如何尖锐显明。当时一般人民进行生产、种植和狩猎，大都还使用石斧、石镰、蚌锯和石、骨、蚌箭头做生产工具，统治者却用精美玉器装饰他心爱的狗马和本人一身。这时期的玉器制作，自然多出于有技术的奴隶的双手。

这时期的玉器大致可以分作两部分：一、大型玉多属玉兵器和礼仪上用玉。兵器中有玉戈（图十五）、玉矛头和玉斧钺等，有的还镶嵌在刻有非常精美花纹的青铜柄上。礼仪用玉有圆形玉璧、筒状玉琮、齿轮状玉璇玑，等等。二、小件佩玉多从日用工具发展而来，大部分还不完全脱离实用范围，如玉鱼璜可作小刀，玉觿可以解结。一部分又反映古代社会风俗习惯，特别生物如玉龙凤，常见生物如玉牛、玉

图十五
商 玉戈，
中国国家博物馆藏

虎和玉燕雀蛙兔，龙凤多用双线碾刻，制作异常精美，鸟兽虫鱼等生物，多用平面透雕，刻法简朴而生动。玉材大致可分白玉和灰青玉二系，还有比较少量的绿色硬玉。材料来源有从本土较近区域内取得的，也有从万里外西北和阗昆仑山下河谷中取得的。属于本土生产的，古称蓝田出美玉，或以为即陕西长安附近的蓝田。从和阗河谷中采取的，可以说明我国古代西北的交通实远在三千年前就已经畅通。采玉必有专工，并且用的还是女工人（不过有关这种记载，是在七世纪的唐代才发现的）。

雕玉必用金刚砂，别名解玉砂，唐代贡赋名目中，忻州每年就贡解玉砂六十斤。周代只知道玉作有工正专官，主持生产。从河中采取的名"子儿玉"，大小有一定限度；从山上凿取的名"山材玉"，有大过千斤的。汉代虽已见出使用山材玉的情形，但直到十三世纪，才使用大件山材玉。

周代前后八百年间，雕玉工艺随同时代有不断发展。主要是雕玉和中国初期封建社会，发生了紧密的结合，成为封建制度一部分。周代初年，把从殷商政府得来的大量宝玉，分散于诸侯臣民，表示有道德的帝王，把人民看得比宝玉还重要。但在公元前八世纪间，却出了个好探险、喜游历的帝王，驾了八骏马的车子，往中国西方去寻玉，直到昆仑山下，留下了一个穆天子会西王母的故事，影响中国文学艺术和宗教情感两千多年，成为一个美丽神话传说的主题。

周代大型雕玉，由戈、矛、斧、钺衍变而成的圭、璋、璜、琮、璧和当时青铜器中的钟鼎，都是诸侯王国分封不可少的东西，是政治权威的象征，同有无比尊贵的地位。商周之际制作的薄质黑玉刀，一部分还依旧保持实用工具的作用，锋利坚刚，可以割切肉食。随后才成为种种仪式上的定型。器物中最重要的是圭、璧，既是政治权威的象征，也兼具最高货币的意义。诸侯王分封，诸侯之间彼此聘问通好，此外祭祷名山大川、天地社稷诸神及婚丧庆吊诸事，都少不了要用到。后来加入由石庖丁衍变而成的玉璋、外方内圆近于机织衡木的琮、破璧而成半月形的璜，以及形制不甚明确的珇，玉中五瑞或六瑞的说法，因之成立。当时国家用玉极多，还特别设立有典守玉器的专官，保管收藏。遇国有大事，就把具典型性的重器陈列出来，供人观看。玉的应用也逐渐扩大了范围，到士大夫生活各方面去。商周之际，惟帝王诸侯才能赏玩玉器。

自晚周春秋以来，代表新兴阶级的知识分子也有了用玉装饰身体的风气，因此有"君子无故，玉不去身"的说法。并且认为玉有七种高尚的品德，恰和当时社会所要求一个正人君子的品德相称，因之雕玉又具有一种人格的象征，社会更加普遍重视玉。这里说的还仅指男子佩玉。至于当时贵族女子，则有成组列的雕玉环佩（图十六），并已经有了一定制度。孔子删辑古诗时，诗中提起玉佩处就极多。花纹上的发展，则和同时青

图十六
西周 玉佩饰，河南博物院藏

铜器纹饰的发展有密切的联系，大致可分作三个段落，即西周、春秋和战国。礼仪用玉如圭璧，多素朴无纹饰，或仅具简单云纹。佩服用玉因金工具的进步，发展成定型的回云纹和谷状凸起纹，以及比较复杂有连续性的双线盘虺纹。佩服玉中如龙环、鱼璜和牺首兽面装饰镶嵌用玉，一部分犹保留商代雕玉做法，一部分特别发展了弯曲状云纹。玉的使用范围虽明显日益广大，但一般做工却不如商代之精。大型璧在各种应用上，已有不同尺寸代表不同等级和用途，但比较普通的璧，多具一定格式，以席纹和云纹为主要装饰。有一种用途不甚明确的成对透雕玉龙，制作风格雄劲而浑朴，作风直影响到西汉，还不大变。这种薄片透雕青玉龙，过去人多以为是公元前二三世纪间制作的，近来才明白实创始于周代，至晚在公元前六世纪，就已成定型。

中国雕玉和中国古代社会有密切联系，玉工艺新的进步和旧形式的解放，与社会发展矛盾蜕变同时发生，实在公元前五世纪的战国时代。那时社会旧封建制度已逐渐崩溃解体，由周初千余国并为百余国，再兼并为五霸七雄，一面解除了旧的王权政治制度上的束缚，另一面也解放了艺术思想上的因袭。更因商业资本的发达流转，促进了交通和贸易，虽古语有"白璧无价""美玉不鬻于市"的成规，雕玉艺术和玉材的选择，因此却得到空前的提高。相玉有了专工，雕玉有了专家，历史上著名的和氏连城璧，就产生于这个时代。韩非著述中叙卞和故事说，平民卞和，发现了一个玉璞后，就把它献给国王，相玉专工却以为是顽石，因此卞和被罚，一只脚被砍去了。后他又拿去呈献，玉工依然说是顽石，因此另一只脚也被砍去。没有了脚的卞和，还深信自己见解正确，抱着那个玉璞哭泣，泪尽血出，悲伤世无识玉的人。后来玉经雕琢，果然成一个精美无比的玉璧。司马迁作《史记》，说璧归赵国所有，诸侯都非常歆羡。秦王自恃兵力强大，就派人来取玉，并诈说用五座城池交换。赵王不得已，派蔺相如带璧入秦国，见秦王无意履行前约，因用计完璧归赵。故事流传两千余年，还十分动人。和氏璧真实情形已不得而知。至于同时代因诸侯好玉、社会重玉成为一种风气后，而提高了的雕玉艺术，则从近三十年在河南洛阳附近的金村和河南辉县地方发现的各种精美玉器，已经完全可以证实。这个时代的雕玉，花纹制作精美，玉质光莹明澈，每一件雕玉在造型和花纹相互关系上，所表现的高度艺术协调性，都可以说是空前的。特别是金村玉中的玉奁、玉羽觞和几件小佩玉，故宫博物院收藏一件玉灯台(图十七)和三四种中型白玉璧，科学院考古所在辉县发掘的一个白玉璜和一个错金银嵌小玉玦的带钩，无一不显明指示出，这个时代雕玉工艺无可比拟的成就。在应用方面，这个时期又开辟了两个新用途：一是青铜兵

图十七
战国时期 青玉云纹灯台，故宫博物院藏

器长短剑的柄部和剑鞘的装饰玉，二是玉带钩。这两方面更特别发展了小件玉的浮雕和半圆雕。至于技术风格上的特征，则纹饰中的小点云乳纹和连续方折云纹，已成通用格式。又线刻盘虬纹，有精细如发，花纹活泼而谨严，必借扩大镜方能看清楚花纹组织。由于应用上的习惯，形成制作上的风格，最显著的例子是带钩上的镶嵌用玉和成组列的佩服玉，特别发展了种种海马式的弯曲形透雕玉龙。极重要的发现是金村出土的一块用金丝纽绳贯串起来的龙形玉佩。至于玉具剑上的装饰玉，又发展了浅浮细碾方折云纹和半圆雕的变形龙纹（大小螭虎）。圆形玉璧也起始打破了本来格式，在边沿上着二奔龙和中心透雕盘夔。战国时期一般雕玉应用图案使用兽物对象，有由复杂趋于简化情形，远不如商代向自然界取材之丰富，但由于从旋曲规律中深刻掌握住了物象的生动姿态，和商代或周初玉的比较，即更容易见出新的特征。换言之，雄秀与活泼，是战国时代一般工艺——如青铜器和漆器的特征，更是雕玉工艺的特征。雕玉重品质，选择极精，也数这个时期……近三十年这种种新的发现，不仅对于历史科学工作者是一种崭新的启示，也为世界古代美术史提示出一份重要新资料。

西汉继承了这个优秀传统，作多方面的发展，用玉风气日益普遍，但在技术上不免逐渐失去本来的精细、活泼，而显得日益呆板，因之比较简质的半圆雕辟邪，应用到各种雕玉上去，也起始用到玉璧类。汉武帝时，因西域大量玉材入关，配合政治上和宗教上的需要，仿古制雕玉，成为一时风气。二尺长大玉刀，径尺大素玉璧，和礼制上六瑞玉其他诸瑞，汉代都有制作。由武帝到王莽摄政一段时期，祀事上用玉格外多。大型青玉璧中刻云纹或蒲席纹，外沿刻夔凤虬龙，制作雄壮而浑朴。大型璜玦也刻镂精工，然终不如周代自然。这时期社会崇尚玉色，照古玉书所称，贵重难得的玉计四种：黑玉必黑如点漆，黄玉必黄如蒸栗，赤玉必赤如鸡冠，白玉必白如截肪，才够得上美玉称呼。但汉坟中发现的却多白玉和青苍玉。所谓白如截肪，即后世的羊脂玉，汉代小件佩玉中的盾形佩和玉具剑上的装饰玉，都常见到。礼仪祀事用玉，则多用白、青和菜碧玉做成。又因大件重过百斤的山材玉起始入关，影响到汉代建筑装饰用玉也极多。政府工官尚方制作有一定格式的大型青玉璧，已成为当时变形货币，诸侯王朝觐时就必须佩戴一个用白鹿皮作垫的玉璧。诸侯王郡守须从尚方处购置玉璧，因之也成了政府向下属敛财的一种制度。宫廷中门屏柱椽间，则到处悬挂这种玉璧作为装饰。玉具剑上的雕玉，更发展了种种不同半圆雕和细碾云纹，风行一时。汉代重厚葬，用玉种类也更具体，有了一定制度。例如手中必握二玉豚，口中必有一扁玉蝉，此外眼耳鼻孔无不有小件雕玉填塞。胸肩之际必着一玉璧或数玉璧。贵族中有身份的，还用玉片裹身作玉甲。此外平时一般厌胜用玉，如人形玉翁仲、方柱形玉刚卯，在汉墓中都是常见之物。当时小件精美雕玉均价值不菲。西汉末通人桓谭就提起过，见一小小玉器，竟值钱二万。当时山东出的一匹上等细薄绸料和绣类，还只值钱一万五千！

汉玉出土较多，后人玩玉，因难于掌握时代，于是都把它叫作汉玉，式样古旧一些的又称三代玉，定名也大都无确切根据。其实由商到汉，前后十三四个世纪，雕玉花纹和形制，各代是不尽相同的，玉材也不相同。且因入土时间有长短，各地土质又不一，时代性和区域性，因之显著明白。照历史时代可分为殷商、西周、春秋战国和汉代。照风格可分为商和西周为一段，春秋为一段，战国到西汉初为一段，东汉为一段。雕玉工艺虽有其时代性，却由于工艺传统也有其连续性，严格的区别还是不可能的。

中国好玉风气和雕玉艺术，同汉代政治一样，结束于一世纪左右。文献上虽还叙述到汉末名人曹丕、吴质等人用玉具剑作礼物赠答，但古代玉佩制当时即已失传，幸得王粲同当时博学的蔡邕学习过，才恢复典礼中的玉佩制。近年山东发掘汉末著名诗人曹植坟墓出土玉佩数种[1]，制作简朴而无风格可言，也可以证实这个时代的确是中国古代雕玉艺术的衰落期。此后

1　曹植墓发掘于 1951 年。

不久，到晋代，因鲜卑、东胡、西羌诸民族陆续入侵中国北部，致中国雕玉艺术的发展绝期四百余年，直到唐代，才又稍稍恢复，发展了第二期由唐到清代近千年的雕玉工艺。虽同是雕玉，它的方法基本上也还是相同的，但花纹的构成和在社会上致用的意义，有些和前一期雕玉已大不相同了。这个区别是需要另作叙述的。

本文约作于 20 世纪 50 年代前期

玉的应用

玉的应用，是从石器应用挑选而来，所以一面保留石器的实用的种种，一面也就因为难得，很早即转到象征方面去了：如圭，就是由石斧变化的；璋，是由石刀变化的；璧，是由圆石斧变化的。照现代地面知识，河南安阳殷墟，即发现过铜玉工作地，已分开。又商代玉雕琢已和牙骨铜器媲美，所以最低可以说，至少在三千二百年前，这个部门的雕刻美术生产品，已经用到分工的方式，为奴隶主大量生产。

玉的应用照中国文献记载，应当是从黄帝起始。提到这个问题多引《越绝书·宝剑篇》，说轩辕神农以石为兵，黄帝以玉为兵。《越绝书》出世晚，对于中国史说明不可靠，但是这种传说和近代推论却相合。《中国通史简编》即用这个意见，认为黄帝是一个西方民族，用玉作兵器侵入黄河流域。大致商代，奴隶主对于玉的应用已极广泛，所以《逸周书·克殷篇》，说武王伐纣，纣自焚于鹿台，简直是用玉包裹一身。

玉的质度坚硬，所以玉的雕刻术的发达，必和铜的应用有关。那就是说玉的加工，大致是在商代。比较古的玉，必和石器差不多，只钻孔、磨光，刻镂少。

现在对于古玉的时代判断，比如玉斧类，一般方式即从花纹决定时代。作斧铲式，无花纹，打孔眼一面大一面小，或两面大中间小，孔圆而精，是古玉。大小一律的是后作。这是一种判断。必须看玉材，作为补充知识。

玉材知识必从比较经验得来，图录不甚可靠。

到商代，玉纹饰多了些，有极精细的，如罗振玉藏的大玉刀，上面刻字多而精，但大多数重器，刻镂还少。可以做两种解释，如圭璋多朴素，所谓大器不琢，作为天子权威象征，不必有过多花纹。玉器过于坚硬，难刻花纹。

在应用上，照周代人记载，是把它和奴隶社会制度作紧密结合。《周礼·考工记》玉人条说：

镇圭，天子守之。信圭，侯守之。躬圭，伯守之。

这就是说，这些变相的石刀，是归奴隶主掌握的，且居多用来镇压奴隶。

璋，是天子巡狩时候祭山川的东西。巡狩是打猎也是打仗。

玉戚、玉钺都是斧类，武王伐纣砍这个奴隶主和当时宠姬妲己的头，就用的是玄钺和素钺，即是黑玉斧和白玉斧式武器。

圆形石斧到玉器上发展为三种，即璧、瑗、环。

这是日本人滨田耕作的说法，或不尽可靠。因为中国细石器中发现的环状石器，即战国时的环或瑗，和石斧条件不合，倒像是古代货币代用品。璧、瑗、环的说明多根据《尔雅正义》。它们的区别是：孔小边大，名叫璧；孔大边小，名叫瑗；孔和边相等，名叫环。

璧到后来是重要东西，礼天、祭河、聘问都用它，象征最重礼物（图十八）。它由礼器又转为佩饰，比较小，就名叫系璧，意思是悬挂佩的。这个制度从周代起始。上刻半浮雕子母夔，大致是汉代才用到。普通常见三五种，多汉式。

朝鲜汉代古坟的发现，又让我们知道大璧用到殉葬，是放在胸前。比较后一些时代用的青铜镜，也放在胸前，可能就是这个方式的遗留转变。

系璧中一种佩饰玉，有个缺口的叫玦，《广韵》说：

佩如环而有缺，逐臣待命于境，赐环则返，赐玦则绝。

其他史传上也常有提到，著名的如《史记》记项羽和刘邦鸿门宴时，项羽伏下甲士想害刘邦，范增累举玦给项羽看，表

图十八
东汉 "长乐"谷纹玉璧，
故宫博物院藏

示要下决心，羽不忍。因此刘得借故逃脱。环则有还意思，也用到封建君臣及男女关系象征上。后来一般用到衣袢上，直到唐宋还用。

瑗和环用处同，荀子说，召人以瑗，象征还。

又射箭时，右手拇指扳弓弦用的和扳指相差不多的玉也叫作玦，有玉和骨牙做的，吴大澂以为不是一物。这个或者名叫作鞢。

半璧名叫璜。《周礼》称大宗伯以玄璜礼北方，即祀地用的玉器。后来成为佩玉，由朴素到有浮雕、透雕花纹，还有半圆雕双兽头的，是胸前装饰。

又有叫作珩的，式样相差不多。以为起源是模仿兽牙做成的，是蠱挂的。古诗常提起，大约是周代封建主和上大夫普通装饰。

古代祭天祭地是一件大事，因为社会生产力主要是依靠农耕和蚕桑，地下生产又非靠雨露阳光不可。祭天用璧，祭地则用琮，琮是方柱形中空的玉。《周礼》即提起黄琮礼地之说，注为八方所宗，象地之德，用来祭地，由王后主管。诸侯献天子也用它。琮有好几种，常见的是分段形刻纹和素的，内圆外方。有象征，解说不大清楚。有人说和井田制有关系，有人说是从商周之际祭家庭的中溜来的（影响到瓷器，广窑的琮瓶即模仿它而成）。琮也用来殉葬，和璋、璧、琮、琥同。按照《周礼正义》说，圭在左，璋在首，琥在右，璜在足，璧在背，琮在腹。不大可信。和琮一样极短的玉，俗称车辋头，一般以为是封建主车轴的镶嵌装饰，似可疑。因从实物证明，有些极小，不适用，有些白玉质过精，不像车饰，可能是用到人身上的。

和琮同样不易理解的玉是璇玑，如一个齿轮，照例有三圭角，不雕花纹。因《尚书》有"璇玑玉衡，以齐七政"之说，后人解释作天文用仪器，也即是汉代浑天仪，是看星宿用的，用法已不明白。璇玑也可能是由石斧衍变而来的。这种玉多素朴不琢，时代旧。

磬本来是石质乐器，重在发音。商代发现过玉磬，是较古的玉制乐器。古乐器八音中之一种。

有名璂的，如大纽扣，古代皮帽上用装饰。

有玉笄，插头上的，后变作簪。直到唐代贯发还用得着。明清二代道士贯发也还用它，即圆柱簪。

珥和瑱，或以为是耳环，或以为是葬时放耳朵内，说法不一。后代耳环从这个产生。罗振玉以为是挂在耳朵上。封建时代用玉，一切有象征，这个也有象征，封建主不乱听杂声。正如冠冕上下垂的珠和勾玉，挂在眼前，防止乱看。

有刚卯，是四方或六方小玉柱，上刻符咒，是王莽时方士造作的，说可以辟兵，也就是后来符牌的意思。

翁仲是小玉人，多刻作老头子形，刻法简单，多汉或以前物。大都有孔可穿，可能是仿秦始皇时南海出的长人，孩子们佩戴易于长大，如后时符牌厌胜物。

蟄，玉坠式佩玉，有圆雕，形短，多琮式。有琚，是玉佩间的东西，说明不大详。有觿，仿兽牙，即解结的锥。“礼”称童子佩觿，是小孩子用的。

玉既从石器发展下来，独立成一个系列。商周两代用玉的多，一面可见出西方交通和商业交换制度，就文献所载和杂史材料，中国送出去的是丝绸或粮食（晚些日子才有茶叶），拿回来最有用的是马，最无用的就是玉。玉由应用石器转成象征东西，在璧璜圭璋形态上还可看出。玉的加工精制，必是用铜器来处理材料时，到这时玉自然已完全脱离了应用，成为装饰。这个从铜器上也可看出变化。商代兵器玉钺玉戈，还兼用铜玉在一器上。刃用玉，用铜镶嵌。又有以铜为主的兵器，镶一点玉。再后是剑鞘、靶、托的玉的装饰，即是古书上常提到宝剑值千金的玉具剑。剑不一定值钱，价值大半在玉装饰雕工上。由战国到三国，成为一种风气。这从现存的遗物可知。

剑鞘中段名叫璏或瑑（大多刻作云兽对称花纹，也有浮刻蟠夔的，时间晚些）。剑托名叫琫，又或作珌。剑柄部分叫琫。剑鞘下端叫珌。

汉代又讲究带钩，所谓视钩而异，意思是人人不同，很发展了小件浮刻圆雕设计，洛阳金村遗宝中有镶玉的，又另外有全玉的。《古玉概说》作者以为因胡服马上应用，带钩因此不用玉用铜，是一种推测，不甚可信。因用铜，中国兵车战也会自用，春秋时即有了，不必学来的。带钩虽已少用玉，玉带制度却一直到唐宋明，十分贵重（图十九）。这时玉多是方片镶嵌，有的十二片成一围。清代复改制，一种是复古，盘龙盘螭，一种是刻龙。刻龙镶到金或鎏金的，制度容易认识。比较简略具体的区别，即明以前多圆刻，纹较简，清代多刻龙云，细密繁复。工虽多，并不美。

汉代特别重玉饰，佩玉刻龙凤云是主体，式样特别多。另外还有玉鸠，是手杖头上用的，封建主尊敬老年，用这个作赏

图十九
明 镂雕龙穿花玉带，故宫博物院藏

赐，因相传鸠不噎食，老年健康意。玩玉的也因此保存鸠杖头
比较常见。

　　还有玉刻女人像，玉刻禽兽二十四肖，多是一般佩件，均
为玩玉的所重视。又有方柱玉串，俗称十八子，十八枚形式不
同，有人形、鸟形和其他状式，多汉代或以前出土。

　　因玉贵重难得，所以封建奴隶主和公侯上大夫统治阶级，
直到死后还用它殉葬。纣王用玉裹身而死，只知道名天智玉的，
火焚不毁。周汉两代殉葬玉，一部分是日用的，一部分是特别
的。特别为死人用的有二种极重要：有玉豚，有的说握手用，
有的说塞肛门用。象征意义已不明白。有琀，刻成蝉形，放口内，

象征如蝉蜕化而升天，或根据方士黄帝成仙说而来。蝉和翁仲是刻玉法最简的，只用八刀。刻法都极简古。从何而来已不明白。

汉代王公大臣死，赏赐葬物有玉衣，多用小片玉金银丝穿成如甲状，汉墓中发现过（图二十）。

玉鼎类容器，和铜器相同，多战国时和汉代器物。到后来只有香炉还保存。

玉碗和玉杯，记载多，实物不多。玉杯多刻云夔纹，作筒形。饮器多用玉、斝、爵、角、觥、斗、觞。玉斗是方杯，双耳。觥作兽形，大器。爵如鹤，高足。

洛阳金村遗宝里面，玉觞特别好，也有素的，形制和周汉漆陶觞式相同，长圆双翅，本来是象征鸟翅，后来通称双耳。

图二十
西汉 金缕玉衣，河北省满城县中山靖王刘胜墓出土

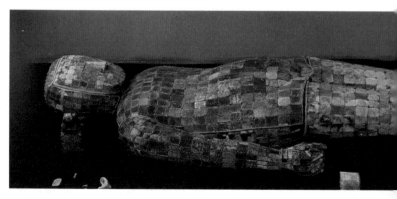

所以到汉时叫耳杯，是漆器上写的。晋代王羲之著名的墨迹《兰亭序》，记叙了当时的曲水流觞就是把这种有耳朵的船式喝酒器皿（大体还是用漆的）浮到水里，大家坐在溪边喝酒。这故事据记称是周公经营洛邑发明的方法。到现在为止，我们还不曾发现这个时代的漆觞。玉觞多战国时制，到现在为止，应数金村所发现玉觞足代表当时最高成就。

还有一种东西和历史关系极大，即封建主用的即位玉玺，所谓传国宝。最著名的玉玺是相传秦始皇时李斯写字"受命于天，既寿永昌"八字玺。做皇帝得不到它，就不能骗人。从此两千年封建社会，掌权人的印信总是用玉刻的。

战国到汉代普通官人也用小玉印，战国多平坛式、桥式，汉代多有浮刻点龟兽纽头。字体易区别，制作上也易区别，战国制精美过于汉代。

战国到汉代，还有一种玉镜和铜镜式同，到后代似只在武装的甲上做装饰。汉代有琉璃镜，即人造玉镜，可以说是后代玻璃镜的祖先。此外玉珠串、簪环、约指，直到现代还用。其中珠串用得最久，因从石器时代最初用起，到现代，女人永远少不了。

玉乐器的箫管，大多是唐代东西。记载上称盗发敦煌太守张骏墓，得玉箫管。就文献说来，温峤用玉镜台一枚作聘礼，已是稀礼。晋代二豪门王恺、石崇斗富，比赛珊瑚大小，一用丝步幛，一用锦幛，提玉器不多。《水经注》提昆仑山下西王母神祠用玉制成，都说明晋人已对于这部门工艺不常用，成为传说。所以外国贡玉佛，到东昏侯时且被改作钗环，如玉多，哪用得着玉佛？所以晋六朝玉我们对它极少知识。如为唐代玉，比较容易辨识，除仿古，花纹和唐代其他工艺美术必有相联系处，唐代已重玉带，多用玉片镶嵌而成。

本文作于20世纪50年代前期，为"中国玉工艺"讲稿之一

中国古代陶瓷

　　陶瓷发展史是民族文化发展史的一部分。

　　中国有代表性的史前陶器，是三条胖腿的鬲。鬲的产生过程，目下我们还不大明白，有的专家认为是从三个尖锥形的瓶子合并而成的。当时没有锅灶，用鬲在火上烹煮东西，实在非常相宜。比较原始的鬲，近于用泥捏成，做法还十分简单。后来才加印上些绳子纹，并且起始注重造型，使它既合用，又美观。进入历史时期，鬲依然被广泛使用，却已经有另外两种主要陶器产生，考古学者称之为彩陶和黑陶。

　　彩陶出土范围极广，时间前后相差也很大。研究它的因此把它分作数期，但年代终难确定。河南、陕西、甘肃、山西黄河流域一带发现的，时期比较接近，但更新的发现还在不断修正过去的估计。这是一种用红黄色细质泥土做胎，颈肩部分绘有种种黑色花纹，样子又大方又美观的陶器。工艺制造照例反映民族情感和气魄。看看这些彩陶，我们可以明白，古代祖国人民的性格历来就是健康、明朗、质朴和爱美的。

比彩陶时代稍晚些，又有一种黑陶在山东产生，是一九二一年在山东日照城子崖发现的(图二十一)。用细泥土做胎，经过较高火度才烧成。黑陶的特征是素朴少装饰，胎质极薄，十分讲究造型。同时还发现过一个旧窑址，因此把烧造的方法也弄明白了。有一片残破黑陶器，上面刻了几个字，很像"网获六鱼一小龟"，可以说是中国陶器上出现的最早期文字。少数历史学者，想把这些东西配合古代历史传说，认为是尧舜时代的遗物。这一点意见，目前还没有得到科学考古专家的承认。

图二十一
新石器时代龙山文化　高足镂孔黑陶杯，山东省日照市出土

代表文字成熟时期的最重要发现，是在河南安阳县洹水边古墓群里出土的四种不同陶器（因为和大量龟甲文字同时出土，已经确定这是三千二百年前殷商时代的东西）：一、普通使用的灰陶；二、山东城子崖系的黑陶；三、完全新型的白陶；四、带灰黄釉的薄质硬陶。灰陶在当时应用极普遍，大小墓中都有，而且特别具有发展性。到了周代，记载上就提起过用它做大瓦棺。春秋战国时，燕国都城造房子，用瓦已大到两尺多长，还印有极精美的三角形云龙花纹。又有刻花的墙砖，合抱大陶鼎，径尺大瓦头，图案都十分壮丽。在长安洛阳一带汉代古墓里，还发现过许多印花空心大砖，每块约七十斤重，五尺多长，上面全是种种好看花纹，有作动植物和游猎车马图案的，有作一条非常矫健活泼龙形的。这些大砖图案极为精美，设计又合乎科学，表现出了古代中华民族的伟大气魄和切实精神，也表现了古代工人的智慧和优秀技术。由此发展，两千年来，中国驰名于世界的古代建筑艺术，特别是一千七百年前晋代以来塔的建造和唐宋明清典型的宫殿建筑，更加显出民族艺术的壮美和崇高。

在商代坟墓中的黑陶，有几件是雕塑品，装饰在墓壁间，可以推想在当时已经是比较珍贵的生产。后来浙江良渚镇也发现过一些黑陶，时代还不易估定。近年来，河南辉县又发现过一些战国时期的黑陶鼎，北京郊外也发现过一些汉代黑陶朱画杯盘，都可以说是古代黑陶的近亲。

至于白陶的出现，实在是文化史上一件大事情，因此这种花纹精美、形式庄严的白质陶器，在世界陶瓷美术史中，占据了首席位置。它的花纹和造型，虽不如同时期青铜器复杂多样，有几种却和当时织出的丝绸花纹相通。重要的是品质已具有白瓷的规模，后来唐代河北烧造的邢瓷、宋代的定瓷，虽和它相去已两千年，但还是由它发展而来。

另外重要的发现是涂有一层薄薄黄釉的陶器，明白指示我们，三千年以来，聪敏优秀的中国陶瓷工人，就已经知道敷釉是一种特别有进步发展性的技术加工。这种陶器的特征，胎质比其他三种都薄些，釉色黄中泛青，釉下有简单水纹线条，本质已具备了瓷器所要求的各种条件，恰是后来一切青绿釉瓷器的老大哥。

随后又有四类不同的日用釉陶，在不同地区出现。

第一类是翠绿釉陶器，当时用作墓中殉葬品，风气较先，或从洛阳长安创始。主要器物多是酒器中的壶、尊和羽觞，近于死人玩具的杂器，有楼房、猪羊圈、仓库、井灶和种种不同的陶俑。此外还有焚香用的博山炉，是依照当时神话传说中的海上蓬莱三山风景做成的。主要纹样是浮雕狩猎纹。这种翠绿色亮釉的配合技术，有可能是当时方士从别处传来的。在先或只帝王宫廷中使用，到东汉才普遍使用。

第二类是栗黄色加彩亮釉陶器，在陕西宝鸡市斗鸡台地方得到，产生时代约在西汉末王莽称帝前后。器物有各式各样，特征是釉泽深黄而光亮，还着上粉绿釉彩带子式装饰，色调比例配合得非常新颖，在造型风格上也大有进步。一切从实用出发，可是十分美观。两种釉色的原理，恰指示了后来唐代三彩陶器和明清琉璃陶一个极正确的发展方向。

第三类是茶黄色釉陶器，起始发现于淮河流域，形式多和战国时代青铜器中的罂、罍差不多。釉色、胎质，上可以承商代釉陶，好像是它极近的亲属，下可以接长江南北三国以来青釉陶器，是青瓷的先驱。

第四类极重要的发现，是一件浅绿釉色陶器，也可以说是早期青瓷器，是由河南信阳市擂鼓台东汉永元十年的坟墓中挖出来的。这件陶器花纹、形式、釉色都和汉代薄铜器一样。胎质和硬度已完全如瓷器，目下我们说汉代青瓷器，就常用它作代表。这些青绿釉陶启示了我们对中国陶瓷发展的新认识。即两千年前陶釉的颜色，特别发展了青绿釉，实由于有计划取法铜器而来。可能有三种不同原因，才促进技术上的成功：一、从西汉以来节葬的主张到东汉社会起了相当作用；二、社会经济发展，铸钱用铜需要量渐多，一般殉葬器物受限制，因而发明用釉陶代替铜器；三、釉陶当时是一种时髦东西，随社会经济高度发展而来。

从上面发现的四类着釉陶器看来，我们可以肯定，陶器上釉至迟到西汉末年，就已成为一种正常的生产（图二十二）。先是釉料中的赭黄和翠绿，在技术上能正确控制，随后才是仿铜

图二十二
东汉 绿釉陶水榭，河南博物院藏

绿釉得到成功。但就出土遗物比较，早期绿釉陶器的生产价值，可能比同时期的铜器还高些。因为制作上的精美，就是一般出土汉代铜器不如的。陶器形态也起始有了很多新变化，一切从实用出发。例如现代西南乡村中还使用的褐釉陶器，在信阳出土的一千八百年前的陶器中，就已经发现过。现代泡酸菜用的覆水坛子，在宝鸡出土的两千年前的带彩陶器中也已发现，并且有了好多种不同式样。

这些划时代的新型陶器，除实用外还十分美观，这也正是中国陶瓷传统的优点。这时节还有一种和陶釉有密切联系的工艺生产，即玻璃器的制作，同样有较多方面的展开。小件彩琉璃珠装饰品，各地汉墓中都陆续有发现（西北新疆沙漠废墟中、朝鲜汉代人坟墓里、长沙东汉墓中等都陆续有发现），其中做得格外精美的，是一个小喇叭花式明蓝色的耳珰和一件粉紫色长方柱形器物。仿玉色做成的料璧，即《汉书》中说的"璧琉璃"，也常和其他文物在汉墓中出现。又如当时最见时髦性的玉具剑，剑柄剑鞘用四五种玉，也有用玉色琉璃做的。至于各色玻璃碗，史传中虽提起过，实物发现的时代，却似乎稍晚些。

但是由汉代绿釉陶器到宋代的官、钧、定、汝四大青白瓷器，中间却有约八百年时间，中国陶瓷发展的情形，我们不明白。它的进步过程，在文献上虽有些记载，但实物知识极贫乏。因此赏鉴家叙述中国瓷器发展史时，由于知识限制，多把宋瓷当成一个分界点，以前种种只是简简单单、糊糊涂涂交代过去。一千七百年前的晋代人，文献中虽提起过中国南方出产的东瓯、白坩和缥青瓷，可无人能知道白坩和缥青瓷的正确釉色、品质和式样。中国人喝茶的习惯，南方人起始于晋代，东瓯、白坩即用于喝茶。南北普遍喝茶成为风气是中唐以后，当时有个喝茶的内行陆羽，著了一部《茶经》，提起过唐代各地茶具名瓷，虽说起越州青瓷如玉，邢州白瓷如雪，同受天下人重视；四川大邑白瓷，又因杜甫诗介绍而著名；到唐末五代，江浙还出产过一种秘色瓷，和北方传说的柴世宗皇帝造的"雨过天青"柴窑瓷，遥遥相对，都是著名作品，可是这些瓷器的真实具体情况，知道的人是不多的。经过历史上几回大变故，例如宋代为辽金的战事所破坏，元代一百年的暴力统治，因此明代以来的记载，就更加不具体。著名的公家收藏如故宫博物院对于旧瓷定名，也因之无一定标准。问题逐渐得到解决，是由一系列的新发现，帮助启发了我们，才慢慢搞清楚的。

先是一九三〇年前后，河南安阳隋代古墓的开发得到了一份陶器，极引人注意的是几个灰青釉四个小耳的罐子和几个白瓷小杯子。墓志写明这坟里的逝者名叫卜仁，是隋仁寿三年埋葬的。重要处是青釉瓷和汉绿釉发生了联系，白釉瓷杯还是新发现。差不多同时，中国南方古越州窑的种种，经过陈万里先生的调查收集，编印了一部《越器图录》，也初步丰富了我们许多越系青瓷的知识。特别重要的是一九三六年以来，浙江绍兴地方因修公路挖了约三千座古墓，墓中发现了大量青瓷、有字坟砖和刻画着人物车马的青铜镜子。经过一九三七年《文澜学报》上的报告，让我们明白这些青瓷的时代，实包括了由三国时东吴一直到唐代，前后约六百年，标准的缥青瓷和越青瓷，都可从这些瓷器中得到实物印证。这前后六百年填补了中国南方绿釉瓷发展史的空隙，就像有了一道桥梁一样，前后贯串起来了。也因此明白此后宋代南方生产驰名世界的哥窑和龙泉窑，修内司官窑，都有了个来龙去脉，不是凭空创造，被人当成奇迹看待。因为有优秀传统底子，所以它的发展，倒是历史必然了。

至于北方青瓷的发展，从汉代到隋代，中间依然还有五百年的空隙，无从填满。北方古董店虽常有一种灰青釉或翠青釉瓶罐杂器，从胎质、釉色、纹片看来，都比唐代白瓷器旧些，比汉釉陶又似乎晚些，一般人常称它为"古青瓷"。真正时代却无人知道。另外即五代后周柴氏在显德中烧造的柴窑，因传说中的"雨过天青"釉色而著名。明清人笔记辗转抄引，更增加了它的地位，可是却有名无实。明代以来记载，矛盾百出，看不出真正问题。种种附会随之而来，假柴窑因此南北流行。廓清这种传说和伪托，也是要从地下新的发现来解决的。

新中国成立为社会带来了无限光明的希望，对于中国陶瓷史的知识，也得到了一种新的光明照耀，豁然开朗。一九五〇年，华北人民政府拨给历史博物馆一大批文物，其中有一份陶瓷，是河北省景县人民发掘出土的。器物中有孔雀绿釉、栗壳黄釉及很多浅青釉和淡黄釉的杯碗，有一件豆青杂釉的高脚盘，有三个高约三尺堆雕莲花大型青釉尊，还有一蓝一白两个玻璃碗。若仅此完事，我们还会以为大致是唐宋之际的东西。可是另外还有一些素铜器和素陶器，陶骑士俑和男女俑，都可证明确是北魏以来的遗物。更重要的是两方墓志和几方铜印，让我们明白，原来这些还是一千五六百年前南北史中有名的封家墓葬中的器物！这一来，一道新的桥梁，把北方青瓷发展历史，也完全沟通了。这份陶瓷从釉色，从式样，为我们提供了许多新鲜确实的物证，不啻告诉我们，它既上承汉代青黄釉陶的优秀传统，有了进一步的提高，下还启发了隋唐二代北方的三彩陶和邢州白釉瓷，宋代官、汝、定诸瓷，一直向前迈进。同时也借此明白了明代人对于柴窑所加的形容，"天青色，滋润细媚，有细纹，足多黄土"和"制精色异，为诸窑之冠"，原来形容的大都是这种六朝瓷器。特别难得的两种器物，一种是灰青釉堆雕莲花大尊，在造型设计和配釉技术上，都完全打破了旧记录，达到那个时代极高的成就。造型设计且掺杂了些印度或罗马雕刻风格，可见出文化上的综合性。另一种是两个玻璃碗，虽出于北朝人坟墓中，碗的形状及下部网式纹饰，和西北出土的汉代漆筒子杯花纹倒极相近。自汉代以来，统治阶级大都讲究服药，晋代著名方士葛洪著的《抱朴子》就提起过服神仙长生药，是要用极贵重的琉璃碗或云母碗的。这种琉璃碗在河北省出土，还是中国地下材料的崭新记录。因此这份文物，不仅可作汉隋之间数百年间北方陶瓷历史的新桥梁，还更深一层启示了我们，劳动人民的伟大创造性是永远在发展中，且不断会有新的东西，从一个传统肥沃土壤中生长的。我们读历史，就知道这个时代住居黄河流域的中国人民正遭受西部羌胡民族长期战争的蹂躏，文化受到严重摧残，人民基本手工业生产也大都被破坏殆尽的时期。陶瓷工人在这种万分困难悲惨的情况下，对于陶瓷的生产，不仅并未把原有优良技术失坠，还不断讲求进步，得到如此惊人的成就。另外，又因此知道，唐三彩陶和白釉陶瓷都无一不是在原有基础上逐渐改进的。北宋在河南、河北出产的官、钧（图二十三）、定、汝四大名瓷的成就以及民间窑瓷器能产生如磁州窑和当阳峪窑、临汝窑诸瓷，呈现出百花齐放的状态，也无一不是在一定程度中慢慢提高，并非突然产生。总之，这份六朝青瓷的发现，对于中国陶瓷美术工艺的研究，实在太有用了。

综上种种叙述，我们已比较具体地把中国由商代到唐初伟大陶瓷工艺的发展过程以及近五十年的发现过程，得到一个简要明确的印象。还借此知道，中国陶瓷过去所以能在世界陶瓷业中居领导地位，实有两个重要原因：一、生产方式中，很早

图二十三
北宋 钧窑盘，河南省文物研究所藏

就已分工组织，到目前为止，分工合作的生产方法，还是比其他手工业生产或半机制工业生产更细密而具体；二、聪敏伟大的陶瓷工人，不问是某一部门的工作，都是非常尊重传统的优良技术和切实有用经验的。因为他们深深明白，如何从民族遗产中学习，不断改进生产的技术，又勇于做种种新的试验，方能在历史发展每一段落中，都取得非常光辉的新成就。这两种长处，即使到如今还依然好好保持下来，并未失坠。

1953 年 7 月改写

古代人的穿衣打扮

　　古代人穿衣服事情，我们过去所知并不多，文献上虽留下许多记载，只因日子太久，引书证书，辗转附会，越来越不易清楚了。幸亏近年考古学家的努力，从地下挖出了大量古文物，可做参考比较，我们才得到新的认识。

　　由商到西周、春秋、战国，前后约一千年，大致可以分作三个历史阶段看它的演变。较早时期，除特殊人物在特种情形下的衣服式样，我们还不大明确，至于一般统治者和奴隶，衣长齐膝似乎是一种通例。由此得知，汉代的石刻大禹像和几个历史上名王名臣像，倒还有些古意，非完全出于猜想。因为至少三千年前的商代人，就多是这个样子了。当时人已穿裤子，比后人说的也早过一千年。商代人衣服材料主要是皮革、丝、麻。由于纺织术的进展，丝、麻已占特别重要地位，奴隶主和贵族，平时常穿彩色丝绸衣服，还加上种种织绣花纹，用个宽宽的花带子束腰。奴隶或平民，则穿本色布衣或粗毛布衣。贵族男子头上已常戴帽子，是平顶筒子式（图二十四），用丝绸制成，直流行到春秋战国不废。女人有把发上拢成髻，横贯一支骨簪的。也有用骨或玉做成双笄，顶端雕刻个寸来大小鸟形（鸳鸯或凤凰）两两相对，斜插头顶两侧，下垂卷发齐肩，颈项上挂一串杂色闪光玉石珠管串饰。历史上著名的美人妲己当时大致就应这么打扮。女子成年才加笄，所以称"及笄"，表示可以成婚。小孩子已有头顶上梳两个小角儿习惯，较大的可能还是编辫发。平民或奴隶有裹巾子作羊角旋斜盘向上的，有包头以后再平搭

图二十四
商朝 跪坐玉人，河南安阳殷墟
出土

100

折成一方角的，还有其他好些样式，都反映在玉、铜、陶人形俑上。样子多和现在西南居住的苗、瑶族情形差不多（这不是偶然巧合，事实上很多三千年前古代图案花纹还可从西南兄弟民族编织物上发现）。许多野生植物如槐花、栀子、橡斗已用来做染料，并且还种植了蓝草，能染出各种不同的青蓝色，种茜草和紫草专染红、紫诸色。

历史上称周公制礼，衣分等级和不同用场，就是其中一项看得十分重要的事情。衣服日益宽大，穿的人也日益增多，并且当成一种新的制度看待，等级分明大致是从西周开始。统治者当时除大量占有奴隶外，还向所有平民征税，成丁人口每年必贡布二匹和一定粮食，布匹织得不合规格的不许出卖也不能纳税，聚敛日多，才能穿上宽袍大袖的衣服坐而论道。帝王和大臣，为表示尊贵和威严，祭天礼地和婚丧大事，袍服必更加庄严且按照需要分别用不同颜色，有些文献还提起过，天子出行也得按时令定方向，穿上不同颜色衣服，备上相当颜色车马，一切都得相互配合。皮毛衣服也按等级穿，不能逾越制度。即或是猎户猎得的珍贵狐、獭、貂、鼠，也得全部贡献给统治者，私下不许随便使用或出卖。照周代制度，七十岁以上老百姓，可以穿丝绸和吃肉，但是能照制度得到好处的人事实上不会多。至于一般百姓，自然还是只能穿本色麻布或粗毛布衣服，极贫困的就只好穿那种草编的"牛衣"了。

衣到西周以后变动虽大，有些方面却又不大。比如作战时武将头上戴的铜盔，从商到战国，就相差不多。甲的品种已加多了些，有犀甲、合甲、练甲，后来还发明了铁甲，最讲究贵重的是犀甲，用犀牛皮做成，上面用彩漆画出种种花纹。因为兼并战争越来越多，兵器也越来越精利，且有新兵器剑和弩机出现，甲不坚实就不抵用，"坚甲利兵"的话就由此而来。矛既十分锋利，盾也非常结实。

照周初制度，当时把全国分划成许许多多大小不等的邦国，每一个地方设一统治者，用三种特殊身份的人去担任：一是王族子弟，如召伯封于燕，周公父子封于鲁；二是有功于国家的大臣，如姜尚封于齐，熊绎封于楚；三是前代王朝子孙。这些人赴任时，除了照例可得许多奴隶，还可得一些美丽的玉器，一份精美讲究的青铜祭器和日用饮食器，以及一些青铜兵器，用壮观瞻的车马旗帜，另外就是那份代表阶级身份的华美文绣丝绸衣服。虽然事隔两千多年，好些东西近年都被挖出来了，有的还保存得十分完整。丝绸衣服容易腐朽，因之这方面知识也不够全面。但是由于稍晚一些已流行用陶、木作俑代替生人殉葬，又在其他材料中还保存不少形象资料，加以综合分析，比较真实情形，就慢慢地明白了。

衣服发展和社会制度有密切联系，也反映了生产发展，衣服日益讲究，数量又加多，是和社会生产发展相适应的。比如商代能穿丝绸衣服的，究竟还是少数，到西周情形便不同了，成王及周公个人，不一定比纣王穿着更奢侈，但是各地大小邦国封君，穿衣打扮却都有了种种不同排场。地方条件较好的，无疑更容易把衣服、帷帐、茵褥做得格外华丽精美。到春秋战国时，政权下移，周王室已形同虚设，且穷得无以复加。然后五霸七雄，各自发展生产，冶铜铁，修水利，平时重商品流通，战时兼并弱小，掠夺财富，对大量技术工人的掠夺占有，更促进了工艺技巧的提高，他们彼此在各方面技术的竞争，反映到上层阶级的起居服用上，也格外显明。

服装最讲究的时代是春秋战国。不仅统治者本人常常一身华服，即或从臣客卿也是脚穿珠履，腰佩金玉，出入乘高车驷马。因为儒家说玉有七种品德，都是做人不可少的，于是有"君子无故，玉不去身"的说法，影响到社会各方面，贵族不论男女，经常必佩戴上几件美丽雕玉。剑是当时的新兵器，贵族为表示武勇，兼用自卫，又必佩戴一把镶金嵌玉的玉具剑。当时还流行使用带钩，于是又用各种不同贵重材料，做成各种不同样子，有的用铁镶金嵌玉，有的用银镶玉嵌五彩琉璃珠，彼此争巧，日新月异。即或是打仗用的兵器，新出现的剑和发展中的戈矛，上面也多用细金银丝镶嵌成各种精美花纹和鸟兽形文字，盾牌也画上五彩云龙凤，并镶金镂银，男子头上戴的冠，更是件引人注目的东西，精细的用轻纱薄如蝉翼，华美的用金玉，有的还高高的如一个灯台（图二十五）。爱国诗人屈原，文章里就提起过这种奇服和高冠。鞋子用小鹿皮、丝绸或细草编成，底子有硬有软，贵重的还镶珠嵌玉在上面。

冬天穿皮衣极重，但白狐裘又轻又暖，价重千金。女子中还有用白狐皮镶在袖口，显得十分美观。

社会风气且常随有权力人物爱好转移，如齐桓公好紫衣，国人有时就全身紫衣。楚王爱细腰，许多宫女因此饿死，其他邦国也彼此效法，女子腰部多扎得细细的。女人头上装扮花样更多变化。楚国流行梳辫子，多在中部作两个环，再把余发垂下。髻子也有好些种，有梳成喜鹊尾式，有作元宝式的。女人也戴帽子，式样和个椭圆杯子差不多。有的又垂发在耳旁，卷成如蝎子尾式。女孩子多梳双小辫，穿齐膝短衣，下缘做成裥褶。成年妇女已多戴金银戒指，并在脸颊旁点一簇三角形胭脂。照古文献记载，这原是周代宫廷一种制度，金银环表示有无怀孕，胭脂记载月经日期，可一望而知，大致到了战国已成一般装饰，本来作用就慢慢失去了。

衣服的材料越来越精细，名目也因之繁多，河南襄邑出的花锦，山东齐鲁出的冰纨、文绣、绮、缟等，更是风行全国，有极好市场；和普通绢帛比价，已超过二十多倍。南方吴越出的细麻布，北方燕国生产的毡裘毛布，西域胡族做的细毛花㲲，异常精美，价值极高。楚国可能有了印花绸子的生产，但最讲

图二十五

战国时期 人物御龙帛画，长沙马王堆出土

究的衣被材料，仍是华美刺绣和织锦。

衣服有许多不同式样，有的虽大袖宽袍，但还不至于过分拖沓。若干地区还流行水袖长衣，依旧还有下缘，长短齐膝，头戴平顶帽子，腰系丝带和商代人相差不多情形。

最通常的衣服是在楚墓中发现的三种式样，其中一种用缠绕方式穿上，再缚根宽腰带，式样较古。衣边多较宽，且用锦类作缘，和记载上说的"锦为缘"相合，大致因此才不至于使过薄的衣料妨碍行动。这种式样，汉代人还有应用。又一种袖大及膝，超过比例，穿起来显得格外庄严的，可能属于特定礼服类。奏乐人有戴风兜帽的，舞人已穿着长及数尺的袖子。打猎人衣裤多扎得紧紧的，才便于在丛林草泽中活动。山西河南所得细刻花纹铜器上又常发现一种戴鸥角鹊尾冠、着小袖长裙衣、下裳做成斜下襞褶式样的。河南洛阳还出土过一个玉佩，上面精雕二舞女袖子长长的，腰身扎得极细，头发下垂齐肩，略略上卷，大致是当时的燕赵佳人典型式样。还有一种式样，山西出土的陶范上有穿齐膝花衣、戴平顶帽，腰间系一丝绦，打个连环扣，带头还缀两个小绒球的，男女都穿。河南也发现这种装束大同小异的人形，且一般说是受"胡服"影响，事实上还值得进一步研究。

历史上常说起赵武灵王胡服骑射对赵国当时军事组织和后来人生活的影响都极大。主要影响还是"骑射"，轻骑锐进和短兵相接，才变更了传统用战车为主力的作战方法。至于"胡服"究竟是个什么样子，过去难说清楚。一说貂服即胡服，这不像是多数人能穿的，试从同时或稍后有关材料看，衣服主要特征，原来也是齐膝长短，却是古已有之。大致由于周代几百年来社会习惯，上层分子已把穿长衣当成制度，只有奴隶或其他劳动人民才穿短衣，为便于实用。赵王创始改变衣服齐膝而止和骑射联系，史官一书，便成一件大事了。胡服当然还有些其他特征，腰间皮带用个钩子固定，头上多一顶尖尖的皮或毡的帽子，因为像个馄饨一样，后来人叫它"浑脱帽"，不仅汉代胡人戴它，直到唐代的西域诸胡族也还欢喜戴它。唐初的中国妇女喜着胡装，因此这种帽子还以种种不同装饰而出现于初唐到开元、天宝间，相传张萱画的武则天像，就戴着那么一个帽子。晚唐藩镇时期，裴度被刺也因戴上这种毡帽幸而不死。汉代石刻也发现这种帽形，近年我们还在西北挖出几顶汉代实物，证明确是胡服特点之一。

衣装有了进一步新的变化，新的统一规格，是由秦汉起始。从几点大处说来，王公贵族因为多取法刘邦平素所喜爱的一种把前梁高高耸起向后如一斜桥的冠式，于是成了标准官帽，三梁、五梁作为等级区分。此外不论男女，有官爵的腰带边必须悬挂一条一丈多长褶成两叠色彩不同的组绶。女子颊边那簇三角形胭脂已不再出现，梳辫子的也有改成一环的。许多方面都已成定式。照文献说因为限制商人，商人穿鞋还必须左右不同色。可是一方面有种种规章制度，对商人、奴婢限制特别大，另一方面却由于生产发展影响，过了不到四十年，商人抬头，不仅打破了一切限制，穿戴得和王公差不多，即其奴婢也穿起锦绣来了。情形自然显得较为复杂，说它时就不易从简单概括得到比较明确印象了。惟复杂中，还有些规律为我们掌握住了的，即汉代高级锦绣花纹，主要不过十来种，主题图案不外从两个方面得来，一是神仙思想的反映，二是现实享乐行为的反映，因此总不外山云缭绕中奇禽异兽的奔驰，上织文字"登高明望四海"的，大致和秦始皇汉武帝登泰山封禅有较多联系，"长乐明光"则代表宫殿名称，这些材料多发现于我国西北新疆、甘肃和东北等地，以及蒙古国、朝鲜。由此得知，当时长安织室或齐地三服官年费巨万数额，大量生产供赏赐臣下，并大量外输的高级丝绸，多是这种样子。

这些都是过去千年读书人不容易明白的，由于近年大量实物和比较材料不断出土，试用真实文物和文献相互结合加以综合分析，逐渐才明白的，更新的发现无疑将进一步充实丰富我们这方面知识，并改正部分推想的错误。

1962 年 6 月 25 日写

我国古代人怎么穿衣打扮

商朝人多穿齐膝短衣，扎着裤脚。衣着材料除麻、葛外，已有十分细致的绸子。奴隶主贵族的衣服上，多织绣花纹，连腰带、衣领和袖口，也有花纹。贵族男子常戴帽子，有一种平顶式帽，到春秋战国还流行；汉代的"平巾帻"（图二十六），就是从它发展而来。妇女多梳顶心髻，横贯一支圆骨簪；有的还在头顶两旁斜插两支顶端带小鸟形的玉簪。大姑娘梳辫子，小孩子则梳两个小丫角儿。男女贵族身上都佩玉；玉被琢成各种小动物形象，最常见的一种为玉鱼。奴隶只能穿本色粗麻布或粗毛布衣服，光头无发，有的头上包巾子，缠得高高的，和现代西南苗族人一样。

到西周，统治阶级穿衣服，日益讲究宽大。周天子坐朝、敬天、办婚丧大事，衣服各不相同；由于迷信，出行还得按季节、定方向穿不同颜色的服装，配上相当颜色的车马。穿皮毛也分等级，

109

图二十六
东汉 洛阳东村东汉墓壁画

不能随便。猎户打得的珍贵的狐、獭、貂、鼠都得上缴，私下不能使用，也不许出卖。一般平民，年老的在名分上虽可穿绸衣，其实何尝穿得起？也只能和奴隶一样穿粗麻布或粗毛布短衣，穷极的只好穿草编的"牛衣"，即冬天盖到牛身上的草编蓑衣！

春秋战国时期，贵族的生活愈加奢侈，穿的衣服更加华丽，佩的玉也比前越发精致。剑是这个时期的新兵器，贵族为了自卫并表示阔气，经常还得有一把镶金嵌玉的宝剑，挂在腰间皮带上。皮带头有用铜或骨、玉做成的带钩绊住，讲究的带钩必用银镶金嵌玉制成，而且式样很多。男子成年必戴冠。贵族的冠高高上耸，有的又和个倒覆的杯子相似（古代的杯子式样多是椭圆形）。年轻妇女梳辫子，梳法多种多样。有的妇女喜戴圈圈帽，而且还在颊边点一簇胭脂点（聚成三角形），眉毛被画得浓浓的。女孩梳两条大辫子，向两边分开；穿的衣服长度齐膝，下沿折成荷叶边。贵族男子流行八字须，两角微微上翘。武士则喜留大毛胡子。舞人不论男女，衣袖都极长。打猎人由于经常在丛林草泽中活动，衣裤特别紧小。

历史上所说的"赵武灵王胡服骑射"，所谓"胡服"，究竟是什么样子？根据现存有关材料推断，"胡服"的特征约有四点：（一）衣长齐膝，袖子很小；（二）腰间束有附带钩的皮带，可松可紧；（三）头上戴一顶用毛毡或皮革做的尖尖帽，和个馄饨差不多（后来人把它叫"浑脱帽"，到唐代还一度流行）；（四）脚上穿着短筒皮靴。因为这样装束，骑在马上作战特别方便（图二十七）。

秦汉大一统局面出现后，衣服的式样也比较统一起来。统治者戴的冠，前梁高耸，向后倾斜，中空如桥；梁分一梁、三梁、五梁几种，上面另加金玉装饰，表示爵位等级。凡是有官爵的人，无分男女，还得把一条丈多长的丝绦（按品级颜色各不相同），折叠起来挂在右腰边，名叫"组绶"。贵族男子这时已改佩环刀。普通男子头戴巾、帻（图二十八）。巾子多用来包裹头发；帻则如平顶帽，上加个"人"字形帽梁（不加帽梁就叫"平巾帻"）。汉代妇女已不再点三角形胭脂，但却常用黛石画眉毛；髻子向后梳成银锭式，向上梳的多加假发。年轻姑娘依旧梳辫子，也有松松绾成一把，末后结成一小团，成个倒三角形的。这时期，衣服最贵的是白狐裘，春秋战国时就已价值千金。衣料最贵的是锦绣，上面有各种山云鸟兽花纹，比普通绸子贵二十倍。西北生产的细毛织物和西南生产的木棉布、细麻布，价格也和锦绣差不多，一匹要卖二两金子。当然，这些材料只有贵族用得起，一般劳动人民是连做梦也不敢想的。

魏晋以来，男子流行戴小冠，上下通行。"组绶"此时已名存实亡。玉佩制度也渐次失传。贵族身边的佩剑已改用木制，留个形式而已。红紫锦绣虽然依旧代表富贵，但统治阶级多欢

图二十七

战国时期 赵国铜武士像

图二十八

东汉 辽宁金县东汉墓壁画

喜穿浅素色衣服。帝王有时也戴白纱帽。一般官僚士大夫，多喜用白巾子裹头。在东晋贵族统治下的南方，普通衣料多用麻、葛，有的地方用"蕉布""竹子布""藤布"；高级的衣料是丝麻混合织物"紫丝布"和"花练"。在诸羌胡族贵族统治下的北方，统治者还是喜欢穿红着绿，先是短衣加披风，到北魏时改为宽袍大袖，惟帽子另作一纱笼套上，名叫"漆纱笼冠"。至于普通老百姓，不论南北，都是一样，始终穿短衣。不过北方人穿上衣有翻领的，穿裤子有在膝下扎带子的。这种装束，直到唐代还通行于西北。特别是翻领上衣，几乎成了唐代长安妇女最时髦的服装式样。

唐朝的服色，以柘黄为最高贵，红紫为上，蓝绿较次，黑褐最低，白无地位。由于名臣马周的建议和阎立本的设计，唐朝恢复了帝王的冕服，并制定了官服制度。官服除用不同颜色分别等级外，还用各种鸟衔各种花的图案来表示不同的官阶。通常服装，则为黑纱幞头，圆领小袖衣，红皮带（带头有等级之分），乌皮六合靴。幞头后边两条带子变化很多，或下垂，或上举，或斜耸一旁，或交叉在后，起初为梭子式，继而又为腰圆式……从五代起，这两条翅子始平直分向两边，宋代在这个基础上加以改进，便成了纱帽的定型样式。不当权的地主阶级及所谓隐逸野老，多穿合领宽边衣，一般称为"直裰"。平民或仆役多戴尖毡帽，穿麻练鞋，且多把衣服撩起一角扎在腰间。妇女骑马出行，必戴"帷帽"，帽形如斗笠，前垂一片网帘（中唐以后此帽即少用）（图二十九）。女子的衣裙早期瘦而长，裙系在胸上；发髻向上高耸，发间插些小梳子，多的

图二十九
唐 戴帷帽的骑马俑，中国国家博物馆藏

能有五六把；面部化妆多在眉心贴个星点，眉旁各画一弯月牙。这时，中原一带的妇女喜着西域装，穿翻领小袖上衣、条纹裤、软锦蛮靴；有些妇女还喜梳蛮鬟椎髻，嘴唇涂上乌膏，着吐蕃装束。这时期，流行一种半袖短外褂，叫作"半臂"（图三十），清代的马褂和背心，都是由它发展而来。

赵匡胤"黄袍加身"，做了宋朝的开国皇帝，重定衣服制度，衣带的等级就有二十八种之多。黄袍成了帝王的专用品，其他任何人都不许穿，穿了就算犯罪。规定的官服，有各种不同花色。每遇大朝会或重要节日，王公大臣们必须按照各自的品级，穿上各种锦袍。皇帝身边的御林军，也分穿不同花纹的染织绣衣。宫廷内更加奢侈，衣服、椅披、椅垫，都绣满花纹，甚至缀上珍珠。皇后的凤冠大大的，上面满是珠宝，并且还有用金银丝盘成整出王母献寿故事的，等于把一台戏搬到了头上。贵族妇女的发髻和花冠，都以大为时髦，发上插的白角梳子有大到一尺二寸的。贵族妇女的便服时兴瘦长，一种罩在裙子外面类似现代小袖对襟褂子式的大衣甚流行。衣着的配色，打破了唐代以红紫、蓝绿为主色的习惯，采用了粉紫、黝紫、葱白、银灰、沉香等色，配合使用，色调显得十分鲜明；衣着的花纹，也由比较呆板的唐式图案改成了写生的折枝花样。男子官服仍是大袖宽袍，纱帽的两翅平直向两旁分开，这时已成定型。便服还是小袖圆领如唐式，但脚下多改穿丝鞋。退休在野的官僚，多

图三十

唐 昭陵新城长公主墓壁画中着"半袖"的侍女图

穿"直裰"式衫子，戴方整高巾（又名"东坡巾"或"高士巾"，明代还流行）（图三十一）。棉布已逐渐增多。南方还有黄草布，受人重视。公差、仆役，多戴曲翅幞头，衣还相当长，常撩起一角扎在腰带间。农民、手工业者、船夫，衣服越来越短，真正成了短衣汉了。

契丹、党项、女真族先后建立了辽、西夏、金政权，他们的生活习惯保留了浓厚的游牧民族的特色，在穿戴上和汉人不大相同。契丹、女真男子，一般多穿过膝小袖衣、长筒靴，佩豹皮弓囊。契丹人有的披发垂肩。女真人则多剃去顶发，留发一圈结成两个小辫子，下垂耳后。党项男子多穿团花锦袍，戴毡帽，腰间束唐式带子，上挂小刀、小火石等用物。女真妇女衣小袖左衽长衫，系一丝带，腰身小而下摆宽；戴尖顶锦帽，脑后垂两根带子。党项妇女多穿绣花翻领长袍。后来，由于辽、金统治者采用了宋代服制，所以契丹、女真族的装束和汉族的装束区别日益减少。绸缎也多是南方织的。

元朝的官服用龙蟒缎衣，等级的区别在龙爪的多少，爪分三、四、五不等，有法律规定，不许乱用。明清两代依旧这样。在元代，便服还采用唐宋式样。一般人家居，衣多敞领露胸；出门则戴盔式折边帽或四楞帽，帽子用细藤编成。蒙古族男子多把顶发当额下垂一小绺，如个小桃子，余发分编成两个大辫，绕成两个大环，垂在耳后。贵族妇女必戴姑姑冠；冠用青红绒

图三十一
南宋 刘松年《博古图》，
台北故宫博物院藏

锦做成，上缀珠玉，高约一尺，向前上耸，和个直颈鹅头相似。平民妇女或奴婢，多头梳顶心髻，身穿黑褐色粗布、绢合领左衽袍子。长江上游已大量种植棉花，织成棉布。

明代，皇帝穿龙袍（图三十二）。大臣穿绣有"蟒""斗牛""飞鱼"等花纹的袍服，各按品级，不得随便。一般官服多为本色云缎，前胸后背各缀一块彩绣"补子"（官品不同，"补子"的彩绣也不同）。有品级的大官腰带间垂一长长丝绦，下面悬个四寸长象牙牌，作为入宫凭证。冬天上朝，必戴皮毛暖耳。普通衣服式样还多继承宋、元遗制，变化不大。这时结衣还用带子，不用纽扣。男子头上戴的巾，有一种像一块瓦式，名"纯阳巾"，明太祖定名为"四方平定巾"（喻义为天下平定），读书人多戴它；另有一种帽子，用六片材料拼成，取名"六合一统帽"（喻义为全国统一），小商贩和市民多戴它。妇女平时在家，常戴遮眉勒条；冬天有事出门，则戴"昭君套"式的皮风帽。女子有穿长背心的，这种背心样式和兵士的罩甲相近，故又叫"比甲"或"马甲"。

清代的服装打扮，不同于明代。明代的男子一律蓄发绾髻，衣着讲究宽大，大体衣宽四尺，袖宽二尺，穿大筒袜、浅面鞋；而清代的男子，则剃发垂辫（剃去周围的头发，把顶发编成辫子垂在背后），箭衣马蹄袖，深鞋紧袜。清代官员服用石青玄青缎子、宁绸、纱作外褂，前后开衩，胸、背各缀"补

图三十二

明 明孝宗像，台北故宫博物院藏

子"（比明代的"补子"小一些）一方（只有亲王、郡王才能用圆形）。"补子"上绣各种禽兽花纹，文官绣鸟，武官绣兽，随品级各有不同：一品文官绣仙鹤，武官绣麒麟；二品文官绣锦鸡，武官绣狮子；三品文官绣孔雀，武官绣豹子；四品文官绣云雀，武官绣老虎；五品文官绣白鹇，武官绣熊……一般人戴的帽子有素冠、毡帽、便帽等几种。便帽即小帽，六瓣合缝，上缀一帽疙瘩，俗名西瓜皮帽。官员的礼帽分"暖帽"（冬天戴）、"凉帽"（夏天戴）两种，上面都有"顶子"。随着品级不同，所戴的"顶子"颜色和质料也不同：一品官为红宝石顶，二品官为红珊瑚顶，三品官为亮蓝宝石顶，四品官为暗蓝宝石顶，五品官为亮白水晶顶……帽后都拖着一把孔雀翎，普通的无花纹，高级官僚的孔雀翎上才有"眼"，分一眼、二眼、三眼，眼多表示尊贵（图三十三）。只有亲王或对统治阶级特别

图三十三

清　五品官凉帽，单眼花翎

有功勋的大臣才被赏戴三眼花翎。康熙、雍正时，平民妇女服装时兴小袖、小云肩，还近明式；乾隆以后，袖口日宽，有的竟肥大到一尺多，衣服渐变宽变短。到晚清，城市妇女才不穿裙，但上衣的领子转高到一寸以上。男子服式，袖管、腰身日益窄小，所谓京样衫子，把一身裹得极紧，加上高领子、琵琶襟子、宽边大花坎肩，头戴瓜皮小帽，手拿一根京八寸小烟管，算是当时的时髦打扮。一般地主、商人和城市里有钱的市民，很多就是这样的装束。照规定，清代农民是许可穿绸纱绢缎的，可是事实上穿绫罗绸缎的仍然是那些地主官僚们、大商人们，至于受尽剥削、受尽压迫、终年辛勤难得一饱的短衣汉子们，能求勉强填满肚皮，不至赤身露体已经很不容易，哪里还能穿得上丝织品！

1963 年发表于中国青年出版社《中国历史常识》第 5 册

宋元时装

赵匡胤登基称帝后，结束了五代十国数十年分割局面，建立了宋代政权。从长江上游的西蜀和下游的南唐吴越得到的物资特别多，仅锦缎彩帛就达几百万匹。为示威天下，装点排场，便把直接保卫他的官兵两万多人，组成一支特别仪仗队。某种官兵拿什么旗帜、武器和乐器，穿什么衣服都分等级、颜色、花纹，用织绣染不同材料装扮起来，出行时就按照秩序排队，名叫"绣衣卤簿"，还绘了一个图，周必大加上详细说明，叫《绣衣卤簿图记》，这个队伍后来还增加到将近三万人。现在留存后人摹绘的中间一段，也近五千人，为研究宋代官服制度，保留下许多重要材料。宋代政府每年还照例要赠送亲王大臣锦缎袍料，计分七等不同花色，遇大朝会及重要节日必穿上。宫廷皇后公主更加奢侈，穿的衣服常加珍珠绣饰（图三十四），椅披脚踏垫也用珍珠绣饰，头上凤冠最讲究——用金翠珠玉做成

图三十四

宋 宋神宗皇后像，台北故宫博物院藏

种种花样，比如"王母队"就是将一大群仙女随同西王母赴蟠桃宴的故事编成花样。这等于把一台乐舞，搬到头顶，后面还加上几个镶珠嵌玉的长翅膀，下垂肩际，名"等肩冠"（最近在明代皇陵内也发现过这种冠）。一般贵族官僚妇女，穿着虽不如唐代华丽，却比较清雅潇洒，并且配色也十分大胆，已打破唐代青碧红蓝为主色用泥金银作对称花鸟主题画习惯，粉紫、黝紫、葱白、沉香、褐等色均先后上身。由于清明扫墓必着白色衣裙，因之又流行"孝装"，一身缟素。北宋初年，四川、江南多出彩绸，女子又能歌善舞，装束变化常得风气之先，从诗词中多有反映。部分还保留晚唐大袖长服习惯，同时已流行另外一种偏重瘦长，加上翻领小袖齐膝外衣的新装，作对襟式的加上两条窄窄的绣领（图三十五）。用翻领多作三角形，还和初唐胡服相近，袖口略小，如今看来，苗条秀挺，相当美观。另外一种装束，尚加披帛，腰带间结一彩绶，各自做成种种不同连环结，其余下垂，或在正面，或在一侧，这种式样似从五代创始，直流行到南宋。装束变化之大主要在发髻，也可说是当时人对于美的要求重点，大致从三国时曹植《洛神赋》中说到的"云髻峨峨"得到启发，唐代宫廷女道士作仙女龙女装得到发展，五代女子的花冠云髻已日趋危巧，宋代再加以发展变化，因之头上真是百花竞放，无奇不有。极简单的是作玉兰花苞式，极复杂的就如《枫窗小牍》所说，赵大翁墓所见有飞鬟

图三十五
宋 陈清波《瑶台步月图》

危巧尖新的、如鸟张翼的，以至一种重叠堆砌如一花塔加上紫罗盖头的，大致是仿照当时特种牡丹花"重楼子"做成。照史书记载，到后竟高及三尺，用白角梳也大及一尺二寸，高髻险装成一时风气，自然不免影响民间相习成风。后来政府才特别定下法律加以限制，不得超越尺寸，但是上行下效，法律亦无济于事。直到别种风气流行，才转移这种爱好。边疆区域，如敦煌一带，自五代以来多沿袭晚唐风气，使用六金钗制，在博大蓬鬓两侧，各斜插三花钗，略作横向发展，大约本于《诗经》“副笄六珈”一语而来，上接晋代“五兵佩”习惯，流行民间，直到近代。福建畲族妇女的头上三把刀银饰，还是它的嫡亲继承者。额黄靥子宋代中原妇女已不使用，西北盛装妇女还满脸贴上不以为烦。

至于演戏奏乐女人的服装，种类变化自然就更多了。从画中所见，宫中乐妓，作玉兰花苞式髻，穿小袖对襟长衫的可能属于一般宫婢，杂剧中人则多山花插头，充满民间味，如照范石湖元宵观灯诗所见，歌女中有戴个茸茸小貂帽子遮住眉额的一定相当好看。若画古代美人装束，多作唐代仙女、龙女、天女样子，虽裙带飞扬轻举，依旧不免显得有些拖沓，除非乘云驾雾，否则可够不方便的。这另外也反映一种现实，即宋人重实际精神（除了发髻外），穿衣知道如何用料经济，即便于行动也比前人美观。宋代流行极薄纱罗，真是轻如烟雾，如做成六朝人画的洛神打扮，还是不会太重的。但是当时的女道士，就不肯这么化妆，画中的采灵芝仙女也有作村女装束的。

当时最高级和尚，袈裟尚紫色，惟胸前一侧绊带用个小玉环，下缀一片金锦，名“拔遮那环”。宋元应用较广，影响到西藏大喇嘛，在明清古画里还保留这个制度。

契丹、女真、党项、羌族等同属中国东北、西北游牧民族，生活习惯上与中原显著不同。

西夏妇女多着唐式翻领胡服，斜领刺绣精美，统治者服饰也近似唐装，腰间束鞢鞢带，挂上小刀、小囊、小火石诸事物，头上戴的还是变形浑脱帽，普通武士则有作突厥式剃顶的。

契丹、女真本来服装一般多小袖圆领，长才齐膝，着长筒靴，佩豹皮弓囊，宜于马上作战射猎。契丹男子髡顶披发，女真则剃去顶发把余发结成双辫下垂耳旁。受汉化影响，有身份的才把发上拢，裹"兔鹘巾"，如唐式幞头，却不甚讲究款式，惟间或在额前嵌一珠玉为装饰。妇女着小袖斜领左衽长衫，下脚齐踵，头戴金锦浑脱帽，后垂二锦带，下缀二珠。其腰带也是下垂齐衣，惟不作环。契丹和女真辽金政权均设有"南官"，多兼用唐宋官服制度。契丹即起始用不同山水鸟兽刺绣花纹，分别官品，后来明清补服，就是承继旧制而来。金章宗定都燕京后，舆服制度更进一步采用宋式，区别就益少了。至于金代官制中用绸缎花朵大小定官位尊卑，最小的只许用无纹芝麻罗，明清却不沿用。但衣上用龙，元代即已有相当限制，分三、四、五爪不等，严格规定，载于典章。明代即巧立名目，叫"蟒""斗牛"等，重做规定，似严实滥。

同时契丹或女真男子服装，因便于行动，也已为南人采用，例如当时力主抗金收复失地的岳飞、韩世忠等中兴四将，身边家将便服，除腰袄外，就几乎和金人无多大分别，平民穿的也相差无几，彼此影响原因虽不尽同，或为政治需要，或从生活实际出发，由此可知，民族文化的融合，多出于现实要求，即在民族矛盾十分剧烈时亦然（总的看来，这种齐膝小袖衣服，说它原属全中国各民族所固有，也说得过去，因为事实上从商代以来，即出现于各阶层人民中）。这时期劳动人民穿的衣服多已更短了些，主要原因是生产虽有进展，生活实益贫穷，大部分劳动成果都被统治者剥削了，农民和渔夫已起始有了真正"短衣汉子"出现（图三十六）。

社会上层的衣服算是符合常规的，大致有如下三式：

（一）官服——大袖长袍还近晚唐，惟头上戴的已不相同，作平翅纱帽，有一定格式。

（二）便服——软翅幞头小袖圆领还用唐式，惟脚下已由乌皮六合靴改成更便利平时起居的练鞋。

（三）遗老黄冠之服——合领大袖宽袍，用深色材料缘边，遗老员外多戴高巾子，方方整整。相传由苏东坡创始，后人叫作"东坡巾"。明代老年士绅还常用它。有身份黄冠道士，则常用玉石牙角做成小小卷梁空心冠子，且用一支犀玉簪横贯约发，沿用到元明不废，普通道士椎髻而已。

男仆虽照制度必戴曲翅幞头，但普通人巾裹却无严格限制。女婢丫鬟，头上梳鬟或丫角又或束作银锭式，紧贴耳边，直流

图三十六

宋 张择端《清明上河图》（局部），故宫博物院藏

行到元代。

　　至于纺织物，除丝织物中多已加金，纱罗品种益多，花纹名目较繁。缎子织法似应属于新发明。锦的种类花色日益加多，图案配色格外复杂，达到历史高峰，主要生产还在西蜀。纱罗多出自南方，罗缎名目有加"番"字的，可知织法不是中原本来所固有。锦名"阇婆"，更显明从印度传来。"白鹭"出于契丹，也为文献提到过。雨中出行已有穿油绸罩衣的。

这时期并且起始有棉织锦类，名叫"木锦"。至于"兜罗锦""黎单"等西南和外来织物也是花纹细致的纺织品，练子则是细麻织品。"点蜡幔"是西南蜡染。一般印花丝绸图案，已多采用写生折枝花，通名生色折枝，且由唐代小簇团窠改为满地杂花。惟北宋曾有法律严禁印花板片流行，只许供绣衣卤簿官兵专用，到南宋才解禁，得到普遍发展。临安城销售量极大的彩帛，部分即指印花丝绢。时髦的且如水墨画。北宋服饰加金已有十八种名目，用法律禁止无效。北宋时开封女人喜用花冠绣领，在大相国寺出售最精美的多是女尼姑手作，反映出宗教迷信的衰歇，庵中女尼姑已不能单纯依靠信徒施舍过日子，必须自食其力方能生存，和唐代相比已大不相同了。统治者虽耗费巨万金钱和人力，前后修建景灵宫、玉清昭应宫、绛霄宫等，提倡迷信，一般人还是日益实际，一时还流行过本色线绣，见于诗人陆游等笔记中。

高级丝织物中除锦外，还有"鹿胎""紧丝""绒背"和"透背"，四川是主要产地。这些材料，内容还不够明确。"鹿胎"或是一种多彩复色印花丝绸。"绒背"或指一种绒缎、绒纱，近似后来花绒。"透背"可能就是缂丝。这些推测还有待新的发现才能证明。捻金锦缎的流行增加了锦缎的华美，灯笼图案锦且影响到后来极久。"八答晕锦"富丽多彩已达锦类艺术高峰。一种用小梭挖织的缂丝，由对称满地花鸟图案，进而仿照名画花鸟，设计布色，成为赏玩艺术新品种。技术的流传，西北回族织工贡献较多。南方还有"黄草心布""鸡鸣布""练子"和"红蕉布"，特别宜于暑中使用。由于造纸术有进一步提高，因此作战用衣甲，有用皮纸做成的，又用纸做帐子，也流行一时。

元代由蒙古人军事统治中国约一世纪之久。政府在全中国设了许多染织提举司，统制丝毛织物，并且用一种严酷官工匠制度督促生产，用捻金或缕金织成的锦缎"纳石失"和用毛织成的"绿贴可"，当时是两种有特别代表性的产品，丝绸印染已有九种不同名目，且有套染三四次的，毛织物毡罽类利用更多，《大元毡罽工物记》里还留下六十多种名目。为便于骑射，短袖齐肘的马褂起始流行。

元代南人官服虽尚多用唐式幞头圆领，常服已多习于合领敞露胸式。蒙古人则把顶发当额下垂小绺，或如一小桃式，余发总结分编成两大环，垂于耳边，即或帝王也不例外。妇女贵族必头戴姑姑冠（图三十七），高过一尺向前上耸，如一直颈鹅头，用青红绒锦做成，上饰珠玉，代表尊贵。衣领用纳石失金锦缘边，平民奴婢多椎髻上结，合领左衽小袖，比女真略显臃肿，贵族穿得红红绿绿，无官职平民就只许着褐色布绢，惟平民终究是个多数，因此褐色名目就有二十四种。元代至元年间，才正式征收棉花税，可知江南区比较大量种植草棉，棉布在国内行销日广，也大约是这个时期。

图三十七
戴姑姑冠的元世祖皇后像

四楞藤帽为元代男子所通用，到明代就只某种工匠还使用了。另外一种折腰样盔帽，元代帝王有用银鼠皮制成的，当额或顶部常镶嵌价值极贵的珠宝。到明代差役的青红毡帽还采用这个样式，正如元代王公重视的"质孙宴"团衫，与明清之差役服式差不多，前一代华服到后一代成为贱服，在若干历史朝代中，几乎已成一种通例。

1986 年 5 月发表于商务印书馆香港分馆《龙凤艺术》一书中

从文物中所见古代服装材料和其他生活事物点点滴滴

　　人人都穿衣吃饭，关于古代这方面问题，我们知识却不大具体。尽管在奴隶社会阶段，统治阶级的剥削基础，就和聚敛粮食布帛分不开，先秦文献中还留下许多记载。不过孤立从文献求索，总不大好办，特别是关于发明与发现多不足信。文献不足征处，更不免茫然。因此历来专家学人，不外用两种态度对待：一是"信古"，肯定旧传说，增饰新附会，把一切发明与发现都归功于个人，《古今注》《路史》《事物纪原》等因之产生。二是"疑古"，觉得古代事难言，不加过问。影响到后来，于是人多乐意务虚，抽象谈社会结构。至于从务实出发，做探讨工作的便较少。经过近年考古工作者共同的努力，古代人从新石器时代或更早一些起始，如何使用木、石、骨、角工具，慢慢学会种植庄稼，驯养六畜，改善定居生活条件；同时又适应这个新的需要，发明陶器，来处理谷物成为熟食。谷物

135

类生产品种是些什么也有了比较明确知识。陶器则由烹煮食物进而为熔金铄石，冶炼出金铜铅银铁，生产工具因之又逐渐演进。有关吃的问题，凡事从实际出发，慢慢地便理出点头绪来了。至于穿衣打扮事情，还是不大搞得清楚。现在想就出土文物，初步试来做些常识性综合分析。至于进一步深入探索，抛砖引玉，实有待海内专家学人共同努力！

史传称"伯余作衣"，又说"黄帝、尧、舜垂衣裳而天下治"。至于养蚕，则推为黄帝妃子嫘祖所发明。这种种和其他一切发明，极少有人否认过。事实上它和别的生产发明相差不多，全是由于古代人民共同需要，与自然长期斗争，劳动经验逐渐积累得来，绝不是某一人能凭空发明的！但是衣的定型制作出一定式样，在原始社会组织取得一定进展后，随同形成一种习惯，却是有可能的。

根据四川资阳人遗物中一根细长完整的骨针，我们可推想当时人就为了御寒和生产上的便利，已有了穿衣服的要求。因为针的发明是满足这种要求而出现的。如果这支骨针和其他遗物确在同一地层，那已经是过若干万年的事情了。当时穿的是兽皮还是植物纤维的布匹？我们还少知识。但是针孔相当细，绝不会是皮革割成的小条子能通过的，因此捻取细纤维作线的技术，也必在有孔纺轮出现以前，即已掌握。布的起源，实从编织渔网得到进展，编网知识又系从蜘蛛结网得到启示，《淮南子》所说，倒还有点道理！早期的织机可能是"地机"，原物虽未发现，近年云南石砦山出土铜器上，却还留下些两千年前的式样，现代我国比较偏僻的生产落后区域，也还留下些活的标本，一般还是坐在地上织的。综、筘、梭子发明以前，提线必用手，压线则借重骨或石工具，编织较窄的腰带，牛肋骨已极得用。若织面阔及尺的布，即嫌压线不紧实。因此地下发现较长且大薄刃石刀具，古代除了使用它来鞣治皮革，可能也和织机压线发生联系。后来由石到玉进而成璋或某一式圭，则已在实用外兼有象征性，但是海南岛一类地区，却在十八世纪，还用作织布工具！琮的应用出现较晚，一般大型青云琮，多长约八寸，外方内圆，分段刻划纹道。照史志所说，为妇女所主，为祭中溜之神物。如联系纺织周代以来即称为"妇功"，而琮的应用，近人以为和织机或有一定关系，推测或许还近理。这类大型玉琮多传为周代礼器，如和织机关系密切，则显然是一种西周以来出现的坐式竖机了，因为地机卷轴是用不上的。从琮的出现，我们还可看出人类最早的垂腿而坐和生产劳动关系十分密切。织布以外，车磨铜器，雕琢玉器，为操作便利，大都有近似织机需要，即共同促进了古人生活习惯的改变，实则和生产需要有一定关系。这自然只是一种推想，因为唯一证据，只有汉石刻几个机织形象，包括了曾母投杼、孟母教子和天孙织锦一些故事传说的图像在内。至于第二阶段坐具的进一步改变和妇女专用鼓式墩子的产生，则显然是由战国熏香笼簹、汉代熏笼演进而来，而社会上得到认可成为一般起居习惯，已是唐宋时事了。笼簹多编竹而成，或有两式，应用虽始于战国，盛行于汉晋之际，留下较早的形象，却只有在北朝石刻上可发现，做成腰鼓式。唐代有个三彩女俑，坐的还是相同样子。到宋代则一般作墩子式了。直到明代，不问法花瓷或处州青瓷，或描金雕漆，墩子依旧必下部镂空，上面绘饰成一块绣帕四角下垂样子，还是照熏笼做成。

《尔雅》是中国两千三四百年前一部古文字学专书，内中有许多记载都十分重要。关于古代养蚕业的进展，也有较新较现实提法。书中称蚕有萧、艾、柞、桑等不同品种，即反映一种社会发展的真实，说明养蚕知识的获得是经过许多人用各种草木叶子在长期试验下，才明白山蚕宜在柞树上放养，家蚕必饲桑叶才会有较好收成的。从这一认识前提出发，结合文献，我们说穿衣当成一种社会制度，养蚕当成一种社会生产，大约是在由分散的部族社会到那个部落联盟的原始社会成熟期的黄帝时代才逐渐形成，同样的话却有了较深刻意义！至于当时人究竟如何穿衣，文献叙述多出于周代史官，必须把保留在较前或较后各种形象材料加以印证，才可望得到些比较近真落实的印象。

史称三皇五帝，历世绵邈，有关形象知识，目下我们只能从一千八百多年前的一些汉代石刻得到点滴。结绳记事、燧人取火的情形，虽近于汉人想象，武氏石刻却把五帝画得相当古朴，即同样出于想象，究竟比单纯文献有意思得多。因为那几个人的衣服式样和近年出土三千年前殷商时代的还有个共通点，一般特征为齐膝长短，穿裤子（若照某些传记述说，则汉代人才穿裤子），为便于行动和劳作，说这种衣装和原始社会生活要求相适合，大致不会太错的。

商代还有如下一些材料[1]可以比证参考：

第一是两个雕玉人头像，重要在他们的头上装饰。男子戴平顶帽子，初看似乎有些令人相信，其实形象并不孤立存在，同时或稍后，这种帽子都有发现。女的重要是她的发式，借此明白头上骨或玉笄的应用，商代至少已有二凤相对竖插，和一支横撇两式。双笄对插比较讲究，无论是从曹植的诗句"头上金雀钗"到《女史箴图》中的情形，还是商代用笄制度的沿袭，都可看出。下垂蚕尾卷发，直到战国还有地方妇女习用。只可惜背后不知如何处理。这些精美雕玉正产生于历史上的纣王妲己时代。至于纣王形象，目前还只有日本学人过去在朝鲜发掘的汉墓里一个彩绘漆筐边沿上发现那一位。他正坐在一个有屏风的矮榻上，像旁还明署"纣王"二字，两手作推拒状，做出《史记》所称"智足以拒谏，言足以饰非"的神气。神气虽还

1　沈从文写作此文时应有图片对照描述，但图片无从查找，无法收录。

活泼，但那可是个标准汉代贵族样子。至于妲己的装束如需要复原，从那个雕玉女人头像，却可得到较多启发！

第二是一个白石雕刻的人形，头戴锦帽，身穿锦衣，是有点醉意朦胧样子。如不是个最高奴隶主，也应是个贵族。但亦可能只是随身奴仆，因为用珠玉饰狗马，在商代墓葬中即已发现，一个奴隶弄臣穿得花花绿绿，是不足为奇的。从联系和发展得知，衣服肯定原仿锦绣而作。商代的铜簋、白陶壶及较后一时的铜车轴头、镜背、空心砖边沿，都有相同装饰纹样出现。一个长沙出土的战国彩俑，衣边上且分明画上这种花纹，恰和文献中"锦为沿"相符。（真正的锦缎只早到唐宋，名字或应当叫矩纹锦。它的织法实源远流长。至于为什么较早的锦是这种连续矩纹，我们说，大致和编织竹簟有关，和宋代青绿簟纹锦同源异流。竹簟用连续矩纹或方胜格子，技术操作比较容易。）商代已能织出极薄的绸子，也能织出有花纹的锦缎，但较多人的身上，大致还是穿本色麻葛或粗毛布衣服。一般奴隶或俘虏身份的人，如像第三个手负桎梏的一位，穿的自然是件粗布衣。

两者身份地位尽管不同，衣服长短过膝，倒像是共通趋势。这一点相当重要，因为承认衣才齐膝或过膝原是一种传统制度，我们才不至于把春秋战国时出现的这种衣服，不求甚解一律归入"胡服"。

第三是两件雕玉，出土情形不太明确。给我们的启发是他们头上巾子和西南苗彝族装束那么巧合。其实若从图案花纹去探索，用商代规矩图案和近代苗彝编织物图物比较，相同处我们将发现更多！这不足为奇，生产条件和工具决定了生产式样，也有时形成了美的意识，这是过去我们较少注意到，目前却明白了的。

西周是个讲究制度排场的时代，史称周公制礼作乐不会完全是空谈。一面是宗法社会的建立，确定等级制度排场有其必要性。另一面由于生产发展，丝、布、铜、漆日益加多集中到王室贵族中，有了个物质基础。因此周公尽管提倡节俭，要贵族子弟明白稼穑之艰难，可是打发诸侯封君就国，还是除沿例领取大片封地、占有大量农奴外，还可得到一些手工业奴隶，又可得到特赐一份华美衣服、车马旗帜、宗庙祀事礼乐铜器，以及作为压迫工具和象征权威的青铜兵器及圭璋璜璧诸玉物。统治者日益脱离生产劳动，成为"治人"的身份，衣服放大加长用壮观瞻，必然是在这个历史阶段中出现。相传虞书帝王冕服十二章的绣绘文饰，也应当成熟于此时。三千年来做皇帝的总还欢喜遵照古制打扮，直到袁世凯还要人做下一份衣样子，准备登基！事实上冕服最早的式样，目前为止，还只有从唐代列帝图和敦煌画留下那些形象，比较近古，宋人《三礼图》、明人《三才图会》即已多附会，去古日远，清代更难言了。但是从习惯说，戏衣上的龙袍，还应当说是一脉相承。真正复原几种新的战国人物形象，从西汉壁画、东汉石刻以及周初铜、玉、漆、丝纹样，已为我们准备了些有利条件。经过一些探索比证，大致还是可望部分恢复本来的。

衣服等级的区别，一面可看出西周社会的拘板定型，另一面也必然影响到社会生产的停滞。破坏它得到新的进展，是春秋战国，随同土地所有制变化，与生产发展、商品大量交流而形成。

同样是在不断发展变化中，也看需要而有所不同，譬如作战穿的衣甲，到春秋时虽发展了许多不同材料不同制作的犀甲、合甲、组甲，长短大致还是以能适应当时战争活动为主，不会大变。例如保护头颅的铜盔，商代的就和春秋战国时差不太多，但是兵器中的戈的形制和应用，却已有了较大变化。商代一般战士，戈大致有两式，长柄的单独使用，短柄的则一手执戈、一手执方盾，是通常格式。春秋以来则剑盾为一份，戈柄已和矛柄部分同长，有的或加个矛头成为专用勾啄刺的三或两用兵器了。到战国时，好些戈戟已逐渐脱离实用价值，只从艺术出发来考虑它的造型美了。到汉代于是又一变来个返璞归真，一例简化成为一个"卜"字式。（至于我们从戏文中所常见的方天画戟，却是起始于唐代宗教画天王所使用的！）衣的形式改变，主要还是在某些上层人物。根据目下材料分析，我们知道儒家的宽衣博带好尚，本为好古法先王主张而来，同时人常多当成一种拘迂行为看待的。因此估计一般上中层分子，平时衣服必然还不至于过分拖拖沓沓，但部分坐朝论道不事生产的人物，即不完全同意儒家的主张，还是不免已经有些拖拖沓沓。这从近年发现的材料，多了些证明。至于从事各种生产劳动的平民便装，一般还是长可齐膝为通例，从统治者看来，则为野人之服，舆台之服，区别日益显明。至于那些无事可做的贵族，在一身装扮上格外用心，如何穿珠佩玉，文献记载虽多，但形象反映给我们的知识还是不够落实。例如说，儒家"君子无故，玉不去身"和"玉有七德"的说法，到战国时已相当成熟，上下一时把玉的抽象价值和人格品德结合起来，也因之把玉的具体价值提得高高的，影响刺激到当时雕玉工艺的高度进展。三门峡虢墓得到几份成组列的佩玉，已知道它们在人身上的大略位置，洛阳金村韩墓，还发现过一份用金丝纽绳贯串的成组精美佩玉，辉县和其他发掘，也得到好些当时小件成系佩玉，传世又还有千百件战国玉龙佩和其他雕玉可供参考。郭宝钧先生即根据出土情形做了些复原图，但是希望更具体些，明白它们如何和那些加工特别精美的镀金嵌珠的带钩、讲究无比的玉具剑，共同加在五色斑斓、华美耀目的文绣袍服上，结合起来形成一种惊人炫目的艺术效果，如《说苑》所叙的襄成君给人的印象，我们还是不易想象的！知识不足处，实有待进一步发现，才能综合更多方向文物，一一加以复原。即此也可以肯定，过去几千年来学人感到束手的事情，到我们这个新的时代，由于条件不同，有必要时，终究还是可以从客观存在认识出发，一一把它弄个清楚明白！

和周初衣服制度有密切关系的历史人物，是封于山东鲁国的周公。周公的形象虽无当时遗物可证，但是汉代在儒学兴盛提倡厚葬的制度下，山东地方的石刻上却还留下三四种各不相同的周公样子，有一个在曲阜发现还是立体的。作为周公辅成王的历史主题而做成，胖胖的周公宽袍大袖，抱着个小婴孩，我们似乎可以用一个有保留的态度来看待这些材料。就是说形象未必可靠，但部分服装还是可靠。因为凡事总必上有所承而下有所启，正如孔子所说"殷因于夏礼，周因于殷礼"，说能知其损益，就必有所损益。孔子所知道的我们虽难于尽知，但是目前还有不少春秋战国和西汉形象材料及新近发现，为我们提供了许多证据，也启发了不少问题，值得注意！

极有意思是近年山西侯马出土的一批陶范中几个人形，搞文物的看来，会觉得有些面熟，不仅衣服依旧长短齐膝，花纹也并不陌生，有一位头上戴的又简直和商代玉人及白玉雕像十分相似，一个短筒子平顶帽。商代白石像系腰是个大板带，这一位腰间系的是根丝绦带，带头还缀上两个小小圆绒球，做成个连环套扣住，得知这两种系法都是不必用带钩的。这个人的身份虽同样难于确定，不是"胡族"却一望而知。因此赵武灵王所易的"胡服"，必得另外找一种式样才合适了。至于这一式样和时代或许略晚见于洛阳金村遗物中的几个银铜人装束，我们可以说实"古已有之"，因为汉石刻大禹等已穿上，至少从汉代儒家眼光中，是决不会同意把胡服加在著名的大禹身上的。何况商代实物又还有陶玉相似形象可证。《史记》上所谓胡服，记载既不甚具体，我想还是从相关文物反映去寻觅，或许还比较有一点边。时间较早是保留到战国或西汉匈奴族青铜饰件上的各种胡人装束，时间稍晚是东汉墓中一个石刻上的胡族战事图像。前者多于蒙古国一带出土，后者却显明做成高鼻深目样子，但是一做比较，我们不免感到混淆起来了。因为这些胡族人的衣着和商代几种形象倒十分相近，那些羊头削及盾上带铃弓形铜器和商代实物也差不多。由此联系，我们似乎可以不妨且作那么一种假定：即以游牧为主的匈奴服制，本来和商代人的普通衣着相近，或曾受过中原人影响。到周代，社会受儒学渲染，宽袍大袖数百年成社会上层习惯后，我们不免已有些数典忘祖。赵武灵王学回来的胡服骑射，重点本只重在"骑射"，至于"胡服"，则一面始终还流行于各行各业劳动人民习惯生活中，正所谓"礼失而求诸野"！这种推测也许不一定全对，但根据材料分析，却似乎差不多远。

西周以来，上层分子寄食统治阶级衣服日趋宽博，大致是一种事实，但在共通趋势中也还是有分别。并且在同一地区，甚至于同一种人，也还会由于应用要求不同，形成较大差别，不能一概而论。相反又会有由于一时风气影响，而得到普遍发展的。前者如从大量战国楚俑和画像分析，至少可知道衣服式样便有好几种，长短大小也不相同。后者如传称楚王宫中女子多细腰，事实上新的发现，楚国以外许多材料，表现舞女或其他妇女也流行把腰肢扎得细细的。特别是一种着百褶裙反映到细刻铜器上的妇女或男子，反而比反映到楚俑和漆画上的妇女束腰更细一些。这类铜器在山东、山西、河南均有发现，它的来源虽有可能来自一个地方，不在上述各地，但当时善于目挑心招、能歌善舞的燕赵佳丽、临淄美女，装束还是不会和它相去太远。相传洛阳金村出土一份佩玉中两个小小玉雕舞女，雕刻得格外出色。

如把这类材料排排队，就目下所知，大致信阳楚墓出土的东西稍早一些。联系文献解决问题，长沙楚墓出土的彩俑和漆画、帛画，以及河南、山西、山东发现薄铜器上细刻人形，材料却丰富重要得多。

信阳大墓发现了不少大型彩绘木俑，初出土时闻面目色泽还十分鲜明，如不即时摹绘，很快会失去固有色调。重要还在那个漆瑟上，彩绘了种种生活形象，有高踞胡床近于施行巫术的人，有独坐小榻大袖宽袍的统治者，有戴风兜帽的乐人，有短衣急缚的猎户。人物画得虽不怎么具体，却神气活泼，形象逼真。总之，漆画上胡床的出现，以及墓中三百件漆器中一个近似坐几状木器实物的发现，为我们前面说到过的垂腿而坐的事情至晚在春秋战国时即已有可能出现，多提供了些证据，却比目下文献所说，胡床来自汉末，席地而坐改为踞椅而坐，直到唐代中叶以后才实行，已早过五六百年或一千三百年不等。

长沙楚墓的发现，丰富了我们对于古代人生活形象方面的知识。第一份材料是那个特别著名舞女漆奁的发现，上面一群女子，一律着长袍，上袖口衣脚均有白狐出锋，腰肢都小小的，面貌虽并不十分清晰，但还是能给人一个"小腰白齿"印象。宋玉《招魂》文中所歌咏的妇女形象，和这些女人必有些共通点。另外是许多彩绘木俑，试挑出两个有典型性的看看，男的是个标准楚人，浓眉而短，下巴尖尖的成三角形，胡子作仁丹式，共同表现出一种情感浓烈而坚持负气、个性鲜明的神气。近年发现楚俑多属同一类型，引起我们特别注意，因为这是屈原的同乡！如作屈原塑绘，这是第一手参考材料！女子重要处在颊边点胭脂成簇作三角形，可以和古小说《青史子》及刘向《五经通义》引周人旧说相印证。照各书记载，这是和周代宫廷中女子记载月事日期的标志有关。胭脂应用即由之而来，比唐人的靥子，南朝人的约黄，汉代的寿阳点额，都早过千年或大几百年！衣分三式，都不太长，一种绕裾缠身的，显明较古，到汉代即已不复见。履底较高，和长沙出土实物可以互相印证。衣服边沿较宽，材料似乎也较厚，可证史传上常提起过"锦为缘饰"的方法。武士持剑盾则衣短而缚束腿部，才便于剽疾锐进，秦末项羽的八千子弟兵，大致就是用的这种装束。可惜的是一份木雕乐伎已朽坏，只留下个轮廓，难于用它和河南汲县、辉县等处所得细刻铜器上的乐舞伎服装印证异同。

第二份材料是在一片绢帛上还绘有的一个女子，特别重要处在那个发髻，因为同时同式只在辉县出土的一个小铜妇女和时间可能稍晚一些骊山下得到的一个大型灰陶跪俑上见到，同是发髻向后梳的古代材料。近人说帛画上绘的是个巫女，或出于片面猜想。因为另外两个人形，均显明是家常打扮，和信阳漆瑟上的反映，以及另一楚帛书上四角绘的神像反映，情调毫无共通处。自古以来巫女在社会上即占有个特殊位置，西门豹投于河里的和屈原《九歌》所涉及的，是不是还有点线索可寻？较晚材料应当是南方出土一些西王母伍子胥神像镜子上的舞女反映，比较近真，因为一面还和《三国志·陶谦传》及《曹娥碑》记载中提及的抚节弦歌婆娑乐神相合，一面且和《西王母传》《上元夫人传》记叙玉女装束有关，至少可以说是一个越巫样子。用它来体会先秦九巫形象，终比凭空猜想有些根据。楚俑男女头上一个覆盖物多如羽觞样子，可惜经过摹绘，具体形象已难明白。惟文献上曾有"制如覆杯"记载，羽觞恰是当时唯一杯子，因此这个头上安排也特别重要。女子背垂长辫中部多梳双鬟，到西汉时出土俑也有用一鬟的。传世《女史箴图》

有几个女子还梳同样发式（图三十八），当时大致这已算是古装，晋代人是不会这么打扮自己的。这从一系列出土俑（如江苏南朝俑）和略后一时的砖刻（如邓县 [1] 画砖）、壁画（如敦煌画）、石刻（如《北魏孝子棺》）、绢素画（如《洛神赋图》《北齐校书图》），可以明白北朝时"华化"，所仿的正是两晋制度，不会比汉更早！

战国时文物第三份材料是洛阳金村韩墓出土的几个银铜小像，一个男子和一个梳双辫弄雀女孩，衣服都短短的，女孩

图三十八
晋　顾恺之《女史箴图》（局部），大英博物馆藏

1　邓县：现为邓州市。

衣服下沿似乎还有些襞褶。男女均如所谓"蒙古型"，脸型宽厚扁平，因此即以为是"胡人胡装"，值得进一步研究。短衣不一定是胡装，已如前节所述。稍后一些胡人多高鼻深目，发且褐黄，这从文献记载及近年诺因乌拉与罗布淖尔实物的发现，与新近沂南汉墓石刻反映，三者结合印证，可以得到一点比较新的认识。相反的，倒是从商代起始，铜玉上反映均有"蒙古型"的脸孔出现，另一说即这个人的额饰，如着一小勒，有物下垂，非中原所固有。这也难说即是胡人。因为一切有个联系，不能孤立。近年四川出土大量汉俑，即有一式把额前加一勒子式织物，前作三角形的。这部分加工，事实上历来都成为装饰重点，不过随时有所变化罢了。例如北朝则作三五螺髻，如《北齐校书图》中女侍所见，显明受了点佛教影响，由于东晋以来关于佛发传说，就常提到"向右萦回，色作绀青"。到唐代则流行诗人所歌咏的"常州透额罗"，形制处理则如敦煌画《乐庭瓖夫人行香图》，其家庭子女中有一位的装扮，极凑巧也是搁在额前那么尖尖的，但来源却应说是"幂篱"或"帷帽"一种演进或简化。因为幂篱或帷帽本来的式样，还好好保留在一些唐代陶俑及唐人绘《蜀道图》几个骑马妇女头上，那是标准的式样，和文献记载完全相符合，后人作伪不来的。明代嘉万以来又流行"遮眉勒"，还是那么一道箍式，前端尖处多嵌了一粒珍珠，明人绘画中都经常发现这么打扮。清初还在民间流行，清宫廷中的四妃子像和《耕织图》的南方农家妇女头上都可发现。戏装上叫它作"渔婆勒子"，其实近三百年还在各处流行。一直到二十世纪初年，我们的母亲或外祖母还在使用它，一般即叫作"勒子"，通常用玄青缎子掐两个薄薄牙子边，中心钉小翠玉花或珠子，到后又流行在两旁钉薄雕翠玉片半翅蝙蝠或蝴蝶，也有以五蝠象征"五福齐来"。乡下人家则用银寿星居中。乡村小女孩子则用五色彩绸拼凑，加上各种象征幸福希望的彩绣，主题却不外鸳鸯牡丹、鱼水蝠鹿，讲究些也有作戏文中故事的。可以说可看到百家争鸣和百花齐放，勒子和胸前圆裙与脚下凤头鞋，同是民间年轻妇女装饰重点！话说回来，到目前为止，金村墓中那一位，应说是较早在额间进行艺术加工的一个先辈！女孩子腰间也系了根带子，还佩了个小工具，启发我们古代"童子佩觿"应有的位置。宋人不得其解，衣服既错，位置也弄错了。这种短衣打扮是否是当时奴婢的通常装束？这一点可能性倒相当大。因为经常发现的战国时六寸左右跪像，手捧一个短短管筒，通名"烛奴"，装束多相近。近年山东出土一个人形灯台，手举二灯盘，服装也相似，这种器物适当名称还是"烛奴"。另外还有两个玉雕舞女，长袖细腰，妩媚秀发，特别重要是她的发式，十分具体，背后拖了个长长辫子。

第四份材料是传世和近年出土的金银错器物上镶嵌的主题画中反映出战国时人生活各方面情况。试用几件有代表性的器物略作分析（如故宫藏品中的一件战国青铜壶、一件成都百花潭错银壶、一尊汲县山彪镇水陆攻战纹铜鉴和另一尊水陆大战鉴），上面有采桑、弋鸿雁、习射、演乐、宴会、作战种种不同情形。弋鸿雁必用矰缴，才能收回目的物和箭镞，这里即见出古代矰缴的应用方法。如把它和长沙出土的两团丝线实物，和四川砖刻上那个把线团搁在架子上的制度结合起来注意，过去词人所赋"系弱丝射双鸿于青冥之上"的事件，千言万语难以注解，一看实物便了然，原来办法如此！又《三礼》谈射礼，诸侯必按等级尊卑，所用的弓矢箭靶大小远近均不相同。宋人《三礼图》虽绘制了些样子，可无佐证，这个壶上却留下个极早的式样，可证明《三礼图》虽多附会，所作箭靶基本式样倒还接近真实（敦煌唐壁画上的《骑射图》，箭靶却是个月饼形系在杆上），似实用靶非礼仪用。有关音乐方面，历来对于钟磬处理多含糊其词，乐悬二字解释也难以令人满意。这里画面反映，却由此得知，当时钟磬在筍虡上悬挂方法，原来共有两式：一种是信阳出土编钟，用个兽面拴钉直接固定在方整木架上。另一种却是木架绊着丝绳，把钟磬钩悬在绳上。两端支持物多雕成凤鸟，象征清音和鸣，也和文献记载相合。乐人跪着击奏，但辉县铜盘细刻花纹却立奏，据此可知当时并无一定制度。有关战马，则守阵部队旌麾金鼓的形制和位置，可增长我们不少知识，补文献所不及。戈矛柄中部多附两道羽毛状事物，或可为《诗经》中"二矛重英"，提出一点新解。一般人和部分战士都着长衣，下裳作百褶裙式，昔人对汉石刻中武事进行人多着常服以为或者只是演习，那这里将是更早一种演习了。但另外一部分却有断胫绝踵形象出现，可知并不儿戏！有的武士戴有檐小帽，和现代人球场上小白帽竟差不多。

错金银技术虽较早为吴越金工所擅长，楚人加以发展，到战国中期，似乎已为六国普遍应用到一些特种工艺品处理上。带钩方面用力最大，品种也极多。至于饮食用器，方面已极广，艺术成就也大。这里想谈到的，还是题材上给我们对于古代服饰方面提供的形象重要性。这些材料多在中原区发现，我们不妨假定说它是中原文化的反映，应当不会太错。

另外还有个错金银镜子，上有骑士刺虎图像，武士全副武装，头盔近耳处插两支鸟尾。传称鹖为猛禽，好斗，至死不退，因之用鹖尾作冠饰，象征武勇，由来已久。可是具体形象材料，除此以外，即只有北朝宁万寿孝子棺前线刻的两个神将头上分插鸟尾，十分显明。此外即少见。至于唐宋以后，则多使用在什么胡王头顶部分，如传世李公麟绘《番王礼佛图》中所见。这里新的发现却在耳旁分插，为我们搞京戏的谈雉尾应用历史时找到了最古根据。这面镜子上还发现个近似用皮革制成的"⚲"式马镫，应当是世界上最早的马镫形象了。至于马鞍，截至目前，我们只有一个四川出土汉代大型陶马上曾发现部分残余，别的还少见。战国时人起始骑马，镜子上留下个最早骑士模样。

第五份材料，是近年发现薄铜器细刻花纹上面各种人物生活的反映。河南辉县、山西、山东均有这种铜器出土。辉县残器上面有一种宫廷宗庙两层建筑前钟磬两列陈设形象，乐器位置极其重要。另一器物则在一角发现了个两端微昂的高案，上置两个酒罍，得知这是长条案最早的式样。山彪镇出土物则四轮马车是新发现。人物形象有个共通点是头上冠帽，前部多作二角突起，后部则曳一喜鹊尾巴，这种冠服部分亦见于信阳大墓漆瑟彩绘人物上。惟瑟上有作 ![figure] 危冠高耸如一高脚豆式的，则在铜刻上始终未发现。屈原在《楚辞》中所谓"冠切云之崔嵬"，或指的是这种式样？也说不定。

……

这些只是从商到战国前后约一千年间，以出土文物结合文献相印证，所得到的一些点点滴滴材料。我们想从这些零星发现中把握全面问题，当然是不可能的。即从这部分发现中所做的一些推测，也必然会有许多不尽合乎原来情形。但这么由现实出发作的试探和综合联系，无疑为我们的工作带来了些新的启发，据个人看来至少可归纳成三点：

一、谈这部门历史发展，照旧方法引书证书，恐不大容易把问题弄得真正清楚明白，若能试从文物形象出发，似乎可以得到不少新知识。或者为过去书中没说到过，或者可以充实文献中已经说起的而能加以形象化。

二、谈服饰离不开花纹，古代丝绣不易保存，直接材料不够多，但是间接的比较材料却不少。近十年出土的大量铜器、彩绘漆、雕玉、金银错、彩琉璃，以及较后部分空心砖边沿纹样，已为我们提供了许多重要线索。凡事孤立不易清楚的，一经综合比较，问题就出来了。通过比较分析，我们得知道连续矩纹作为锦纹主题，商代即已起始，春秋战国在继续应用，现存宋明此一式锦纹，实源远流长。丝绣和其他部分工艺图案相互关系，金银错、彩绘漆和当时刺绣纹样实大体相通，还影响到汉代。战国镜子部分装饰图案，更和同时所谓"绮"纹有密切联系，新的发现已为这一推测不断证实。

三、这里提起的多只是一些线索，一个起点，即从文物常识出发，注意到起居服用各方面问题，大多是一般文献上或提起过但难以证实，或说来比较笼统，经过后人注疏附会辗转致误的。熟悉史部学的专家通人，如肯用一种新的现实研究态度，综合文物联系文献，来广泛进行新的比证爬梳工作，一定会得到前人所未有的发现，特别是物质文化史方面的知识，许多方面将是崭新的！

1960 年前后

从文物来谈谈古人的胡子问题

《红旗》十七期上，有篇王力先生作的《逻辑和语言》文章，分量相当重。我不懂逻辑和语言学，这方面得失少发言权。惟在末尾有一段涉及胡子历史及古人对于胡子的美学观问题，和我们搞文物的人所掌握的常识不尽符合。特提出些不同意见商讨一下，说得对时，或可供作者重写引例时参考，若说错了，也请王先生不吝指教，得到彼此切磋之益。

那段文章主要计三点，照引如下：

一、汉族男子在古代是留胡子的，并不是谁喜欢胡子才留胡子，而是身为男子必须留胡子。

二、古乐府《陌上桑》说："行者见罗敷，下担捋髭须。"可见当时每一个担着担子走路的男子都是有胡子的。

三、胡子长得好算是美男子的特点之一，所以《汉书》称

156

汉高祖"美须髯"。

其一，王先生说的"古代"界限不明白，不知究竟指夏、商、周……哪一朝代，男子必须留胡子？有没有可靠文献和其他材料足证？

其二，只因为乐府诗那两句形容，即以为古代每一个担着担子走路的男子都是有胡子的，这种推理是不是能够成立？还是另外尚有可靠证据，才说得那么肯定？

其三，即对于"美须髯"三字的解释，照一般习惯，似乎只能作"长得好一部胡子"的赞美，和汉魏时"美男子"特点联系并不多。是否另外还有文献和别的可作证明？

文中以下还说："到了后代，中年以后才留胡子。"照文气说，后代自然应当是晋南北朝、唐、宋、元、明、清了，是不是真的这样？还是有文献或实物可作证明？

私意第一点概括提法实无根据，第二点推想更少说服力，第三点对于文字解说也不大妥当。行文不够谨严，则易滋误会，引例不合逻辑，则似是而非，和事实更大有出入，实值商讨。

关于古人胡子问题，类书讲到不少，本文不拟作较多称引，因为单纯引书并不能解决具体问题。如今只想试从文物方面来注意，介绍些有关材料，或许可以说明下述四事：一、古代男子并不一定必需留胡子。二、胡子在某一历史时期，由于社会风气或美学观影响，的确逐渐被重视起来了，大体是什么式样？又有什么不同发展？文献不足证处，我们还可以从别的方面取得些知识。中古某一时期又忽然不重视，也有社会原因。三、美须髯在某些时期多和英武有关，是可以肯定的，可并不一定算美男子。有较长时期且恰恰相反，某些人胡子多身份地位反而比较低下。可是挑担子的却又绝不是每人都留胡子。四、晋唐以来胡子式样有了新的变化，不过中年人或老年人，即或是名臣大官，也并不一定留它。这风气一直持续到晚清。

　　首先可从商代遗留下的一些文物加以分析。故宫有几件雕玉人头，湖南新出土一个铜鼎上有几个人头（图三十九），另

图三十九
商 人面方鼎，湖南省博物馆藏

外传世的还有几件铜刀、铜戈、铜钺上均有人的头形反映，又有几个陶制奴隶俑，在河南安阳被发掘出来，就告诉我们殷商时期关于胡子情况，似乎还无什么一定必须规矩。同是统治者，有下巴光光的，也有嘴边留下大把胡子的。而且还可以用两个材料证明胡子和个人身份地位关系不大，因为安阳出土了一个白石雕刻着花衣戴花帽的贵族和另外一个手戴桎梏的陶制奴隶，同样下巴都是光光的。（如果材料时代无可怀疑，我们倒可用作一种假说，这时期人留胡子倒还不甚多。）

春秋战国形象材料新出土更多了些。较重要的有：一、山西侯马发现那两个人形陶范，就衣着看，明显是有一定身份的男子，还并不见留胡子的痕迹。二、河南信阳长台关楚墓出土一个彩绘漆瑟，上面绘有些乐舞、狩猎和贵族人物形象，也不见有胡须模样。三、近二十年湖南长沙大量出土战国楚墓彩绘木俑，男性中不论文武打扮，却多数都留有一点儿胡须，上边作两撇小小"仁丹胡子"式，或者说"威廉"式，尖端微微上翘，下巴有的则留一小撮，有的却没有保留什么。同一形象不下百十种，可知和当时某一地区社会爱好流行风气，必有一定关系，并不是偶然事情（如艺术家用来作屈原塑像参考，就不会犯历史性错误），但其中也还有好些年纪大但并不留胡子的。另外故宫还有个传世补充材料足资参考，即根据《列女传》而作的《列女仁智图》（图四十），画卷上有一系列春秋时历史著名人物形

图四十

晋　顾恺之　《列女仁智图》（局部），故宫博物馆藏

象，其中好几位都留着同样仁丹式八字胡须，亦有年逾不惑并
不留胡子的。这画卷传为东晋顾恺之稿。若从胡子式样联系衣
冠制度分析，原稿或可早到西汉，即根据当时的四堵屏风画稿
本而来（也许还更早些，因为胡子式样不尽同汉代）。还有一
个河南洛阳新出两汉壁画，绘的也是春秋故事，作二桃杀三士
场面，这应当算是目下出土最古的壁画。由此得知当时表现历
史人物形象的一点规律，如绘古代武士田开疆、古冶子时，多
作须髯怒张形象，用以表示英武。武梁祠石刻也沿此例。此外
反映到东汉末绍兴神像镜上的英雄伍子胥和山东沂南汉墓石刻
上的勇士孟贲，以及较后人作的《七十二贤图》中的子路，情

形大都相同。如作其他文臣名士，则一般只留两撇小胡子，或分张，或下垂，总之是有保留有选择地留那么一点儿。其余不问是反映到长沙车马人物漆奁上，还是辽宁辽阳营城子汉墓壁画上和朝鲜出土那个彩绘漆竹筐边缘孝子传故事上，都相差不太远。同时也依旧有丝毫不留的。由此可知，关于古代由商到汉，胡子去留实大有伸缩余地，有些自觉自愿意味，并不受法律或一定社会习惯限制。实在看不出王先生所说男子必须留胡子情形。

至于汉魏之际时代风气，则有更丰富的石刻、壁画、漆画、泥塑及小铜铸像可供参考。很具体反映出许多劳动人民形象，如打猎、捕鱼、耕地、熬盐、春碓、取水、奏乐以及好些在厨房执行切鱼烧肉的大司务，极少见有留胡子的。除非挑担子的是另一种特定人物，很难说当时每个挑担子的人必留胡子！那时的确也有些留胡子的，例如：守门的卫士、侍仆以及荷戈前驱的伍伯，即多的是一大把胡子，而统治者上中层本人，倒少有这种现象。也有较多作乐府诗另外两句有名叙述"为人洁白皙，鬤鬤颇有须"，不多不少那么一撮儿样子。可证王先生的第三点也不能成立，因为根据这些材料，即从常识判断，也可知当时封建统治者绝不会自己甘居中下游，反而让他的看门人和马前卒上风独占作美男子！

其实还有个社会风气形成的相反趋势继续发展颇值得注意，即魏晋以来有一段长长时期，胡子殊不受重视。原因多端，详细分析引申不是本文目的。大致可说的是它和年轻皇族贵戚及宦官得宠专权必有一定关系。文献中有《后汉书·宦者传》《汉书·佞幸传》《汉书·外戚传》和干宝《晋纪总论》，还有《晋书·五行志》《抱朴子》《世说新语》《颜氏家训·勉学篇》，以及乐府诗歌，都为我们记载下好些重要可靠说明材料。到这时期美须髯不仅不能成为上层社会美的对象，而且相反已经成为歌舞喜剧中的笑料了。《文康舞》的主要角色，就是一个醉意朦胧的大胡子。此外还有个弄狮子的醉拂菻，并且还是个大胡子洋人！我们能说这是美男子特征吗？不能说的。

其实即在汉初，张良的貌如妇人和陈平的美如冠玉，在史传记载中，虽并不见得特别称赞，也就看不出有何讥讽。到三国时，诸葛亮为缓和关羽不平，曾有意说过某某"犹未及髯之超群绝伦"。然而《典略》却说，黑山黄巾诸帅，自相号字，饶须者则自称"羝根"。史传记载曹操见匈奴使者，自愧形质平凡，不足以服远人，特请崔琰代充，本人即在一旁扮提刀侍卫。当时用意固然以为是崔琰长得魁伟，且一部好胡子，具有气派，必可博得匈奴使者尊敬，但是结果却并不成功。因为即使脸颊本来多毛的匈奴使者被曹操派人探问进见印象时，便依旧是称赞身旁提刀人为英挺不凡，并不承认崔琰品貌如何出众！魏晋以来胡子有人特别爱重是有记录的，如《晋书》称张华多姿，制好帛绳缠须；又《南史》说崔文伸尝献齐高帝缠须绳一枚；都可证明当时对于胡子有种种保护措施，但和美男子关系还是不多。事实正相反，魏晋之际社会日趋病态，所以"何郎敷粉，荀令熏香"，以男子而具妇女柔媚姿态竟为一时美的标准。史传叙述到这一点时，尽管具有深刻讥讽，可是这种对于男性的病态审美观，在社会中却继续发生显明影响，直到南北朝末期。这从《世说》记载潘安上街，妇女掷果满车，左思入市，群妪大掷石头故事及其他叙述可知。总之，这个时代实在不大利于胡子多的人！南朝诗人谢灵运，生前有一部好胡子，死后捐施于南海祇洹寺，装到维摩诘塑像上，和尚虽加以爱护，到唐代却为安乐公主斗百草剪去作玩物，还可说是人已死去，只好废物利用，不算招难。然而五胡十六国方面，北方诸胡族矛盾斗争激烈时，历史上不是明明记载过某一时期，见鼻梁高胡子多的人，即不问情由，咔嚓一刀！

到北魏拓跋氏统一北方后，照理胡子应受特别重视了，然而不然。试看看反映到大量石刻、泥塑和壁画上的人物形象，就大多数嘴边总是光光的，可知身属北方胡族，即到中年，也居多并不曾留胡子。传世《北齐校书图》作魏收等人画像，也有好几位没有胡子，画中胡子最多还是那位马夫（图四十一）。

至于上髭由分张翘举而顺势下垂，奠定了后来三五绺须基础，同时也还有到老不留胡子的，文献不足证处，文物还是可以帮忙，有材料可印证。除汉洛阳画像砖部分反映，新出土有用重要材料应数近年河南邓县南朝齐梁时画像砖墓墓门那两位手拥仪剑、身着裆铠、外罩大袍的高级武官形象。其次即敦煌220窟唐贞观时壁画《维摩变》下部《帝王行从图》中一群大臣形象。这个壁画十分写实，有可能还是根据阎立本兄弟手笔所绘太宗与弘文馆十八学士等形象而来，最重要即其中有几位大臣，人已早过中年，却并不留胡子。有几位即或相貌英挺，胡子却也老老实实向下而垂。总之，除太宗天生虬髯为既定事实，画尉迟敬德作毛胡子以示英武外，始终看不出胡子多是美男子特点之一的情形。一般毛胡子倒多表现到身份较低的人物身上，如韩幹《牧马图》中那个马夫（图四十二）、《萧翼赚兰

图四十一
南北朝　杨子华　《北齐校书图》（宋摹本），美国波士顿美术馆藏

亭图》那个烹茶火头工和陕西咸阳底张湾壁画中那个手执拍板的司乐长，同样在脸上都长得是好一片郁郁青青！

那么是不是到中唐以后，社会真有了些变迁，如王先生所说人到中年必留胡子？事实上还是不尽然。手边很有些历代名臣画像，因为时代可能较晚，不甚可靠，不拟引用。宋人绘的《香山九老图》，却有好些七八十岁的名贤，下巴还光光的。此外《洛阳耆英会图》和《西园雅集图》，都是以当时人绘当时事，应当相当可靠了，还是可见有好些年过四十不留胡子的，正和后来人为顾亭林、黄梨洲、蒲留仙写真差不多。

就这个小小问题，从实际出发，试做些常识性探索，个人

图四十二

唐 韩幹《牧马图》，台北故宫博物院藏

觉得也很有意义。至少可以给我们得到以下几点认识：

一、胡子问题虽是平常小事，无当大道，难称学术，但是学术的专家通人，行文偶尔涉及它的历史时，若不做点切实的调查研究，就不可能有个比较全面具体的认识。如只从想当然出发，引申时就难于中肯，而且易致错误。

二、从文物研究古代的梳妆打扮、起居服用、生产劳作和车马舟舆的制度演进，以及其应用种种，实在可以帮助我们启发新知，校订古籍，得到许多有益的东西，值得当前有心学人给予一点应有的注意。古代事情文献不足证处太多，如能把这个综合文物和文献的研究工作方法，提到应有认识程度，来鼓励一些学习文史、有一定文献知识的年轻少壮，打破惯例，面对近十年出土文物和传世文物，分别问题，大胆认真摸个十年八年，中国文化史研究方面有许多空白点或不大衔接处，一定会可望到许多新发现和充实。希望新的学术研究有新的进展，首先在研究方法上必须有点进展，且有人肯不怕困难，克服困难，来做做闯将先锋！

三、从小见大，由于中国历史太长，任何一个问题，孤立用文献求证，有很多地方都不易明白透彻。有些问题或者还完全是空白点，有些又或经后来注疏家曲解附会，造成一种似是而非印象，有待纠正澄清，特别是事事物物的发展性，我们想弄清楚它求个水落石出，势必须把视野放开阔些，搁在一个比较扎实广博的物质基础上，结合文物和文献来进行，才会有比较可靠的新的结论，要谈它，要画它，要形容说明它，才可望符合历史本来面目！

至于这种用文物和文献互相结合印证的研究方法，是不是走得通？利中是否还有弊？我想从结果或可知道。以个人言，思想水平既低，古书读得极少，文物问题也只不过是懂得一点皮毛，搞研究工作，成就自然有限。即谈谈胡子问题，总还是不免会错，有待改正。但是如国内文史专家学人，肯来破除传统研究文史方法，注意注意这以百万计的文物，我个人总深深相信，一定会把中国文化研究带到一个崭新方向上去，得到不易设想的新的丰收！

附记

两月前见南方报上消息，有很多艺术专家，曾热烈讨论到绘制历史画是否需要较多历史背景知识，这些知识是否重要，例如具体明白服饰、家伙等制度。可惜不曾得见全部记录。我对艺术是个外行，因此不大懂得，如果一个艺术家不用个实事求是的态度来学学历史题材中的应有知识，如何可以完成任务的情形。我只照搞文物的一般想法，如果鉴定一幅重要故事画，不论是壁画还是传世卷册，不从穿的、戴的、坐的、吃的、用的、打仗时手中拿的、出门时骑的、乘的……全面具体去比较求索，即不可能知道它的内容和相对年代。鉴定工作要求比较全面，还得要这些知识。至于新时代作历史画塑去教育人民，如只凭一点感兴来动手，如何能掌握得住应有历史气氛？看惯了京戏和饱受明清版刻及近代连环画熏陶的观众，虽极容易感到满意，艺术家本人，是不是也即因此同样感到满意？我个人总是那么想，搞历史题材的画塑，以至于搞历史戏的道具设计同志，如把工作提高到应有的严肃，最好是先能从现实主义出发，比较深刻明白题材中必须明白的事事物物，在这个基础上再来点浪漫主义，加入些个人兴会想象，两结合恰到好处，成绩一定会更加出色些。到目前为止，我们一般历史画塑实在还并未过关，这和艺术家对于这个工作基本态度有关，也和我们搞文物工作的摸问题不够细致深入、提参考资料不够全面有关。因为照条件，本来可以比《七十二贤图》《五百名贤图》《水浒叶子》《晚笑堂画传》等大大跃进一步，事实上还不易突破。于是画曹操还不知不觉会受郝寿臣扮相影响，作项羽却戴曲翅幞头着宋元衣甲如王灵官，不免落后于时代要求。今后让我们共同更好些协力合作，来过这一关吧！

1961 年 9 月 15 日写于北京

龙凤艺术

——龙凤图案的应用和发展

民族艺术图案中，人民最熟习的，无过于龙凤图案。但专家学人中说到它时，最难搞清楚的，也无过于龙凤图案。因为龙的形象既由传说想象而成，反映到工艺美术造型设计中，又在不断发展变化，如仅仅抄几条孤立文献来印证，是不能解决问题的。记得年前在报刊上曾看过一篇小文章，谈起龙的形象，援引宋人罗愿《尔雅翼》关于龙的形容，以为怪诞不经，非生物所应有。其实这个材料的称引，即用来解释宋代人在绘画、雕刻、陶瓷、彩绘装饰、锦绣图案中反映的龙形，也就不够具体而全面。不仅无从给读者一种明确印象，即文章作者本人，也不能得到一个比较符合当时人想象的各种不同龙的形象。原来龙虽然是种想象中的动物，但在历史发展中，却不断为艺术家丰富以新的形象。即以《尔雅翼》作者时代而言，龙的样子也就是多种多样的。有传世陈容的画龙，多作风云变幻中腾攫而起的姿势。有磁州窑瓶子上墨绘和剔雕的龙，件头虽不大，但同样做得雄猛有力，但是它是宋式，和唐代明代风格都大不相同。最有代表性的，是山东曲阜孔子庙大成殿那几支盘云龙石柱，天安门前石华表的云龙，即从它脱胎而出，神情可不一样。至于敦煌宋代石窟洞顶藻井画龙，也还有种种不同造型，却比《营造法式》图样生动活泼。在锦绣艺术中最著名的，是宋徽宗赵佶所绘《雪江归棹图》前边那片包首缂丝龙，配色鲜明，造型美丽，可说是宋代龙形中一件珍品，但是如不用它和明清龙蟒袍服比较，还是得不着它的艺术特征的。宋代龙形必然受唐代的影响，可是最显著的却只有定窑瓷盘上的龙形，还近于唐代铜镜上的反映，别的材料已各作不同发展。上面说的不过是随手可举的例子。如就这个时代龙的艺术做全面分析，那就自然更加言之话长了。

历来龙凤并提，其实凤的问题也极复杂，由于数千年来用它作艺术装饰主题更加广泛而普遍，它的形象也在各个时代不同发展变化中。

凤的形象如孤立的只从师旷《禽经》一类汉人记载去求证，也难免以为怪诞虚无，顾此失彼。要明白它，必须就历史上遗留下各种活泼生动的形象材料加以比较，才会知道凤凰即或同样是一种想象中的灵禽，在艺术创造中却表现多方，有万千种美丽活泼式样存在。如从联系发展去注意，我们对于凤的知识，就可更加丰富具体，不至于人云亦云了。

在人民印象中，历来虽龙凤并称，从古以来，且和封建政治紧密结合，龙凤形象成为封建装饰艺术的主题，同时也近于权威象征。但事实上两者却在历史发展中似同而实异，终于分道扬镳，各有千秋。决定龙凤的地位，并影响到后来的发展，主要是两个故事：有关龙的是《史记》所记黄帝传说，鼎湖丹成乘龙升天，群臣攀龙髯也有随同升天的。关于凤的是萧史吹箫引凤，和弄玉一同跨凤上天的故事。同是升天神话传说，前者和封建政治结合，后者却是个动人爱情故事，后来六朝人把"攀龙附凤"二词连用，作为一种依附事件的形容，因此故事本来不同意义也失去了，不免近于数典忘祖。其实二事应当分开的。

龙历来即代表一种权威或势力，中古以来的传说附会，更加强了它这一点。汉唐以来，由于方士和尚附会造作，龙的原始神性虽日减，但新加的神性却日增。封王封侯，割据水府，称孤道寡，龙在封建社会制度上，因之占有一个特别地位。凤到这时却越来越少神性，可是另一面和诗文爱情形容相联系，因之在多数人民情感中，反而日益亲切。前者随时势推迁，封建结束，龙在历史上的尊严地位，也一下丧失无余。虽然在装饰艺术史中，龙还有个位置。现代造型艺术中，龙的图案也还在广泛使用。戏文中角色有身份的必穿龙袍，皇帝必坐龙床，国内外游客到北京参观，对建筑雕刻引起最大兴趣的，必然是明代遗留下来那座五彩琉璃做的九龙壁。木雕刻易留下深刻印象的，是故宫各殿中许多木刻云龙藻井（图四十三）。石刻中则殿前浮雕云龙升降的大陛阶，特别引人注目。春节中舞龙灯，也还是一个普遍流行热闹有趣节目。不过对于龙的迷信所形成的抽象尊严，早已经失去意义了。至于凤呢，在人民情感中还

图四十三
故宫太和殿云龙藻井

是十分深厚而普遍。新的时代将依然在许多方面以龙凤作为装饰艺术的主题。人民已不惧怕龙，却依旧欢喜凤。

龙凤在古代艺术上的形象和文字中的形容，相互结合来注意，比单纯称引文献来分析有无，还可明白更早一些时候古人对于二物想象的情感基础。甲骨文字上的龙凤，还无固定形式，但是基本上却已经可以看出龙是个因时屈伸的灵虫，凤是个华美长尾的灵禽。双龙起拱即成天上雨后出现的虹，可知龙在三千年前即有能致雨的传说或假想，并象征神秘。但龙又像是可以征服豢养的，所以古有"豢龙氏"，黄帝后来还骑龙上天。在铜玉骨石古器物上的图案反映做各种不同形象发展，过去统以为属于龙凤的，近来已有人怀疑。但龙凤装饰图案，在古器物中占主要地位，则事无可疑。关于龙的问题拟另做文章探讨。现在且看看凤凰这种想象中的灵禽的身世和发展。

在一片商代透雕白玉上，做成如一灵鹫大鹏样子，爪下还攫住一个人头，这是凤，且不是偶然的创作，因为相同式样的雕刻还不少（图四十四）。气魄雄健，似和文字本来还相合，却缺少战国以来对于凤凰的秀美观念。但在同时一件青铜器花纹上的典型反映，却是顶有高冠，曳着长尾，尾上还有眼形花纹，样子已和后来孔雀相差不多。因此得知后来传说中的凤凰和平柔美形象，在此也有了一点基础。

古记称"有凤来仪""凤凰于飞"，让我们知道，这种

图四十四
商 玉凤，河南省安阳妇好墓出土

理想的灵禽，被人民和当时贵族统治者当成吉祥幸福的象征和
爱情的比喻，也是来源已久，早可到三千年前，至迟也有两
千七八百年。它的本来似属于鸷鹰和孔雀的混成物，但早在
三千年前即被人加以理想化，附以种种神秘性。西周是个比较
务实的时代，凤的性质因之不如龙怪诞。稍后一点的孔子，有
"凤鸟不至，河不出图"之叹，可见有关凤凰神奇传说，还是
早已存在的。凤是一种不世出的大鸟，一身包含了种种德行，

一出现和天命时代都关系密切。凤凰既然那么稀有少见，历来人民却又如何在艺术上加以种种表现，越到后来越做得生动逼真，而且成为爱情的象征，是有个历史发展过程，并非凭空而来的。我们值得把它分成几个不同阶段（或类型）来分析一下。

一、从甲骨文上刻有各种凤字，到《尚书》上"有凤来仪"时代，也即是在文字上还无定形，而在佩玉上如大鸷，在铜器花纹上如孔雀时代。值得注意的是这时妇人发簪上，也已经使用了凤凰。可知一面是祯祥，一面又起始和男女爱情有了一定联系。

二、《诗经》上有"凤凰于飞"，孔子曰"凤鸟不至"，《楚辞》中有"鸾鸟凤凰，日已远兮"，民间传说中有"吹箫引凤"，这个阶段是成熟时期。即是真凤凰证明已少有人见到，而在造型艺术中，却产生了金村式秀美无匹的雕玉佩饰和长沙漆器凤纹图案，以及金银错器、青铜镜子上各种秀美活泼云凤图案时期。

三、由传世伪托师旷《禽经》对于凤凰的描写，重新把凤凰当成国家祥瑞之一来看待，附会政治，并影响到宫廷艺术，见于帝王年代则有"天凤""五凤""凤凰"，见于造型艺术，先成为五瑞之一，又转化为朱雀，代表了南方，和青龙、白虎、玄武象征四方四神。在建筑上则有朱雀阙，瓦当上出现朱雀瓦。即一般大型建筑也都高踞屋顶，作展翅欲飞的金雀姿式（后来的铜雀台也是由此而成）。这是在艺术各部门中，都有一定地位的时期。

四、在人民诗歌中，已经和鸳鸯、鹨鹅、练雀等相似地位，同为爱情象征。反映到青铜镜子艺术上更十分具体。但在封建宫廷艺术中，另一面又和龙重新结合，成为上层统治权威象征，特别是女性后妃象征。此外在博具中的双陆、樗蒲，都得到充分使用。因之"龙凤呈祥"主题图案，也成熟于这个时期。然而在一般艺术图案中，它却并不比鸳鸯、鹨鹅等水鸟更接近人民，讨人欢喜。

五、因牡丹成为花中之王，在艺术上和牡丹作新的结合，由唐代的云凤转成"凤穿牡丹""丹凤朝阳"，反映到工艺图案各部门，逐渐独占春风，象征光明、幸福、爱情和美好等，形象上也越来越做得秀美华丽，同时又成为人民吉祥图案中主题画时期。

我们说一切事物都在发展中不断变化，凤凰图案其实也并不例外。多数人所熟习的凤凰图案的形象和它应用的范围，给人情感上的影响及概念，原来也这么在不断发展变化中。

例如凤为鸟中之王说法虽古到两千年前，牡丹为花中之王的提法，却起于唐宋之际，只是一千多年前事情。至于把两者结合起来，成为"凤穿牡丹"的主题画，反映到工艺美术各部门，成为人民所熟习的事情，照目下材料分析，实成熟于千年间的宋代。虽然"龙凤呈祥"的图案，也大约是从这时期起始在宫廷艺术中大大流行，还继续发展。"凤穿牡丹"图案，却逐渐成为人民十分亲切喜爱的画面。这也还有另外一个现实原因，即《牡丹谱》《洛阳牡丹记》等著述的流行和实物栽培的普遍，增加了人民对于牡丹名色的知识。想象中的凤凰，因之在人民艺术家手中，做成种种美丽动人姿势，共同反映于艺术创造中。

元明清三个朝代中，龙始终代表一种神性，又成为九五之尊的象征，因此不能随便亵渎。服装艺术上随便用龙是违法受禁止的。虽然"龙舟竞渡"的风俗习惯在长江以南凡有河流处即通行，为广大人民娱乐节目之一。逢年过节舞龙灯的风俗，具有全国性。从晋六朝以来，佛教宣传江湖河海各有龙神，天上还有天龙八部，凡是龙王均能行雨，因此到唐宋以来，特封江河湖海诸龙为王为侯，这种龙神名衔直到十九世纪还不断加封。南方各地任何小小县城，必有个龙王庙，每逢天旱，封建统治者无可奈何，就装作虔敬，去庙中祈雨行香，把应负责任推到龙王身上，并增加人民对于龙的敬畏之忧，也即增加封建神权政治。因此龙的图案不能随便使用。直到五十年前，迷信还深入人心。

至于凤凰和牡丹结合后，却和人民情感日加深厚，尽管在封建制度上，凤凰还和王侯女性关系密切，皇后公主必戴凤冠，用凤数多少定品级等次。在宫廷艺术中，又还依旧是龙凤并用，可是有一点大不相同处，乱用龙的图案易犯罪，乡村平民女的鞋帮或围裙上都可以凭你想象绣凤双飞或凤穿牡丹，谁也不能管。至于赠给情人的手帕和抱兜，为表示爱情幸福，绣凤穿花更加常见。至于民间俚曲唱本，也开口离不了凤凰，"鱼水和谐""鸳鸯戏荷""彩凤双飞"同属民间刺绣主题，深入人心。凤的图案已不是宫廷所独用，早成为人民共同艺术主题了。换句现代话说，即凤接近人民，人民因之丰富了凤的形象和内容。凤给广大人民以生活幸福的感兴和希望。从表面看，因此一来，凤的抽象地位，不免日益下降，再不能和龙并提。事实上凤和人民感情上打成一片，特别是在民间妇女刺绣中简直是赋以无限丰富的艺术生命，使之不朽，使之永生。

但是我们也得承认另外一种事实，即在近千百年来封建上层艺术成就中，丝绸锦绣袍服、瓷、漆和嵌镶工艺、金银加工等，凡百诸精细造型艺术图案，龙的图案也有其一定成就，而且占有主要地位，凤只是次要地位。不过从艺术形象言即或同用于百花穿插，龙穿花总近于勉强凑合，凤穿花却作得分外自然。论成就，还是凤穿花值得学习。最有代表性的是明代宣德以来和清代初期，在五色笺纸上用泥金银法描绘的云凤或穿花凤，创造了无数高度精美活泼的艺术品，给人以一种深刻难忘印象，和西南地区民间刺绣的万千种凤穿牡丹同放一处，可用"异曲同工，各有千秋"概括形容。

俗说凤凰不死，死后又还会再生。这传说极有意思。凡是深深活在人民情感中的东西，它的历史虽久，当然还会从更新的时代，和千万人民艺术创造热情重新结合，得到不朽和永生。

（我这个简短分析小文，有一个弱点，即称道文献不多，而援引实物作证又感图片难得完备，说服力不强。只能说是一个概括说明。工艺图案龙凤问题多，值得专家分一点心来注意。我这里只近于抛砖引玉，如能从每一部门——建筑彩绘、石刻、陶瓷、丝绣，都有介绍这个装饰图案发展的专文写出来。国际友人问到龙凤问题时，我们的回答，也就可望肯定明确，不至于含糊笼统了。）

1958 年 6 月写于八大处长安寺

中国海岸线长，江河湖泊多，鱼类品种格外丰富。因此人民采用鱼形作艺术装饰图案，历史也相当悠久。近年中国科学院考古所，在陕西西安半坡村距今约五千年前（新石器时代）的村落遗址中，就发现了一个陶盆，上面有黑彩绘活泼生动的鱼形图案（图四十五）。河南安阳，公元前十三世纪的商代

图四十五
新石器时代仰韶文化　人面鱼纹
彩陶盆，陕西西安半坡村出土

墓葬中出土的青铜盘形器物，也常用鱼形图案作主要装饰。这个时期和稍后的西周墓葬中，还大量发现过二三寸长薄片小玉鱼，雕刻得简要而生动，尾部锋利如刀，当时或作割切工具使用，佩戴在贵族衣带间。公元前六世纪的春秋时代，流行编成组列的佩玉，还有一部分雕成鱼形，部分发展而成为弯曲龙形。照理说，鱼龙变化传说也应当产生于这个时期。公元前二世纪，秦汉之际的青铜镜子背面中心部分常有十余字铭文，作吉祥幸福话语，末后必有两条小鱼并列，因为鱼余同音，象征"富贵有余"的幸福愿望。公元前二世纪的汉代，这种风俗更加普遍，人们使用的青铜面盆，多铸造于西南朱提堂狼郡，内部主要装饰就多作两条美丽活泼的大鱼。此外女子缝纫用的青铜熨斗，照明的灯台，喝酒用的椭圆形羽觞，上面也常使用这种图案。当时陕西河南一带贵族墓葬，正流行使用一种长约一公尺[1]的大型空心砖堆砌墓室，砖上有种种花纹，双鱼纹也常发现。丝绸上起始用鱼形图案。私人用小印章也有作小鱼形的。可见鱼形图案在美术上的应用，已日益普遍，主题象征意义是"有余"。中国是个有广大农业地区的国家，希望生产有余正是人之常情。战国时文学家庄周，曾写过一篇抒情小品文，赞美过鱼在水中的快乐。二三世纪间，又有一首南方民歌，更细

---

1 公尺：公制长度单位，亦称"米"。

致素朴描写到水池中荷花下的鱼的游戏：

> 江南可采莲，莲叶何田田。鱼戏莲叶间。
> 鱼戏莲叶东，鱼戏莲叶西，鱼戏莲叶南，
> 鱼戏莲叶北。

从此以后，"如鱼得水"转成了夫妇爱情和好的形容。但普遍反映于一般造型艺术上，却晚到十世纪左右才出现。

公元七世纪后的唐代，鱼形的应用，转到两个方面，十分特殊。一是当时镀金铜锁钥，必雕铸成鱼形，称为"鱼钥"。这在当时，大至王宫城门，小及首饰箱箧，无不使用。用意是鱼目日夜不闭，可以防止盗窃。二是政府和地方官吏之间，常用一种三寸长铜质鱼形物，作为彼此联系凭证，上铸文字分成两半，一存政府，一由官吏本人收藏，调动人事时就合符为证。官吏出入宫廷门证，也作鱼形，通称"鱼符"。中等以上官吏，多腰佩"鱼袋"，这种鱼袋向例由政府赏赐，得到的算是一种荣宠，通称"紫金鱼袋"，真正东西我们还少见到。宋代尚保存这个制度。可是从宋画中宋俑服饰上，还少发现使用鱼袋形象。又唐代已盛行国家考试制度，有一定文学水平的平民可望通过考试转成政府官吏。汉代以来风俗相传，黄河中部有大悬瀑，名叫"龙门"，鱼类能跳跃上去的，就可变龙。所以当时

人能见得名流李膺的，以为是登龙门。唐代考试多由达官贵族操纵，人民获中机会并不多，因此人民也借用它来作比喻，考试及格的和鱼跃龙门一样。"鲤鱼跳龙门"于是成为一般幸运象征和追求幸运的形容，因此成为一般艺术主题，民间刺绣也起始用它作主题。公元十世纪的宋代，考试制度有进一步发展，图案应用因此更加广泛。

这个时期，在中国浙江龙泉烧造的世界著名的翠绿色瓷器，小件盘碟类，还多沿袭汉代习惯，中心加二小鱼作装饰。江西景德镇的影青瓷和北方的定州白瓷，以及一般民间瓷，鱼的图案应用更加多了些，意义因此也略有不同。在盘碗中的，多当成纯艺术表现。若用到瓷枕上，或上面加些莲荷，实沿袭"采莲辞"本意，喻夫妇枕上爱情"如鱼得水"。又有在青铜镜子上雕浮雕双鱼腾跃的（图四十六），用意相同。现实主义的绘画，正扩大题材范围，还出了几个画鱼名家，如刘寀等，作品表现鱼在水中悠游自得的乐趣，千年来还活泼如生，丰富了中国绘画的内容。后来八大、恽南田，直到近代白石老人，还一脉相承，以此名家。在高级丝织物部门，纺织工人又创造了鱼形图案的"鱼藻锦"，金代还作为官诰包首。宋代重视元宵灯节，过年灯节时，全国儿童照风俗都玩龙灯和彩色鱼形灯。文献中也有了人工培养观赏红鱼的记载。杭州已因养金鱼而著名。

元代有部《饮膳正要》书籍，部分记载各种可吃的鱼，还

图四十六
金 双鱼纹铜镜，
中国国家博物馆藏

有很好的插图，没有提到金鱼，可知当时统治者虽好吃，而且有许多怪吃法，但是还不到吃金鱼的程度。

公元十五世纪的明代，绸缎中的鱼锦图案有了发展。国家织造局专织一种飞鱼图案衣料，似不成形的龙样，有一定品级才许穿，名"飞鱼服"。到十六七世纪的明代晚期，杭州花港观鱼，已成西湖十景之一。北京金鱼池则已成宫廷养金鱼处。江西景德镇烧瓷工人，嘉靖万历时发明的五彩瓷，起始用红鱼作主题图案。当时宫廷需要大件瓷器中，大鱼缸种类增多，因此政府在江西特设"龙缸窑"，专烧龙纹大鱼缸，反映宫廷培养金鱼已成习惯，鱼的品种也日益增多。但是这时期的鱼缸留下虽多，造型艺术中，十分奇特美观的金鱼形象留下的可并不多。北京郊区发掘出的几具绘有五彩红鱼大罐，鱼的样子还和朱鲤差不多。另外也发现一种各种褐釉陶制上作开光花鸟浮刻大鱼缸，根据比较材料，得知烧造地或出于江南，后来人虽用来作鱼缸，出土物里面却多坐了个大和尚，是由大鱼缸转为和尚坐化所用。这类特制大缸不同处是上面还常有个大盖。缸上也有作鳜鱼浮雕图案的。

十七世纪中清代初期，江西景德镇烧造的彩釉和白胎彩绘瓷，都达到了中国陶瓷史艺术高峰，鱼形图案应用到瓷器上，也得到了极高成就，精美无匹。用鳜鱼的较多，是取"富贵有余"意思。或用三或用五，多谐三余五余。灯笼旁流苏，也有作双鱼形的。这时期产生了许多造型完美加工精致的鱼缸。在故宫陶瓷馆陈列的仿木釉纹的鱼缸（图四十七），是一件有代表性的艺术品。此外已有用玻璃缸养金鱼的，代表新事物，成为当时贵族人家室内装饰品。至于鱼形应用到刺绣椅披和袍服上，多是双鱼作八字形斜置，如磬形，取"吉庆有余"意思。用鲢鱼形的则叫"连年有余"。也有雕成小玉佩件的。

至于玩赏性的金鱼，品种的改进与增多，应和明代南方中产阶级的兴起及一般工艺品的发展有一定关系。明文震亨的《长物志》卷四中说："朱鱼独盛吴中，以色如辰州朱砂故名。此种最宜盆蓄，有红而带黄色者，仅可点缀陂池。"记述品种变态，当时即有种种不同名称："初尚纯红、纯白，继尚金盔、金鞍、

图四十七
清雍正 仿木釉纹瓷鱼缸，故宫博物院藏

锦被，及印头红、裹头红、连腮红、首尾红、鹤顶红，继又尚墨眼、雪眼、朱眼、紫眼、玛瑙眼、琥珀眼、金管、银管，时尚极以为贵。又有堆金砌玉、落花流水、莲台八瓣、隔断红尘、玉带围梅花、月波浪纹、七星纹种种变异，难以尽述。然亦随意定名，无定式也。""蓝鱼翠，白如雪，迫而视之肠胃俱见，即朱鱼别种，亦贵甚。"述鱼尾则有："自二尾以至九尾，皆有之。第美钟于尾，身材未必佳。盖鱼身必宏纤合度，骨肉停匀，花色鲜明，方入格。"

自十九世纪以来，培养金鱼的风气，已遍及各地。道光瓷器和刺绣中女人衣上的挽袖、衣边，多作龙睛扇尾金鱼。这时节出了个画金鱼的画家，名叫"虚谷"，是个和尚，画了一生金鱼。清代货币除铜钱外用金银，实物沉重，不便携带，民间银号、钱庄流行信用银票和钱票，因此盛行一种贮藏银票杂物的"褡裢"，佩在腰带上。为竞奇争异，上面多作各种不同刺绣花纹，金鱼图案因此也成为主题之一，用各种不同绣法加以表现，产生许多有趣小品，同时皇室贵族妇女衣裙边沿刺绣，平民妇女小孩围裙鞋面，都常用金鱼作装饰图案。民间剪纸原属于刺绣底样，就产生过许多不同的美丽形象。当时在苏州织造"绮霞馆"打样的提花漳绒是用金鱼图案织成的，花纹布置显得格外华美而有生趣。

这些装饰图案的流行，反映另外一种事实，即金鱼的培养，自十九世纪以来，已逐渐成全中国习惯。由于南北气候不同，养鱼方法也不尽相同；南方气候比较热，必水多些金鱼才能过夏，因此盛行大鱼缸。这种鱼缸一般多搁在人家庭院中，缸上照规矩还得搁一座小小石假山，上面种一些特别品种花药，千年矮或虎耳草，以及翠色蓬茸的青苔，十分美观。一面可作缸中金鱼的荫蔽，一面可供赏玩。一座假山有值百十两银子的。缸中水里还搁个灯笼式空花"鱼过笼"，明龙泉窑烧造较多，景德镇则烧作米色哥窑式。北方地寒，瓷缸多较小，和玻璃缸常搁于客厅中窗前条案间，作为室内装饰品一部分。十八世纪著名小说《红楼梦》，就描写过这种鱼缸。室外多用扁平木桶和陶缸，冬天必收藏于温室里，免得冻坏。

养金鱼既成社会习惯，因之也影响到现代一般工艺品的题材。北京著名的景泰蓝，就有用金鱼作装饰图案的。此外玉、石、骨、牙、竹、木雕刻中，民间艺术家更创作了多种多样的美丽形象。最值得赞美的，还是金鱼本身品种的千变万化，给人一种愉快难忘印象。公园中蓄养金鱼地区，照例是每天游人集中地方。庙会中出卖金鱼的摊子，经常招引广大的妇女和小孩不忍离开。

北京市小街窄巷间，每天我们都有机会可以发现卖金鱼的担子，卖鱼的通常是个年过七十和气亲人的老头子，小孩一见这种担子，必围着不肯走开，卖鱼的老头子和装在小玻璃缸中游动的小金鱼，使得小朋友眼睛发光。三者又常常共同综合形成一幅动人的画稿，至于使它转成艺术，却还有待艺术家的彩笔！

1958 年 11 月

狮子在中国艺术上的应用及其发展

老虎称百兽之尊，狮子也称百兽之尊，都勇猛矫健，瞻视不凡。但老虎是本国土产，西南东北各省区山地都可发现，以东北产躯体特别庞大，知名世界。狮子却是外来物，在海外出现的地区，也只限于非洲及中西亚若干接近沙漠荒远地方。古代当作文化交流的珍禽奇兽之一来到中国，可能早于战国，但文献上比较落实具体，大致还是在西汉。《后汉书·顺帝纪》称：

疏勒国献师子，封牛（或应作"犎"）。

注：《东观记》曰："疏勒王盘遣使文时诣阙。"师子似虎，正黄，有髯髵，尾端茸毛大如斗。封牛，其领上肉隆起若封然，因以名之。即今之峰牛。

注中所形容的狮子形色特征，是和真正的狮子相差不远的，但注实出后人之手。至于由汉代人说来，西汉时能见到狮子真形的人，大致还并不多。由于武帝以来，海外文化交流，世界上各地出产的珍禽奇兽如犀牛、鸵鸟、狮子等，即或已当成入贡礼品，送到长安洛阳，大致还只是豢养在政府宫廷的园囿、离宫、别馆中，供封建统治者个人开心，及其亲近家属与从臣们欣赏，不仅大多数人民无从得见，即身在长安洛阳供职的一般官吏，或许也难以见到。因此在西汉以来，即普遍流行的狩猎纹工艺图案，无论铜、陶、漆、玉、丝或金银加工，产于本国的熊、虎、鹿、豹、獏、兔、羚羊、野猪、孔雀、鸿雁及传说中的龙凤等形象，无不可以发现，而且都无不做得极其生动活泼，形象逼真，但内中却未发现狮子纹。墓葬石刻平面浮雕或线刻上反映属于《王会图》或《瑞应图》《博物志》中奇异动植物，也没有狮子在内。惟大型立体石刻在墓葬阙门间，却出现了成双的狮子，或名异实同的"天禄辟邪"（图四十八）。时间多在东汉中晚期，和史志记载狮子入贡有一定联系。至于反映到小件雕玉的大小璧、盾形佩、筒子式的酒卮和玉具剑上的装饰，如珌、璏、珥等，无不可以发现高浮雕或圆透雕的子母辟邪，时间较早则可到西汉，来源也可以说是沿袭春秋战国以来的奇禽怪兽，和狮子的关系是间接的而非直接的，但是到汉代，彼此便已经混淆，随同历史发展，更难于区别显明了。

东汉大型石刻狮子形象，如何由宫廷珍物转而为中等官僚

图四十八

东汉 石辟邪，洛阳市博物馆藏

墓葬前陪衬物，发展情形不得而知。当时付雕并留下当地刻工价值的为山东嘉祥武氏祠石刻，石工张胜记载，有狮子一对值钱四万。四万钱在当时值黄金二两，并可买上中彩锦二匹，普通绢帛约五十匹，价值不能不说已经相当高！又南阳宗资墓、成都高颐阙，也均有狮子一对。四川石狮形象，已近似现存分布于南京市郊外南朝齐梁时萧氏诸墓前辟邪形象，前胁间各附以助其雄猛由云气纹变成象征飞翔的小小双翼。因此谈艺术史的，对于它们的产生，有两种不同的推测：

一、联系这个石兽造型，和胁间两个翅膀而言，认为来源似和史传中的贡狮子少直接关系，实受中亚巴比伦艺术中有翼猛兽飞廉的间接影响。

二、即四川东汉末既有这种石狮子出现，江南至迟在三国东吴孙权时也会产生，当时即不用于孙策、孙权墓前，也会用于当时南方特别迷信的蒋子文的蒋侯庙、伍子胥等先贤祠堂前，也会和东晋诸皇陵相关。绝不至于到百多年后的萧梁政权时代才忽然出现。

若孤立看来，前者似乎还有点道理，若联系材料比较分析，却不一定是事实。因为西汉以来，凡受《史记·封禅书》等记载及神仙方士传说影响下产生的造型艺术，为了能符合"白日飞升"流行传说，不问是主题角色的东王公西王母，还是王子乔安期生，以及其他附属于海上三山上的珍禽奇兽，无一不是浮在云气上行动，于背后或两胁旁生着一行或一对小小翅膀，表示具有这样飞腾的能力。四神瓦当中的青龙白虎，虽大不过五六寸，也各具有同样翅膀。不过反映到较小面积雕刻绘画上，云气翅膀做得比较简单草率，不能比用于大型立体石刻上那么完整具体而已。所以与其说它的来源，系出于巴比伦同类性质艺术的影响，还不如说是受秦汉以来神仙方士传说影响。有可能东吴孙墓即已有石辟邪出现，东晋渡江，经济财力十分枯窘，节葬说又正流行，未见继续。到南朝萧梁统治江南时，有数十年生聚，封建贵族统治者为夸大个人财力和事功，才依据旧物，大有兴作，彼此仿效。所以这些石辟邪虽产生于社会艺术风气萎靡的南朝，事实上这种辟邪艺术风格，还具有典型汉代天禄辟邪雄骏奔放的原因。

至于附于礼器上的玉璧，佩饰上的盾形玉佩，饮食器中的玉卮、玉碗，以及玉具剑上的镖首、珥、璏等装饰或柄足子母辟邪，同样经常也在胁腿间附以云气翅翼装饰，唐宋以后却发展成为"如意灵芝"或一般卷草，一直使用于玉、石、牙、角、金、铜、竹、木等雕刻上，以及部分丝绸彩绘图案上，到清代犹继续有不断发展，成为中国民族图案应用最广泛普遍熟习的形象。但是后来人却已少有明白它的来源和狮子本来密切关系了。

狮子来到中国，若照史志记载既在汉代，到的地方必然是长安或洛阳，陕洛一带总应当也还留下一些比较近真的图形，比外州郡一般辟邪更像真正的狮子。这种合理的假设，近年已有些实物出土加以证实。例如陕西博物馆保存的一件大型石狮和陈列于中国历史博物馆的一个狮子，都可以作为例证。这两个石刻体格结构都和真正狮子极其相近，而胁间小小翅膀，就显得只是一种行动迅速、奔走如飞的象征。这种表现方法，事实上在春秋战国以来青铜器的铸造和彩绘漆工艺装饰图案中，即已经习惯运用，并非起于汉代。

狮子本身既然是从海外来的，同时必然还有进贡的异国人民，汉代石刻虽有根据《王会图》《职贡图》或《山海经》而作的图像，似多以意为之，有图案效果而少考古价值。例如武氏祠石刻作"穿胸国人着汉式衣冠而用二人扛贯其胸而行"可知。这类石刻中是未见有狮子和贡狮人形象的。沂南汉墓石刻有作胡人奇形怪状，押着奇禽异兽作行进的，却又近于汉代所谓犁靬幻人举行的百戏，是用人装扮弄假狮子和九苞凤凰的。因此汉代贡狮子的外国人应当是什么样子，不得而知。从近年新出土文物试做些探索，重要的新材料，是江浙地区出土一个晋代烧造的越州青瓷水注（或镜台、烛台座子）（图四十九），作一胡人戴长筒阔边帽子，骑于一个蹲伏狮子背上。这件艺术品现藏于北京故宫博物院，曾彩印于故宫藏瓷图录中，事实上若联系前后材料分析，似应当叫作

图四十九
西晋 越州青釉人骑狮子烛台，故宫博物院藏

"醉拂菻弄狮子"，这个主题画且和西汉文人东方朔、晋代名臣庾亮及当时著名的"文康舞"均有联系。反映于此后工艺各部门，前后千八百年时间。唐代宫廷中大朝会应用的"五方狮子舞"，白居易新乐府中的《西凉伎》，宋明以来的弄狮子，无不从之而来。即仅以"醉拂菻弄狮子"直接表现于艺术品而言，也不下百十种不同式，反映于民间艺术各部门。后来称弄狮子的人为"狮子郎"，似乎即还留下一点痕迹。但从历来以文人画、宫廷艺术为传统的艺术史看来，却极少有对于这个古代文化交流影响于广大人民极其普遍的问题有所叙述的。

画史称梁元帝萧绎，曾绘有《职贡图》，本于周代《王会图》传说而续作，叙齐梁时西域诸国来朝时种种。实物既不存，内容也难于详悉。近人论述传世唐阎立本绘《职贡图》时，便以为从画旁附录文字记载分析，或即根据当时萧绎所绘《职贡图》而成。这个假定实不能成立。因为判断一个画的时代，最可靠的无过于图画本身。判断一幅人物画的产生相对时代，比较可靠的又必然是从起居服用各方面来探讨问题。若从这个图卷中人物的衣服冠巾看来，则无疑只是宋或以后人依据唐人画迹和出土陶俑附会而成，托名唐初阎立本或立德。不仅和萧绎无关，且和阎氏兄弟也无关。敦煌石窟有不少唐贞观时壁画，行香人中还留下有不少中原和西北诸族人民形象，衣着多画得十分具体，虽有些奇怪，总依旧近于写实。阎立本兄弟的《职贡图》

中人物，应当和敦煌壁画反映极其相近。且大有可能，这些图画中一部分，本来即系取自《职贡图》，而传世《职贡图》中西北诸族人民的巾裹，却近似宋金时不明当时情形的人附会而成。阎氏兄弟的父亲阎毗是隋代有名艺术家，并且参与隋代舆服的制定。阎氏兄弟也称博识多闻，并参与唐初舆服的制定，哪里会如此胡乱使用冠巾？所以说这个《职贡图》既不可能和梁元帝有什么关系，也不会出于唐初名画家阎氏兄弟之手。

晋代以来虽即有"醉拂菻弄狮子"，使狮子的原本神性失去作用，而赋以民间百戏杂技娱乐开心的意义。但过不多久，到宗教迷信浓厚的南北朝，却又和其他固有传说并富于神灵象征的"龙"和国产的固有的猛兽"虎"，一同成为佛力驯服的对象，经过斗争终成为佛前的俘获物。先是在稍前一时，魏晋之际南方做青铜"天王日月"镜子上，即常有分段有翅神像中，夹以若干狮虎不分的怪兽头颅出现，是否和佛经中的降魔经变有一定联系，有待进一步探讨。"降龙伏虎"由于较后成为十八罗汉主题之一，为世人所熟习，但北朝以来和佛分不开的还是狮子。在北齐造像中佛和菩萨两旁，经常可以发现一对狮子。有的位置又是在莲座前边，共同捧着一个博山香炉，成为后来"狮子滚球"的最早姿势。"狮子滚球"直接的影响，大致还是由唐代小狮子狗滚唐代圆形香炉（也叫香球）而起！说详后述。在一定时期内，宗教宣教是要借重狮子来夸大佛法威力而增加世人敬信的，或借助于狮子雄猛达到"护法"目的，或作为佛说近于"狮子吼"警醒愚蒙的象征。总之，应用上的心理意识是错综的，而求达到宣传目的却是单一的，利用狮子对于人的威胁为佛降伏而反映于艺术中。《西游记》上说的孙猴子始终跳不出如来佛手掌，也是一种巧妙的宣传。

到唐代，佛旁狮子已由护法天王金刚代替，狮子为宗教服务却以另外一个姿态出现。佛旁文殊、普贤形象完成后，文殊、普贤必骑青狮、白象（由于狮子王经故事的原因），狮子于是换了一种式样和地位，反映于以后宗教艺术中约一千三百年。狮子失去固有的雄猛、敏锐、果敢、决断种种形象和精神上的特征，形象逐渐和巴儿狗合流，用醉拂菻弄假狮子作为范本，成为一个逗人开心的共同体，也是这个时期！为求达到所谓"妙相庄严"，事实上却自然和实物越来越远了。

但在其他附属应用工艺装饰图案中，唐代却大量应用真正狮子和部分想象中的狮子，反映到工艺图案各部门，取得艺术上空前广泛效果。

由宫廷应用贵金属器物到民间儿童玩具，都可以发现狮子的雄健活泼的形象。前者例如近年出土的直径过一尺的大型鎏金盘子，用狮子作为主题浮雕，当时明显是成于宫廷作坊金工之手，而为封建主帝王特有的。后者属于唐代烧造成流行天下的邢州白瓷。内丘白瓷既流行全国，这种玩具也必然是一般人熟悉的。

北宋徐兢作的《宣和奉使高丽图经》中提到高丽青瓷狮子，得知瓷制狮子还影响到高丽艺术。

四川织锦工人，则用彩织创造了狮子锦，用狮子舞作主题，串枝花缠绕于其间，奏乐人缩得极小，围绕四旁，狮形大将二尺。连缀成三五丈大面积锦帐，悬挂于殿堂深院中，艺术效果是十分强烈的。这片锦缎是大约在肃宗时流传于日本，现在还有保存得上好的。

唐代陶瓷工人新发明的三彩陶，用来做马和骆驼，世界早已知名，也有做立塑狮子（图五十），艺术上得到极高成就的。

图五十
唐 三彩狮，陕西历史博物馆藏

又日本法隆寺还藏有一片天王狩狮子锦，作二骑士相对立，回身引弓射狮子，狮子举身猛扑骑士。照画面说，它或出于波斯式样。但《南史》已称有猎狮子锦，而这片锦纹正中作唐初习见菩提树式，团窠旁附连珠，也和其他几种近年西北出土唐锦相同。极可能实出于张彦远《历代名画记》中提起的唐初在四川做行台总管兼管督造的窦师纶出样，成都织锦工人做成的。这些锦样当时叫"陵阳公样"，称为章彩奇丽，流行百年不废。晚唐大历时诏令中禁织的狮子、麒麟、天马、辟邪诸锦，必然就包括有这类图案的彩锦在内。

此外石碑边沿装饰图案中，正流行鸟兽穿花图案，有采用十二辰图样的，有一般性鸟兽穿花的，有太子玩莲的，也有作奔狮和文殊骑狮子的。拂菻骑狮子奏乐的，虽属附属装饰，同样做得十分生动活泼，壮丽华美。

汉六朝以来，狮子主要应用，即在陵墓前面用大型石刻做成仪卫一部分，产生堂皇庄严效果。唐代为了达到这个政治目的，也还继续采用，在顺陵和乾陵前，都还有这种成对大石狮，做得极其威严庄重。这个制度且贯穿了整个封建社会。

狮子由写实转为象征，失去本来雄猛不可羁勒，转而为驯服坐骑，近似和巴儿狗的混合体，受了宗教画的影响，而宗教画的形成，大致又来源于民间习惯影响。正如同狮子舞锦缎虽出于唐代宫廷大乐舞的"五方狮子舞"，照史志记载，这个大型舞蹈是专为帝王而设的，诗人王维在天宝时做"协律郎"，即因作黄狮子舞而获罪，几乎死去。（分析原因，可能是于天宝十三载安史之乱，安禄山入长安时，他陷身于敌伪，曾被迫为安禄山安排过这个大乐舞，否则不会有机会私自作黄狮子舞的。）但它的起源，却明显和晋代以来的"醉拂菻弄狮子"分不开，更和北朝《洛阳伽蓝记》所述当时宗教迷信利用五色狮子进行宣传有一定联系，所以到唐代不仅成宫廷大节会乐舞之一，同时还流行于一般社会，近似外国马戏性质，成为军营中和人民群众的季节性娱乐。诗人元稹和白居易均有《西凉伎》描写形容。

元稹《西凉伎》描写凉州军营歌舞有：

……前头百戏竞撩乱，丸剑跳踯霜雪浮。狮子摇光毛彩竖，胡腾醉舞筋骨柔。……

白居易《西凉伎》，并注明是"刺封疆之臣也"而作。重要的是对于这种假狮子形象的叙述形容：

西凉伎，假面胡人假狮子。刻木为头丝作尾，金镀眼睛银帖齿。奋迅毛衣摆双耳，如从流沙来万里。紫髯深目两胡儿，鼓舞跳梁前致辞：应似凉州未陷日，安西都护进来时。……

李白《上云乐》歌词，且提道：

金天之西，白日所没。康老胡雏，生彼月窟。巉岩容仪，
戍削风骨。碧玉炅炅双目瞳，黄金拳拳两鬓红。华盖垂下睫，
嵩岳临上唇。不睹诡谲貌，岂知造化神。

大道是文康之严父，元气乃文康之老亲。

……

老胡感至德，东来进仙倡。五色师子，九苞凤凰。

……

诗中不仅有胡人进仙倡、五色狮子、九苞凤凰等后汉人
辞赋中的叙述引申，还涉及同时流行于晋南北朝的"醉拂菻"，
与著名大臣庾亮有关的舞蹈"文康舞"。诗中末尾还和东方朔
窥窗偷桃故事连在一起，这么说来不免言之话长，非本文所
能尽，当俟另写专文讨论，但是可以知道不仅真狮子来自海外，
舞假狮子也来自海外。更重要即照白居易形容，唐代舞假狮子
的形象，已不像真，却接近唐代壁画中文殊菩萨身下那个坐骑。

又胡人弄狮子反映到唐代艺术品中，也有种种不同发展。
有做成墨昆仑的，在绸缎中还比较近真，即波斯胡人应有形象。
在西北新发现瓷器中还不例外。在敦煌壁画中却开始做成"墨
昆仑"模样，黑而矮小，即唐人小说中的"昆仑奴""黑波斯"，

一般以为是真的非洲人，有搞语言学的专家却认为指的是过去新几内亚，现在马来西亚岛的本土少数民族，唐代或属锡兰，所以称狮子国，并以善于驯服狮子著称。又有作其他高鼻胡人形象的，例如敦煌画、石刻边沿，以及近年西安新发现——现陈列于北京历史博物馆一小石刻，即各不相同。至于宋初画家作的线画木刻文殊骑狮子像，前边驯狮人却又还是高鼻、尖锥帽西域胡人，形象且和南朝砖刻上所见到的唯一传世文康舞胡人相近。也可知文殊坐骑狮子就是从拂菻弄的假狮子而来。因此不论是文殊坐骑前，或舞狮子形象，必有一（或二）狮子郎，事实上即"拂菻"简称，也即"墨昆仑"别称。

唐代金属工艺中的尖端，是扬州金工于八月五日或五月五日铸造的各种镜子，镜子上用对兽作主题的，计有对羊、对鹿、对犀及对狮子。这种近于特种生产工艺品，重复相同的出土因之较少。至于另外一种后人名为"海马""海兽""狻猊""辟邪"镜子的，多奔驰于满地葡萄间，或间穿插孔雀、鸾凤等珍禽，蜂蝶等虫蛾类，则占有唐镜大部分。清代官修的《西清古鉴》中镜鉴，因本于史称张骞由西域带回葡萄事，误把这类镜子一律称作汉镜，致近人写美术史犹有沿袭错误，以为系汉代艺术，不知实唐代产品的。

宋代由于生产发展，都市生活也有了进一步发展，一面是拂菻弄狮子在建筑彩绘部门，有个一定位置，另一面玩真假狮子也更广泛成为瓦舍百戏和民间娱乐之一部门，因此在艺术上反映这个题材，也更加广泛，而且各具不同风格。但共同特征，即拂菻狗的形象已占重要位置，特别是南方狮子的造型，居多从巴儿狗启示，做得十分可笑，狮子应有的雄猛无比的形象已被完全歪曲，成一个逗人怜爱的形象。在舞狮子的图像中，那个狮子郎在官书上或乐舞记载上，虽还说额上系红抹额，如《营造法式》一书彩绘部门所反映种种，在《婴戏图》一类南宋画迹中，就成为儿郎子们的少年郎了，从此以后近十个世纪，舞狮子的都化妆成白面郎，再也不会如波斯形象。

一、辽代契丹建筑工人在庆州建造的白塔腰部主要浮雕装饰，即有作醉拂菻弄狮子形象，由于充满地方风格，日本学人却误以为系"高丽人牵狗"，一再著录种种图谱中，如孤立看来，即易附会为某某人牵狗。如联系分析，就可知错得十分可笑！除了醉拂菻弄狮子，哪容许这种和宗教迷信不相干的事件成为宝塔上主题装饰浮雕？

二、北宋初高□□[1]作的线画板刻，也作有文殊骑狮子，旁有戴尖锥浑脱帽拂菻和一天女。高□□是著名画家，无遗墨传世，由此板刻不仅得知艺术风格实出于吴道生，而且由此得知，这个醉拂菻形象，基本上还和近年邓县出土南朝墓砖上唯

1　原文如此。

一传世的文康舞胡人相同。可证明李白《上云乐》中叙述两者相互关系。

三、宋元流行小手镜，镜纹装饰图案，也有用醉拂菻弄狮子作为题材的。制作虽草率，而形象却和前者相近。

四、南宋苏汉臣绘《婴戏图》……

事实上这个主题画当时还应用到冠服制度中，例如宋舆服志腰带制度花纹有二十多种，内中有"狮蛮"一种，就指的是拂菻弄狮子，是在带的排方上用"识文隐起"浅浮雕做成的。照规矩为官员身上物，有残余带饰可证。宋政府每年有送臣僚袄子锦计七等，其中"翠毛狮子"一种，当时实物虽已不得而知，但从明代现存几种狮子锦看来，是多少还保留一点唐代写生神情的。

专述北宋社会生活的《东京梦华录》，叙述南宋社会生活的《梦粱录》，都提起瓦舍百戏的马戏棚子名狮象棚，观者常及数千人，象或用真物表演，至于狮子可能也和唐代一样是用人扮演的。

单独用唐式定型狮子而略有变化作为栏槛柱头装饰的，最著名的应数金大定时修造于燕京卢沟河上的卢沟桥狮子柱头。世俗相传这几百个狮子形象姿态没有一个相同的。从艺术精神上说，其实也可说完全相同，而且时代性鲜明，和以前的唐代、以后的明代，倒是差别显明。

日常特种工艺品装饰上应用的，却多采取汉玉的辟邪，不常见真狮子。这大约和宣和好古《博古图》《古玉图》的编纂有一定关系。例如定州白瓷的平面浮雕装饰图案，用的就是子母辟邪如意云，或由云衍变的灵芝草。宋宫廷设有玉作，专门雕治犀角、玉翠、水晶、玛瑙等贵重材料作杯斝饮器或瓶壶类插花器，用辟邪作为柄耳部分装饰，常见于记载。因此明代政府抄权臣严嵩的家留下那个财物底册《天水冰山录》中记载的许多水晶器物，其中可能就有不少是宋代作品。现存于故宫的这类工艺品，虽鉴定时多以为系明清两代，有的出于猜测，有的根据入库记录或乾隆题诗。乾隆喜附庸风雅，或任官吏贪污，再抄家将所得珍贵文物字画没收成为宫廷所有。或用以祝寿名分，聚敛民间收藏，过目虽多，鉴定还是糊糊涂涂。有时还刻诗于商代玉器上。所以宋明器物，不能因为有他的刻诗即认为清代制作。

元明两代对外交通扩大了范围，因此从晋代葛洪以来即传说犀角可以解毒，因此除在药物上应用外，用犀角作酒杯的风气也还继续，并且出了几个工艺名家。用犀角作杯不外两种形式，其一作横倒平放式，雕张骞泛槎故事，张骞乘于一段独木舟式的枯槎上，注酒入内，可以从船头一端吸饮，或称"酒船"。尤通就是其中一个名工，故宫博物院还存有他的作品一件（图五十一）。另一是竖置式，阔处向上，尖端向下，有的必须搁置

图五十一
明末清初 尤通款犀角雕仙人乘槎杯，故宫博物院藏

于另一个架子上，方能稳定。这种竖式犀角杯，装饰加工也有
许多种，最常见的就是杯身上部和边沿刻高圆浮雕透雕子母辟
邪，或照龙生九子俗传雕大小十龙，柄部也作龙形。这种犀角
杯传世的还有千百件，大型的且有长及一尺的。

　　元明雕玉的大小杯洗用辟邪作主要装饰的也极多。二寸以
下作饭糁色的小玉佩，作为扇坠或腰间系佩，用辟邪作同样装
饰也极多。瓷铜器瓶壶耳柄足口沿采用辟邪装饰的也不少。一
般称为螭虎，事实上还是辟邪，是由狮子演进的工艺图案。它
的形象虽然和世俗过年玩的狮子已大异其趣，但事实上来源还

是一个——狮子。

狮子艺术还是在继续发展和应用。直到十九世纪末，在清朝这个封建王朝的结束期，北京街市中这一时期的新式建筑，不问是私人住宅，还是商店铺子，当街一面屋顶，照例还蹲了两只傻呼呼的守门狗式的兽物。起始流行湘中商品绣，也经常见到用棕黄色为主调的公母狮子主题出现。多是由于北京动物园前身"三贝子花园"的开放，一般市民看到了狮子的结果。这些狮子应当说是比较写真的，但事实上应用的却只是一种自然主义手法，反映出延续了两千多年的封建社会外受帝国主义的侵略，内受几次重大农民革命的影响，政治上已摇摇欲坠，临于崩溃前夕，而艺术上也形成一种混乱，失去了固有民族艺术风格。

1965 年

玻璃工艺的历史探讨

　　中国玻璃或玻璃生产，最早出现的年代，目下我们还缺少完全正确具体的知识。但知道从周代以来，在诗文传志中就经常用到如下一些名词，"璆琳""球琳""璇珠""珂玎""火齐""琉璃""琅玕""明月珠"和晋六朝记载中的"玻璨""瑟瑟"，后人注解虽然多认为是不同种类的玉石，如联系近十年古代墓葬中出土的丰富实物分析，这些东西事实上大部分是和人造珠玉发生关系的。这种单色或复色、透明或半透明的早期人造珠玉，后来通称为"料器"。古代多混合珠玉杂宝石作妇女颈部或头上贵重装饰品，有时还和其他细金工镶嵌综合使用，如同战国时的云乳纹璧，汉代玉具剑上的浮雕子母辟邪、璏和珥、云乳纹镡首等。也有仿玉作殓身含口用白琉璃制成蝉形的。汉代且更进一步比较大量烧成大小一般蓝绿诸色珠子，用作帐子类边沿璎珞装饰。武帝的甲乙帐，部分即由这种人造珠玉做成。到唐代才大量普遍应用到泥塑佛菩萨身体上，以及多数人民日用首饰上和部分日用品方面。至于名称依旧没有严格区分。大致珠子或半透明的器物类，通称"琉璃"，透明的才叫"玻璃"。事实上还常常是用同类材料做成的。又宋代以后，还有"药玉""罐子玉"或"硝子""料器"等名称，也同指各色仿玉玻璃而言。外来物，仅大食贡物即有"玻璃器""玻璃瓶""玻璃瓮""碧—白琉璃酒器"等名目，而彩釉陶砖瓦，这时也已经正式叫作琉璃砖瓦。《营造法式》一书中，且有专章记载它的烧造配料种种方法。

在中国西部发掘的四千年前到六千年间新石器时代晚期墓葬中，已发现过各种琢磨光滑的小粒钻孔玉石，常混合花纹细致的穿孔蚌贝、白色的兽牙，编成组列作颈串装饰物。在中国河南发掘的约三千二百年前青铜器时代墓葬中，除发现大量精美无匹的青铜器和雕琢细致的玉器，以及镶嵌绿松石和玉蚌的青铜斧、钺、戈、矛等兵器，还发现许多釉泽明莹的硬质陶器。到西周敷虾青釉的硬质陶，南北方均有发现。这时期由于冶金技术的进展，已能有计划地提炼青铜、黄金和铅，并学会用绿松石镶嵌，用朱砂做彩绘。由于装饰品应用的要求，对玉石的爱好，以及矽化物烧造技术的正确掌握，从技术发展来看，这时期中国工人就有可能烧造近于玻璃的珠子。至晚到两千八九百年前的西周中期，有可能在妇女颈串装饰品中发现这种人造杂色玉石。惟西周重农耕，尚俭朴，这种生产品不再实用，因而在农奴制社会中要求不广，生产品即使有也不会多。到两千四五百年前的春秋战国之际，由于铁的发现和铁工具的广泛使用，生产有了多方面的进步，物质文化各部门也随同发展。襄邑出多色彩锦，齐鲁出薄质罗纨，绮缟细绣纹已全国著名。银的提炼成功和鎏金鎏银技术的掌握，使得细金工镶嵌和雕玉艺术都达到了高度水平。金银彩绘漆器的大量应用，更丰富了这一历史阶段工艺的特色。在这时期的墓葬中，才发现各种品质纯洁、花纹精美的珠子式和管状式单色和彩色玻璃制品。重要出土地计有西安、洛阳、辉县、寿县、长沙等处。就目前知识说来，内容大致可以分成三大类：一、单色的，计有豆绿、明蓝、乳白、水青各式。二、复色的，计有蓝白、绿白、绿黄、黑白两色并合及多色并合各式，近于取法缠丝玛瑙和犀毗漆而作。特别重要的是一种在绿蓝白本色球体上另加其他复色花纹镶嵌各式。这一品种中又可分平嵌和凸起不同的技术处理。三、棕色陶制球上加涂彩釉，再绘粉蓝、银白浅彩的。这一类也有许多种不同式样。这些色彩华美鲜明的工艺品，有圆球形或多面球形，又有管子式和枣核式，圆球形直径大过五公分[1]以上的，多属第三类彩釉陶球，上面常用粉彩做成种种斜方格子花纹图

---

1 公分：公制长度单位，亦称"厘米"。

案，本质实不属于玻璃。一般成品多在直径两三公分。其中第二类加工极复杂，品质也特别精美，常和金银细工结合，于金银错酒器或其他器物上如青铜镜子，做主要部分镶嵌使用。或和雕玉共同镶嵌于金银带钩上（图五十二），或单独镶嵌于鎏金带钩上（如故宫所藏品），也有用在叁带式漆器鎏金铜足上的（如中国历史博物馆藏的奁足）。以和金玉结合做综合处理的金村式大罍和镜子艺术成就特别高。从比较材料研究，它在当时生产量还不怎么多。另有一种模仿"羊脂玉"做成的璧璜，

图五十二
战国魏　鎏金嵌玉镶琉璃银带钩，中国国家博物馆藏

和当时流行的珍贵青铜玉具剑的剑柄及漆鞘中部的装饰品，时代可能还要晚一些；早可到战国，晚则到西汉前期。品质特别精美纯粹的，则应数在河南和长沙古墓出土的蓝料喇叭花式管状装饰品。过去以为这是鼻塞或耳珰，现已证明这是串珠的一部分，时间多属西汉。又长沙曾出土一纯蓝玻璃矛头，还是战国矛头式样。广东汉墓又发现两个蓝料碗和整份成串纯净蓝色珠子，其中还有些黄金质镂空小球。

近年来这部门知识日益丰富，两千年前汉人墓葬遗物中玻璃装饰品的出土范围越发普遍。除中原各地，在西南的成都、南方的广州，以及东南的浙江和东北、西北边远的内蒙古、新疆、甘肃各个地区，都有品质大同小异的实物出土。小如米粒的料珠，也以这个阶段坟墓中出土的比较多。惟第二类复色的彩料珠，这时期已很少见。至于彩釉陶珠则更少。原来这时节中国釉陶用器已全国使用，如陕西、河南、河北、山东之翠绿釉、广东、湖南之青黄釉，长江中部各地之虾背青釉，以及长江下游江浙之早期缥青釉都达到成熟时期。并且有了复色彩釉陶，如陕西斗鸡台出黄釉上加绿彩。出土料珠一般是绿蓝水青单色的。其中具有代表性的应数长沙和洛阳出土，长度约三公分小喇叭式的蓝色料器和一九五四年在广州出土的大串蓝料珠子。

湖南出土的品质透明纯净玻璃矛头和广东出土的两只玻璃碗（图五十三），格外重要。因为可证明这时期工人已能突破过

图五十三

西汉 玻璃碗，中国国家博物馆藏

去限制，在料珠以外能烧成较大件兵器和饮食器。

由于海外文化交流的发展，汉代或更早一些时期，西北陆路已经常有大量中国生产的蚕丝和精美锦绣，外输罗马、波斯和中近东其他文明古国，并吸收外来物质文化和生产技术。这种玻璃生产品，除中国自造外，技术进展自然也有可能是由于外来文化交流的结果，并且还有可能一部分成品是从南海方面其他文明古国直接运来的。因《汉书·地理志》载黄支诸国事时，就提起过武帝时曾使人"入海市明珠璧流离（琉璃）"，又《西域传》也有"罽宾国出璧琉璃"语，《魏略》则称"大秦国出赤、白、黑、黄、青、绿、绀、缥、红、紫十种流离"。但从出土器物形式，如作云乳纹的璧、白料蝉、浮雕子母辟邪的剑饰、战国式的矛头等看来，可以说这部分实物，是只有在国内才能生产的。晋南北朝以来翻译印度佛经，更喜欢用"琉璃""玻璃"等字词。因此过去中国历史学者受"中国文化西来说"的影响，多以为中国琉璃和陶器上釉的技术，都是外来物，而且时间还晚到汉魏时期。近年来有新的殷周釉陶器的发现，晚周及汉代大量精美玻璃实物的出土（图五十四），以及数以万计墓葬材料的陆续出土，已证明旧说见解实不正确。

现在我们可以比较肯定地说，中国工人制造玻璃的技术，由颗粒装饰品发展而成小件雕刻品，至晚在两千二百年前的战国末期已经完成。再进一步发展成日用饮食器物，两千年前的西汉也已经成功。战国古墓中，已发现有玉色琉璃璧和玉具剑柄，以及剑鞘上特有的玻璃装饰物品。汉代墓中发现了死者口

图五十四
西汉 嵌平板玻璃铜牌饰件，广州南越王墓出土

中含着的白琉璃蝉，广东汉墓已经发现琉璃碗。魏晋时人作的《西京杂记》《汉武故事》《飞燕外传》和三国的《胡综别传》，如记载还有一部分可靠性，则早到西汉，晚到三国时期，还使用过大片板状琉璃制成的屏风。虽然这时期小屏风做蔽灯用的还不过二尺见方（见《列女仁智图》），用于个人独坐的，也不过现在的三尺大小（见彩箧冢所得彩漆箧上绘孝子传故事），然而还是可以说明板玻璃已能有计划烧出。换言之，即中国板玻璃的应用，时间有可能也早过两千年前。三国以后诗人著作中，已经常提起琉璃器物，如著名叙事诗《孔雀东南飞》就说及琉璃榻、傅咸文中曾歌咏琉璃酒卮，其他还有琉璃枕、琉璃砚匣、琉璃笔床各物。又著名笔记小说《世说新语》内容多是辑录魏晋人杂传记而成，其中记"满奋畏风，在晋武帝坐；北窗作琉璃屏，实密似疏，奋有难色"。又记王济事，称济为人豪侈，饮馔多贮琉璃碗器中。石崇、王恺斗富为人所共知，如为三尺高珊瑚和数十重锦步障，其实也谈起琉璃碗事。可知西晋以来已经有相当多的产量。惟记载未说明出处，是来自南海或得自西域，抑或本国工人烧造，未可得知。

西晋末年，因西北羌胡诸游牧氏族侵入中国汉族文化中心的长安、洛阳，战事并继续发展，中国国土因此暂时以长江为界，分裂成两个部分，即历史中的南北朝时期。在长江以北，游牧民族军事统治者长时期的激烈斗争，使重要的生产文化成就多遭受严重破坏。琉璃制造技术，也因此失传。直到北魏拓跋氏统一北方后，才又恢复生产，《北史》称："太武时，其国人商贩京师（指洛阳），自云能铸石为五色琉璃。于是采矿山中，于京师铸之。既成，光泽乃美于西方来者。乃诏为行殿，容百余人。光色映澈。观者见之，莫不惊骇，以为神明所作。自此，国中琉璃遂贱，人不复珍之。"由此可知彩色琉璃的烧造技术在北方确曾一度失传。到此又能大量烧造平板器物，直接使用到可容百人行动的大建筑物中。这类活动建筑物虽然已无遗迹可寻，但在同时期墓葬中，却有重要实物发现。新中国成立后，在河北景县封姓五座古墓发掘中，除得到大量具有时代特征的青釉陶瓷外，还得到两个玻璃碗，一个蓝色，一个浅绿色，现陈列于北京的中国历史博物馆。这种碗当时似为服长生药所用，晋代人有称它为"云母碗"的。

这时期南方生产已有进一步发展，绿釉瓷的烧造也达到了完全成熟期。薄质丝绸和新兴造纸，更开始著闻全国。文献记载中虽叙述过用琉璃做种种器物（如庾翼在广州赠人白，似即白色料器），由于制作技术究竟比较复杂，并且烧造技术仅掌握在少数工人手里，成品虽美观，还是远不如当时在江浙能大量生产的缥青色釉薄质瓷器切合实用。又因政治上经过剧烈变化，正和其他文化成就一样，玻璃无法进一步发展，关于实物品质形式的知识我们也知道不多。这个时期正是中国佛教迷信极盛时期,统治者企图借宗教来麻醉人民的反抗意识,大修庙宇,照史书记载,北朝统治者曾派白整督工七十万人修造洛阳伊阙佛寺。南朝的首都金陵相传也有五百座大庙,北朝的庙宇则有一千三百多个。此外还有云冈、敦煌、麦积山、天龙山、洛阳、青州、巩县等石窟建筑群。这时期的佛像以土木雕塑而成,而且都经常使用各色珠玉宝石、琉璃作璎珞装饰物。试从现存洞窟壁画雕塑装饰,如敦煌壁画近于斗帐的华盖、藻井部分边沿的流苏来看,还可想象得出当时彩琉璃珠的基本式样及其应用情形。隋代政府收藏的书画卷轴,照史志记载,也有用各色琉璃作轴头的。隋仁寿时李静训墓中几件水绿色玻璃器,是目前为止出土文物中最能说明当时生产水平的几件实物。《隋遗录》记载中提及的宫中明月珠,有可能即为如宋人笔记小说所说的一种白色新型大琉璃灯。所不同处,只是隋代还当成宫中奇宝,宋代则已为商店中招徕主顾之物。《隋书·何稠传》称曾发明绿瓷,历来学者多据这点文献材料,说绿瓷成于何稠。如以近年出土文物判断,绿釉瓷早可到东汉永元,白瓷倒只在隋代初次出现,透明绿琉璃也在这一历史阶段到达成熟期。

唐代由于社会生产力的发展,琉璃制作也有了新的发展。庙宇殿堂雕塑装饰更扩大了彩色琉璃的需要,根据《唐会要》和《唐六典》记载,除由政府专设"冶局"主持全国庙宇装饰及佛像的琉璃生产外,日用器物中琉璃的使用,也日益增多。

唐诗人如李白等，每用豪迈愉快的感情歌颂现实生活时，提及西凉葡萄酒必兼及夜光杯或琉璃钟，此外琉璃窗、琉璃扉也常出现于诗文中。惟多近于从《艺文类聚》中掇拾《西京杂记》等文作辞章形容，不是事实。因直到晚唐苏鹗《杜阳杂编》记元载家红琉璃盘，还认为是重要宝物，可知珠玑易烧，大件瓶盘还不多见。又《唐六典》卷四说："平民嫁女头上金银钗许用琉璃涂饰。"《唐六典》完成于天宝年间，可知当时一般小件琉璃应用的普遍程度。不过作器物的特种彩色琉璃，似乎依旧不怎么多。直到宋代，真腊贮猛火油和其他外来蔷薇露，还特别记载是用玻璃瓶贮藏，记大食传入中国贡品时，也曾提及许多种玻璃器。可知中国工人还未掌握这种烧造技术。这问题如孤立地从技术发展上来认识，是不易理解的，甚至于因此会使人对于战国、汉代以来琉璃生产的成就产生怀疑。但是如联系其他部门生产情形看，就可知道这种情况倒是十分自然的事。唐代瓷器的烧造，品质已十分精美。河北邢州的白质瓷器和江南越州的绿釉瓷器生产品不仅具全国性，而且有大量成品向海外各国输出。又中国丝绸锦缎，原来就有一个更久远的优秀传统。发展到唐代，薄质纱罗由汉代的方孔纱到唐代的轻容、鲛绡，更有高度的进步。生产的发展和社会多数应用的要求有密切关系，玻璃和陶器比较，技术处理远比陶器困难，应用价值却又不如陶器高，这是当时透明琉璃不容易向应用器物发展的原因。玻璃与薄质纱罗等纺织物比较，也是如此。薄纱中"轻容"，诗文中形容或称"雾縠"，显示质地细薄，已非一般人工可比。由于这类轻纱薄绢的生产，既结实又细致，甚至于影响到中国造纸工业的进展。例如五代以来虽有澄心堂纸的生产，但在绘画应用上，却始终不能全代替细绢的地位。一般做灯笼、糊窗槅子，用纱罗早成社会习惯，而且在使用时具有种种便利条件，价值更是远比玻璃低贱，这是使平板玻璃在唐代不容易得到发展的又一原因。因此直到晚唐《邺侯家传》称代宗时岭南进九寸琉璃盘，又权臣元载家有径尺红琉璃盘，都认为是难得宝物。唐代重灯节，每到正月元宵全国举行灯节。当时政府所在地的长安灯节，更是辉煌壮观。据《朝野佥载》叙述，睿宗和武则天时灯有高及十丈延续百丈的。这种成组列的灯彩，个体多做圆形或多面球形的骨架，用薄纱糊就，画上种种花纹，灯旁四角还点缀种种彩色流苏珠翠。琉璃的使用，是作为灯旁装饰，灯的主要部分还是用纱。借此可知某一部门的生产，常常和其他部门生产相互制约，有些还出于经济原因。唐代镜子工艺可说是青铜工艺的尾声，然而也是压轴戏，许多作品真可说近于鬼斧神工，达到金属工艺浮雕技术最高水平。并且已经大量使用金银薄片镶嵌在镜子背面，制作了许多华丽秀美的高级艺术品外，还曾用彩色琉璃镶到镜子背上，得到非凡成功。可是却没有工人会想到把这种琉璃磨光，设法涂上磨镜药，即可创造出玻璃镜子。这种玻璃镜子直到一千年后才能产生出来，结束了青铜镜子的历史使命。仔细分析，还是受条件制约，即当时铸镜工艺优秀传统，已成习惯，而且十分经济，才不会考虑到还有其他更便宜的材料可以代替。

1960 年 1 月发表于《美术研究》

螺钿工艺试探

这个草稿应属于古代漆工艺史部分，举例虽较简略，还有代表性，提法也较新，可供漆工艺史或工艺史参考。

作者陈列说明，某一时期漆器或镶嵌器也应分明它前后有什么联系，从发展上说才有道理，孤立即无话可说。

——作者题于原稿封套

一　螺钿工艺的前期和进展

近年来，工艺美术品展览会中，观众经常可见到一种螺蚌类镶嵌工艺品，一般多使用杂色小螺蚌，利用其本来不同色彩及不同种类拼逗黏合而成花鸟山水，有的从赏玩艺术出发，做成种种挂屏、插屏、盘盒，有的又从日用目的出发，专做烟灰碟和其他小玩具，或精工美丽，或实用价廉，在国内外展出，都相当引人注意，得到一定好评。我国海岸线特别长，气候又温和适中，螺蚌种类极多，就原料说来，几几乎[1]取之不尽，用之不竭。因此由广东到东北，沿海各都市工艺美术研究所，对于这一部门工艺生产，如何加以发展，是个值得注意研究的问题。特别是这种取之不尽的原料，如能较好地和沿海几个都市同样富裕的童妇劳动力好好结合起来，它的前途实无限美好，将在旧有的螺钿工艺中，别出蹊径，自成一格，在赏玩艺术、实用艺术和玩具艺术生产中，都必然有广阔天地可供回旋。

在新的工艺品展览中，在文物艺术博物馆中，在人大礼堂各客室和其他公共花园及私人客厅里，我们又经常可看到用薄薄蚌片镶嵌成种种山水、花鸟、人物故事画面的挂屏、插屏、条案、桌椅、衣柜、书架及大小不同的瓶、盒、箱、匣，不论是家具用具还是陈设品，花纹图案多形成一种带虹彩的珍珠光泽，十分美丽悦目。这些总名叫"螺钿"器，做得特别精美的，上面还加有金银或和金银综合使用，则名叫"金银嵌软螺钿"。若系径寸大切磨略粗的蚌片，镶嵌较大面积的花纹到箱柜上的，名叫"硬螺钿"。这种蚌片如在玉石象翠杂镶嵌上占有一部分位置的，则称"杂宝嵌"。前者多精细秀美，后者却华丽堂皇，各有不同艺术成就。这些工艺品产生的年代，一般

1　几几乎，为"犹几乎"之意，沈从文先生在文章中常用此词。

说来，较早可到唐代，已达很高艺术水平；最多的为明清两代，是全盛期也是衰落期。这个以蚌片为主的工艺品种，照文献记载，虽成熟于唐代，其实源远流长，属于我国镶嵌工艺最古老的一种。但是又和新近出现的嵌贝工艺，实同一类型，关系十分密切。因为同样是利用海边生物甲壳作为原料来进行艺术加工，成为赏玩陈设美术品或日用品的。它不仅丰富美化了人民文化生活的内容，也代表我国工艺品部门艺术成就，在世界美术博物馆镶嵌工艺陈列品中占有一定地位，十分出色，引人注目。

螺钿原属于镶嵌工艺一部门，主要原料是蚌壳。一般多把蚌壳切磨成薄片、细丝，或切碎成大小不同颗粒，用种种不同技术，镶嵌于铜木漆器物上，这与漆工艺进展关系格外密切。但其应用和做法以及花纹图案，却又在不断发展变化中，因此于历史各个阶段里，各有不同成就。即或同一时代，也常因材料不同，器物不同，艺术要求不同，做出各种不同艺术表现。例如同属明代螺钿器，大型家具如床、榻、箱、柜、椅、案和案头陈设插屏，以及大小盘盒，就常常大不相同。有时甚至于把这些东西放在一处，即容易引起误会，以为"螺钿"若指的是这一种，其他就不宜叫作螺钿。也有器物大小差别极大，加工技法和艺术风格又极其相近的。前者或出于地方工艺特征，例如山西、广东、江苏及北京生产就不一样。即或采用的是同一主题画，山西用大蚌片在木制衣箱柜门上镶嵌大折枝牡丹图案，底子不论红黑，一般多不推光，花样也以华丽豪放见长。至于苏式条案，这一丛牡丹花却多做得潇洒活泼，具迎阳含露清秀媚人姿态，漆面且镜光明澈可以照人。至于用小说戏文故事题材做的小件盘盒，艺术风格不同处就格外显明。但也有由于个人艺术成就特别突出，影响到较多方面、较长时期生产，令人一望而知这是某某流派的。例如明代苏州艺术家江千里，一生专以做金银嵌软螺钿小件器物著名，小只寸大杯子，三寸径小茶碟，大不过径尺插屏盒子，并且特别欢喜作《西厢记》故事（有的人且说他一生只作《西厢记》故事）。由于他艺术精深，影响到明清两代南方螺钿制作风格，大如床榻、桌案，小如砚匣、首饰箱、杯盘，形成"江千里式"。这和张成、杨茂做的剔红漆器，杨埙做的描金倭漆，都同样产生极大影响。除此以外，还有时代因素，也会影响到生产器物和艺术风格。比如唐代铜镜背面和琵琶、阮咸背面，都有螺钿做成的，以后即少见。清代到乾隆以后，玻璃镜子和其他小幅插屏画绣，都流行用螺钿框子，因此京苏也多仿效。道光以后，卧室堂房家具流行红木嵌螺钿，因此广东、江苏生产大量嵌螺钿的家具。从镶嵌工艺应用范围说来，我们还没有发现历史上有比螺钿工艺在应用上更广泛的。

我们若想知道这部门工艺美术品种较详悉，明代漆工艺专书《髹饰录·坤集》中曾记载下许多不同名目，反映得相当具体。明代权臣严嵩被抄家时，还留下个家产底册，名叫《天水冰山录》，也列举了好些螺钿家具材料。若把这两个文献记载结合故宫现有大量螺钿器和其他大博物馆收藏实物，以及被帝国主义者豪夺巧盗流失海外的实物图片加以综合，有关这部分工艺美术知识，显然将丰富扎实许多。

螺钿工艺的起源和进展，与蚌器的应用分不开。由应用工具进而为艺术装饰，又和玉石情形大体相同，都可说是"由来已久"。所以在镶嵌工艺中，名称虽不古，事实上出现却较早于其他镶嵌工艺。蚌器的应用，是在新石器时代，被某些地区、某些部落当成利于刮削的简便合用的辅助工具。锯类的出现，有两个来源：在西北某些地区为细石片镶嵌于骨柄上做成；中原或南方某些地区，最早便是用蚌壳做成。由于原料易得，因此在新石器时代，成为辅助生产工具。由于光泽柔美，且容易处理，因此在青铜时代，有机会和玉石同样，转化为镶嵌装饰工艺原料，施用于建筑和其他器物方面。这自然只是一种"想当然尔"的说法，但和事实相去必不太远。

试从出土古文物注意，我们即得知殷商时，由于青铜工艺的进展，雕文刻镂的工艺也随同工具的改变而得到长足进展，代替了延续数千年的彩绘艺术，而取得许多新成就。青铜器母范代表了当时刻镂工艺的尖端，此外骨类的刻镂成就，也比较突出。玉石用双线游丝碾的做法，也是划时代成就（且直到战国，技术上犹未超过）。为进一步追求艺术上的华美效果，利用各种不同原料的综合镶嵌艺术，因之应运而生，反映到工艺各部门，特别是几个主要部门，成为奴隶社会上层文化美学意识的集中反映。较原始的情形，我们还无从得知。我们能接触到的，还只是青铜文化成熟期，在青铜器上的镶嵌工艺。主要加工材料是绿松石、美玉和骨蚌片。可能还有些其他混合油漆矿物粉末彩料。为什么恰好选这几种材料作镶嵌原料？试加分析，即可知这也并非偶然事情。玉和骨蚌的性能，都是古代工人由于工具利用十分熟习的材料，而绿松石却是青铜原料一部分。这些材料有时综合使用，有时单独使用，全看需要而定。比如玉戈、玉矛、玉斧钺、玉箭镞，多是主要部分挑选青白美玉，却用青铜作柄，柄部即常嵌绿松石颗粒拼成的花纹图案。反映漫长石器时代已成过去，因而从石料中挑选出光泽莹润、温美难得的玉类，加以精工琢磨，作为象征性兵器而出现。这种兵器一部分在当时也有可能还具实用价值，正如《逸周书·克殷解》所叙述，武王当时得反戈群众和西南八个兄弟民族共同努力打败了纣王，纣王在鹿台自杀后，武王还用玄钺素钺亲自动手把这个大奴隶主的头砍下悬旗示众，表示天下归于姬周。但这种兵器一般只是象征尊贵与权威，制作美丽重于实用却十分显明。还有一类主要部分全用青铜，只器身和柄部花纹图案用绿松石镶嵌的，除上述的几种兵器外，尚有一种弓形带铃器（可能是盾类装饰），随身佩带小刀及车马具，以及部分礼器与乐器。还有完全把玉石退缩到附属地位，和绿松石、蚌壳位置差不多的，例如有种大型青铜钺，刃面阔径将达一尺，中心部分有个二寸大圆孔，孔中即常镶嵌一个大小相等小玉璧，璧中有一小孔，孔中又再嵌一绿松石珠，其他柄部、刃部有花纹处也满嵌绿松石。这类兵器照文献记载，是历来在最高统治者或主兵权的手中掌握，象征尊严和权威的（汉代将帅的黄钺和后来的仪锽，都由之而来）。蚌类和青铜器结合，也只是在这类斧钺中发现过。最多是在另一方面，和漆木器物的结合。

从大量材料分析可知，商代青铜镶嵌工艺，主要是用绿松石做成的（部分可能使用油漆混合其他矿物粉末彩料填嵌，因为兵器类有许多凹陷花纹，还留下些残余物质）。所得到的艺术效果，实相当华美鲜明。很多器物虽经过了三千多年，出土后还保存得十分完整。至于焊接药料是和后来金工那样，是用明矾类加热处理，还是用胶漆类冷处理，这些问题尚有待金工专家进一步做探讨。青铜斧钺孔中也还有用摁入法镶嵌可以活动的部分，这一点从开孔内宽外窄的特点可以知道。

从青铜器镶嵌工艺看来，它是个重点工艺，却不是孤立存在的事物。铜陶石刻容器的形状，或本于动植原形，如鸱尊兕觥；或本于竹木器，如籩簋笾豆。除容器外，当时竹木器应用到各方面也是必然事情。兵器必附柄，乐器得附架，礼器、食器势宜下有承座而上有盖覆。此外收藏衣物和起居坐卧用具，都得利用竹木、皮革，由于青铜工具的出现，竹木器物工艺上更必然得到迅速进展，扩大了彩绘刻镂加工的范围。镶嵌工艺使用到竹木器上的情况也必然随同出现或加多。用青铜作为附件的用具也会产生。至于骨蚌类用于竹木器物上增加艺术上的美观，自然就更不足为奇了。我们说骨蚌类使用于青铜器方面虽不多，一起始即和漆木器有较密切的联系，这种估计大致是不会太错的。在来源不明的殷商残余遗物中，经常发现有大量方圆骨片，一面打磨得相当光滑，一面却毛毛糙糙，且常附有些色料残迹。另外有种骨贝情形也多相同。若非全部都是钉附于衣服或头饰上遗物，有可能当时是胶合黏附于器物上的，而且它当时并非单独使用，是和其他彩绘刻镂综合应用的。

安阳侯家庄大墓出土遗物中，还留下二十余片高约一尺宽近二尺的残余彩绘花土，上面多用朱红为主色，填绘龙纹兽纹，龙纹图案结构和铜盘上情形相似，多盘成一圈，兽纹则和武官村墓大石磬虎纹极其相近（记得辉县展览时，也有这么一片朱绘花纹，时代可能比安阳的早一二世纪）。在这类材料花纹间，就还留存些大径寸余的圆泡状东西，或用白石或用蚌片做成，上刻三分法回旋云文（即一般所谓巴文），中心钻一小孔，和其他材料比较，且可推知小孔部分尚有镶嵌，若不是一粒绿松石，便是其他材料。因为一般骨笄上刻的鸟形眼孔和青铜钺上、玉璧中、蚌泡的中心，加嵌绿松石具一般性。

这种圆泡状蚌饰，在古董商店代售零散遗物中相当多，由于习惯上少文物价值，所以无人过问。既少文物经济价值，也不可能作伪。究竟有什么用处，还少专家学人注意过。考古工作者既未注意，一般谈工艺美术的又不知具体材料何在。事物孤立存在，自然意义就不多。但一切事物不可能会孤立存在。试从商代青铜器、白陶器做的尊、罍、敦、簋、盘、斚、爵等略加注意，会发现几乎在各种器物肩部，都有完全近似的浮沤状装饰，三分法云纹虽有作四分的，基本上却是一个式样，才明白这个纹样在商代器物上的共通性。这些蚌片存在也并非孤立。从形状上说最先有可能仿自纺轮，从应用上说较早或具有实用意义，把带式装饰钉固到器物上，增加器物的坚固性。特别是在木器上使用时，先从实用出发，后来反映到铜陶上才成为主要装饰之一种。从铜陶上得知这类圆形蚌器曾用在圆形器物的一般情形，从朱绘花上又得知用在平面器物上情形，从青铜斧钺上且知道还使用到两面需要花纹的器物上情形。

尽管到目前为止，有权威性专家还抱着十分谨慎的态度，不能肯定那份朱绘残痕为当时彩绘漆器证明，且不乐意引用《韩非子·十过》中传说的朱墨相杂的漆器使用于尧舜，对于商代有无漆器取保留态度。但事实上漆的应用，却必然较早于商代（图五十五），而成熟于新石器时代，由长时期应用而得到进展的。

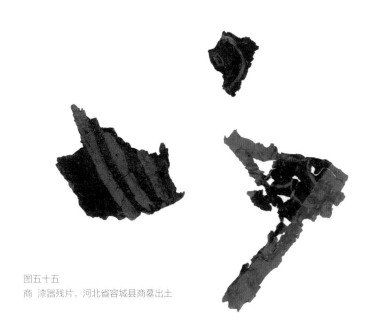

图五十五
商 漆器残片，河北省容城县商墓出土

在新石器时代或更早一些，人类和自然斗争，由于见蜘蛛结网得到启发，学会了结网后，捕鱼狩猎加以利用，生产方面显然得到了一定进展。用草木纤维做成的网罟类，求坚固耐久，从长期经验积累中，必然就会发现，凡是和动物血浆接触，或经过某种草木液汁浸染过的，使用效能即可大增。这类偶然的发现，到有意识地使用，成为一定知识，也必经过一个时期。此外石器中由小小箭镞到大型石斧，都必须缠缚在一种竹木附件上，使用时才能便利，求缠缚坚固，经久不朽，同样要用血浆和草木液汁涂染。漆的发明和应用，显然即由于这种实际需要而来。至于成为艺术品还是第二步。这也正和我们蚕桑发明一样，如《尔雅》叙述，古代曾经有个时期，为驯化这种蠕虫，曾利用过桑、柞、萧、艾等不同草木。后来野生蚕只有柞蚕，家养蚕以桑蚕为主，同样是经过人民长时期共同努力的结果，不可能是某某一人忽然凭空发明。漆的发明过程也不例外。

所以我们觉得，在青铜文化高度发达的商代，还不会使用漆器，漆工艺还不能得到相应进展，是说不过去的。它的发明与应用只能早于青铜工艺成熟期，而不可能再晚。

商代这种圆泡状蚌饰，大致有两种不同式样，一种作◁▷式，一种作◁▷式，由于应用不同而形状不同。前者多平嵌于方圆木漆器物上或平板状器物上，后者则嵌于青铜钺上。现存故宫和其他博物馆这类蚌器，在当时使用，大致不出这两个方面。这是目前所知道的较早螺钿。

这个工艺在继续发展中，从辛村卫墓遗物得知，圆泡状蚌饰还在应用，另外且发现有嵌成长方形转折龙纹的。又这时期当作实物使用的蚌锯、蚌刀已较少，只间或还有三寸长蚌鱼发现，它和玉鱼相似，或直或弯，眼部穿孔，尾部做成薄刃，有一小切口，还保留点工具形式，事实上只是佩戴饰物。玉鱼到春秋战国转成龙璜，蚌鱼便失了踪。失踪原因和其他材料应用有关，和生产进展有关。

文献中材料涉及螺钿较重要而具体的，是《尔雅》释器部分解释弓矢，说弓珥用玉珧为饰，考古实物似尚少发现。从其他现存残余文物中，也未见有近似材料可以附于弓珥的。事实上蚌类器材饰物在春秋战国时已极少使用，主要原因是社会生产进展，工艺上应用材料也有了长足进展。金属中的黄金，在商代虽已发现薄片，裹于小玉璧上，到这时却已把这类金属剪成龙凤形象，捶成细致花纹，使用于服饰上。又切镂成种种不同花纹，镶嵌于青铜器物上，较早还只在吴越特种兵器上出现，随后则许多地方都加以应用，大型酒器也用到。人民又进一步掌握了炼银技术，制成半瓢形酒器，或和黄金并用，产生金银错工艺。人民又学会了炼砂取汞的技术，因此发明了鎏金法，并能把金银做成极细粉末，用作新的彩绘原料。雕玉方面则由于发现了高硬度的碾玉砂，不仅能切割刻镂硬度较高光泽极美的玉石，且能把水晶玛瑙等琢磨成随心所欲的小件装饰品。到战国以来，由于商品交易扩大范围，中原封建主为竞奢斗富，不仅能用南海出的珍珠装饰在门客的鞋上，并且还可以由人工烧造成各种彩色华美、透明如玉的琉璃珠，作为颈串或镶嵌到金铜带钩及其他日用器物上去。有的且结合种种新发现材料，综合使用，做成一件小小工艺品，如信阳、辉县等地发现的精美带钩，见出当时崭新的工艺水平。相形之下，蚌类器材在装饰艺术中，可说已完成了历史任务，失去了原有重要位置，由此失踪就十分平常而自然了。

二　螺钿工艺的进展

螺钿工艺在美术中重新占有一个位置，大致在晋南北朝之际，而成熟于唐代，盛行于唐代。特别是在家具上的使用，或在这段时期，直延续到晚清。

照文献记载，则时代宜略早一些，或应在西汉武帝到成帝时，因为用杂玉石珠宝综合处理，汉代诗文史传中均经常提起过。宫廷用具中如屏风、床榻、帘帷、香炉、灯台和其他许多东西，出行用具如车辇、马鞍辔……无不有装备得异常奢侈华美。出土文物中，也发现过不少实物可以证明。例如故宫所藏高过一尺、半径过一尺的鎏金大铜旋，器物本身足部和承盘三熊器足，就加嵌有红绿宝石和水晶白料珠子等。其他洛阳各地出土器物，镶嵌水晶、绿松石和珠玉的也不少。前几年，江苏曾发现过一个建筑上的黑漆大梁板，上嵌径尺青玉璧，璧孔如嵌一径寸金铜泡沤，上还可承商代斧钺衔璧制度，联系近年洛阳西汉壁画门上横楣联璧装饰，可以对于《汉书》中常提到的汉代宫殿布置"蓝田璧明月钉"叙述，多有了一分理解，得到些崭新形象知识，为历来注疏所不及。汉代官工漆器物中，除金扣黄耳文杯画案外，还有剪凿金银薄片成鸟兽人物骑上舞乐，平嵌在漆器上的。金银、珠玉、绿松石、红宝石、水晶、玛瑙及玕瑶，均有发现，只蚌片实少见。主要原因不是原料难于技术加工，可能还是原料易得，不足为奇。

杂宝嵌工艺在晋及南朝得到进展，大致有三个原因：一出于政治排场。晋朝《舆服志》《东宫旧事》《邺中记》及《南齐书·舆服志》，即有一系列关于这方面的记载。二出于宗教迷信。由《三国志·陶谦传》到《魏书·释老志》《洛阳伽蓝记》和王劭《舍利子感应记》，以及南北朝的史志传中许多记载，都提到这一历史阶段。由于南北朝统治者愚昧无知，谄佞神佛，无限奢侈靡费情形，魏晋时托名汉人遗著几个小说，和时代相去不多的《神仙传》《拾遗记》，内容所载人物事迹虽荒唐无稽，美而不信，但记载中有关服食起居一部分东东西西，却和汉代以来魏晋之际物质文化工艺水平有一定联系，不是完全子虚乌有，凭空想象得出。三为豪门贵族的竞奢斗富的影响。如《世说·汰侈篇》及南北朝的史志传记载，和当时诗文、歌咏，无不叙述到这一时期情形。西晋以来，工艺方面进展的重点似均在南方。如像绿色缥青瓷的成熟，绿沉漆的出现，纺织物则有紫丝布、花练、红蕉布、竹子布，无不出于南方。北方除西北敦煌张骏墓的发掘，传说曾出现过大量玉器，且有玉乐器、玉屏风等物出土，此外似只闻琉璃制作由胡商传授，得到新的进展，大有把玉的地位取而代之之势。夹纻漆因作大型佛像，也得到发展。其余即无多消息。关于雕玉，南方更受原料来源断绝影响，不仅无多进展，且不断在破坏中。如金陵瓦棺寺天下闻名三绝之一的玉佛，后来即不免供作宫廷嫔妃钗鬓而被捶碎。加之由于神仙迷信流行——用玉捣成粉末服食可以长生的传说，成为一时风气，葛洪启其端，陶弘景加以唱和，传世玉器因此被毁的就必更多！（这也就是这一时期南北朝殉葬物中均少发现玉器的另外一个原因。）当时琉璃已恢复生产，而且得到进一步发展，也可说即由于代替玉的需要而促成。当时豪族巨富如石崇，聘绿珠为妾用珍珠三斛。另一妾翾风，则能听玉声，辨玉色，定品质高下。他和王恺斗富争阔时，提及的却是紫丝布、珊瑚树一类南方特产，且力趋新巧，以家用待客的饮食器物全部是琉璃制成为得意。（这种琉璃碗有时又称云母碗，专为服神仙药而用，近年在河北省景县封氏墓出土两件。）

外来文化的影响，也起了一定作用。因为许多杂宝名目虽然已经常在汉代辞赋中使用，至于成为一般人所熟习，还是从佛经译文中反复使用而来的，六朝辞赋中加以扩大，反映虽有虚有实，大致还是事实。例如常提到的兵器、鞍具、乐器和家具上的各种精美镶嵌，大致还近事实，且使用材料扩大到甲虫类背甲、翅膀。日本收藏文物品中，就还留下个典型标本。蚌片镶嵌既有个工艺传统，且光彩夺目，原料又取之不尽，且比较容易技术加工，和漆工艺结合，可得到较好艺术效果，螺钿重新在工艺品中占有一个位置，就不是偶然而是必然了。

它产生、存在，而实物遗存可不多，大约有三个原因：一、由于和日用漆木器结合，保存不容易。二、由于和宗教结合，历史上好几次大规模毁佛，最容易遭受毁坏。三、由于当时生产即属特种工艺品，产量本来就不大。七弦琴多称金徽玉轸，事实上琴徽最常用的是螺钿，这种乐器恰好就最难保存，何况其他特别精美的贵重器？《北史》称魏太后以七宝胡床予和尚，按佛经记载，七宝中必包括有"砗磲"，砗磲即大蚌类。

唐代把螺钿和金银平脱珠玉工艺并提，一面征调天下名工，作轮番匠至长安学习传授技术，一面又常用法律加以禁止，认为靡费人工，侈奢违法。两者都证明这个工艺品种是属于特种高级工艺而存在的。在一般制造为违法，宫廷生产却无碍。特别是用法令禁止，恰好证明它在民间还有生产，而且相当普遍，才需要用法令禁止！

从现存唐代镶嵌工艺品比较分析，和部分唐代实物遗存螺钿镜子（图五十六）、乐器和其他器物艺术成就分析，我们说在这个历史阶段是中国螺钿工艺成熟期，大致是不错的。正仓院几件遗物和近来国内出土的几件镜子及其他器物，证实了我们这个估计。这和当时佞佛关系密切，杂宝镶嵌的讲经座，《杜阳杂编》即叙述得天花乱坠。这个书记载虽多美而不信，但从另外一些文献，如韩愈《谏迎佛骨表》，以及间接形象反映，如敦煌壁画中初唐到晚唐的各种维摩变讲经座，各种佛说法图

图五十六
唐 花鸟人物螺钿镜，
中国国家博物馆藏

经座中镂金布彩情形，《杜阳杂编》有关这部分叙述，倒不算过分。实物材料之难于保存，还是和前面说到的几个原因分不开。主要还是其中第二个原因，会昌毁佛和五代毁佛，几次有意识的大变动，因之实物保留不多。

有关这一阶段的螺钿花纹，过去可说无多知识。不过一切东西不可能是在孤立情形下产生的，螺钿花纹图案也不例外，必然与其他镶嵌工艺有一定联系。如鸾含长绶、串枝宝相、鹊踏枝、高士图、云龙，一般工艺图案都惯常使用，螺钿也不例外。唐代镶嵌工艺图案有它活泼的一面，也有它板滞的一面，镜子是个最好的例子。金铜加工由于处理材料便利，就显得格外活泼，螺钿受蚌片材料限制，不免容易板滞。这自然也只是相对而言。克服由于材料带来的困难，得到更新的进展，似在宋明间，特别是明代约三百年，江南工人贡献大而多。

这个工艺进展若从分期说，<u>应说是第三期</u>。清初百年宜包括在内。

三　螺钿工艺的全盛期

宋代生产上的进展，影响到工艺普遍进展。许多日用工艺品不一定比唐代精，可是却明显比唐代普遍，陶瓷是个显著的例子，其次是丝绣，再其次就是漆工艺。唐代漆艺以襄州所产"库路真"为著名，照《唐六典》记载有"花纹"和"碎石纹"两种。"库路真"，究竟是某种器物名称，如鞍具或食具，还是漆器中某种花纹（如犀皮中剔犀或斑犀，或如东邻学人推测，与狩猎纹有关），是个千年来未解决的问题。但唐人笔记同时还说到，"襄样"漆器天下效法。既然天下效法，可见后来已具普遍性，技术加工和艺术风格，总还可从稍后材料中有些线索可寻。敦煌唐画有作妇女捧剔犀漆画雕剑环如意云的，是否即其中之一种？又传世画宋人《会乐图》，从装束、眉眼、服装看来为唐元和时期的时装，筵席间也有近似玳瑁斑漆器。从各方面材料加以分析，库路真器有可能与犀皮漆和描金漆两种关系较深。宋代临安漆器行中即有金漆行与犀皮行，可说明两个问题：一是分行生产，反映生产上的专业化。二是产量必相当多，在当时已具有普及性，不是特种工艺。

至于螺钿，则大致还属于特种产品。两宋人笔记和其他文献记漆事的甚多，有三个记载特别重要：一是《大金吊伐录》中几个文件，有个文件是关于金军围城向宋政府需索犒军金银，宋政府回答，宫中金银用器已聚敛尽罄，所用多漆器。这说明当时宫廷中除金银器外，必大量使用漆器。另一文件是关于贿赂金兵统帅礼物的，中有珍珠嵌百戏弹弓一具，证明正仓院藏唐代百戏弹弓，宋代还有制作，并且是用珍珠镶嵌而成。二是《武林旧事》记南宋绍兴年间高宗到张俊家中时，张家进献礼物节略，较重要的除织金锦为特种高级纺织物，还有两个螺钿盒子，用锦缎承垫。其所以重要或不仅是螺钿器，可能盒中还贮藏珠玉宝物。但特别指出螺钿，可见必然做得十分精工。三是南宋末贾似道生日，谄佞者进献螺钿屏风和桌面，上作贾似道政绩十事，得知当时寿屏已有用本人故事作题材应用的。详细内容艺术安排虽不得而知，但从宋时屏风式样、唐代金银平脱琴、螺钿镜人物故事处理方法，元明间螺钿漆门、几案、插屏柜等布置人物故事方法，以及宋元人物故事绘画习惯，总还可得到一种相对知识。

至于唐宋以来螺钿重新得到抬头机会，重新在美学上产生意义，另外有个原因，即由于珍珠在这个时期已成艺术中重要材料。宋代宫廷从外贸和南海聚敛中收藏了大量珍珠，照《宋史·舆服志》记载，除珠翠做凤冠首饰，椅披到踏脚垫子也用珍珠绣件。有个时期将多余珠子出售到北方时，数量竟达一千多万粒。珍珠袍服、衣裙、马具也常见于记载。直到元代，贵族还常赐珠衣。珍珠既代表珍贵和尊贵，在美学上占有个特别位置，螺钿因之也重新在工艺品中得到位置，而且应用日益广阔。

元明间人谈漆艺较具体的为《辍耕录》，《辍耕录》叙漆器做法，计四部分，黑光、朱红、鳗水、戗金银诸法，而不及螺钿。《髹饰录·坤集》，"填嵌"第七中即将"螺钿"列一专目，称一名"蜔嵌"，一名"陷蚌"，一名"坎螺"。又有"衬色蜔嵌"，"雕镂"第十又另有"镌蜔"，既属雕镂，则可知还是从唐代做法而来。又"斒斓"第十二，子目中还有综合做法，如"描金加蜔""描金加蜔错彩""描金错洒金加蜔""描漆错蜔""金理钩描漆加蜔""金双钩螺钿""填漆加蜔""填漆加蜔金银片""螺钿加金银片"等不同做法。

《天水冰山录》所载，漆家具器物中属于螺钿的有"螺钿雕漆、彩漆大八步等床""螺钿大理石床""堆漆螺钿描金床""嵌螺钿有架亭床"。仅仅床榻大器即有这么许多种，其他可想而知。

通俗读物《碎金》，也记载有许多名目，不及螺钿。《格古要论》里也说及一些问题。作者曹昭虽在明初，补充者王佐时代实较晚。王佐曾官云南，对有关云南剔红漆艺较熟悉。谈螺钿品种较详细的还是《髹饰录·坤集》中部分记载，由此得知，明代实螺钿漆制作全盛期。但现在部分时代不甚明确的遗物，有些却显明实由宋元传来。

明人笔记称元末明初南京豪富沈万三家中被抄没时，有许多大件螺钿漆器多分散于各官司里，大案大柜的制作，不计工本时日，都特别精美。又《天水冰山录》中记载权臣严嵩被抄家时，家具文物清单中，也有许多螺钿屏风、床榻。当时实物虽难具体掌握，但从现存故宫一张大床和几个大案，历史博物馆几个大柜和长案木器等看来，还可知道明代螺钿家具艺术的基本风格，技术加工不外两式：有一式用大片蚌片嵌大丛牡丹花树的，多不加金银，通称硬螺钿，历史博物馆所藏的几个大黑漆木箱，可以作为代表。特点是黑漆不退光，暗沉沉的，花朵布置也比较犷野，装饰气魄和元明间青花瓷图案还相近，制作时代可能亦相去不多远。数量不怎么多，生产地有说出于山西绛州，无正面可靠证据，但也缺少反面否定证据。另有一式即历博所藏大柜大案和故宫在新中国成立后接收的一架大床（图五十七），以及另外收购几个长案，均多用金银嵌细螺钿法，通称软螺钿，作人物故事、楼台花鸟，精工至极。部分且用漂霞屑金蚌末技法，并用大金片做人物身体。构图布置谨严细致，活泼典雅。八尺立柜，丈余长案，人物不过寸许，不仅富丽堂

图五十七
明 黑漆嵌螺钿花蝶架子床，故宫博物院藏

皇，也异常秀美精工，可称一时综合工艺登峰造极之作。惟时代过久，部分金片多已脱落，修补复原不免相当困难。

传世江千里金银嵌软螺钿，做小插屏匣盒及茶托酒盏，加工技法或即从之而出，时代则显明较晚。这些大件器物的其中一部分，是否即明人所说元明间沈万三家中物？或同样出于江西工人所作，原属严家器物？实有待进一步从器物中的花纹图案，特别是人物故事题材设计加以分析比较。但有一点可以肯定，即这类工艺进展，显然和南方工艺不可分。因为《髹饰录》作者生长地在嘉兴西塘杨汇，是南方漆工艺集中处，工匠手艺多世传其业。这本书的写成，《乾集》中部分内容虽可能本于宋人朱遵度《漆经》，《坤集》中做法品种实反映元明成就。

从加工技术说，剔红、斑犀、刷丝、戗金、雕填、螺钿，各有不同特征，比较起来金银嵌软螺钿工艺特别复杂，因此传世遗物也较少。惟从艺术成就而言，则比明代宫廷特别重视的果园厂剔红成就似乎还高一些。

四　十八九世纪的商品生产

到十七八世纪由康熙到乾隆的百年时间，漆工艺普遍得到进展，重点或在四个部分：剔红、泥金银绘、五彩戗金雕填和剔灰。第一是宫廷中的剔红器，料精工细，成就格外显著。大件器物且有高及丈余的屏风和长榻大案。第二是描金和雕填，大如屏风，小如首饰箱、镜匣、盘盒，也无不做得异常精美（图五十八）。特别是泥金，用"识文隐起"法制作的盘盒类，达到高度艺术水准。花纹图案和器形结合，成就格外突出，为历史

图五十八
清 红漆嵌螺钿百寿字炕桌，故宫博物院藏

所仅见。第三是犀皮类多色"斑犀"和"绮纹刷丝"，和雕填描金相似，举凡《髹饰录·坤集》中所提到的各种综合加工品目，差不多都在试制中留下些精美遗产，现在大部分还收藏于故宫。第四是产生于明清之际的一种"剔灰"漆，以大件屏风和条案占多数，中型圈椅、交椅、香几，则多反映于明清之际画像中。一般多黑漆剔出白底，主题部分以山水、人物、花鸟为常见，也作"博古图"，边沿则用小花草相衬。北京和山西均有制作。技术流传到如今还有生产，多供外销。至于螺钿漆，在和明代或清初成品比较下，工艺成就不免有些下降，并未突破江千里式记录。但有了一点新的发展，为其他漆工艺所不及，即和其他新的工艺结合，以新的商品附件而出现，生产数量日有增加，生产品种也随之越来越多。由此应用风气，重新扩大到家具方面，成为十九世纪高级家具主流。例如由于玻璃镜子的出现，结束了使用过两千多年圆形铜镜的历史使命，出现了一二尺长方挂式银光闪闪的玻璃镜和七八尺高屏风式大穿衣镜。较早还只限于贡谀宫廷而特制，过不多久，即成高级商品。这类新产品的镜框座架，一般多用紫檀、花梨等红木镶螺钿做成。自鸣钟来自海外，不多久广州、苏州均能仿造，外边框盒部分，除鎏金和广珐琅装饰，也流行用螺钿装饰。此外用平板玻璃作材料，在反面用粉彩画人像或山水花鸟画，时间稍晚，用百鸟朝凤作主题画的广东绣双座案头插屏，和其他陈设品，几几乎无不使用硬木螺钿框架。总之，到了十九世纪初叶，凡是带一点新式仿洋货的工艺品和高级用品，用得着附件时，即有螺钿出现。即通常日用品如筷子羹匙，也有用螺钿漆木制成的。从数量品种上说，实达到了空前需要。至于装饰花纹，广式串枝花为常见，附于贵重器物上为宫廷特别制作的，间或还具清初工艺规格，用金银嵌软螺钿法。至于一般性商品制作，即不免结构散乱，花叶不分，开光折枝艺术性也不怎么高，有的且相当庸俗。主题画面采用明清戏文故事版画反映的，由茶盘发展而成烟盘，工艺精粗不一，章法布局已不及明清间同样主题画精细周到。这也正是一切特种工艺转成商品后的必然情形。道光以后，这种工艺又发展到一般中上层家庭使用的成堂成套硬木家具上，一时成为达官贵人家中的时髦事物。这类硬木家具，多用灰白大理云石或豆沙色云石作主要部分镶嵌，边沿则从上到下满嵌螺钿，大如架子床、带玻璃镜衣橱、条案、八仙桌、杨妃榻、炕床、梳妆台、独腿圆桌、两拼圆桌、骨牌凳、太师椅、双座假沙发，无不使用到。北京颐和园和历史博物馆，就还各自留下许多这类家具器物，代表这一时代工艺成就。且有为当时新式特别会客厅专用的高及一丈五尺、宽过二丈开外镜橱，除八面方圆镜子，其余全部镶嵌螺钿花鸟草虫。

此外即由于帝国主义的侵略，有意毒化全中国人民，鸦片烟在中国流行后，约半世纪中，在贵族客厅、达官衙署和有帝国主义借通商为名强占的租界区内，新式旅馆和大商号中，社会风气无不用鸦片烟款待客人，邀请客人上炕靠灯，几几乎和旧社会敬奉客人烟茶情形相似。吸烟必有一份烟具，除枪灯外，即搁置备用烟斗高二三寸、长约一尺的斗座和承受一切烟具的长方烟盘，比较讲究的，也无不用硬木螺钿器做成……

由于生产各部门对于螺钿器的需要，因此这门工艺，在十九世纪中国逐渐进入半殖民地化过程中，在百业凋敝不堪的情况下，反而得到广大市场，呈历史空前繁荣。部分关心特种工艺的朋友，谈及螺钿工艺进展时，常以为进入十八世纪，这门工艺的生产即因原料供应不及而衰落，若所指仅限于明代特种高级工艺品如江千里式金银嵌软螺钿器，是不怎么错的，若泛指一切螺钿器，却大都是把这种种全忽略过去了。事实上三千年来，螺钿应用上的广泛和数量上增多，十九世纪的生产可说是空前无比的！这是螺钿工艺的尾声，也反映帝国主义侵略势力打进中国大门以后，中国特种工艺生产所受影响格外显著的一个部分。它的真正衰落与结束则和延续数千年的封建腐朽政权一道，于太平天国反帝反封建革命到辛亥革命三四十年中。

五　螺蚌类在其他方面的应用

螺蛳、蚌壳和贝类，在螺钿镶嵌工艺以外，作为珍贵难得的材料加以利用，历史上比较著名的一件事情，是《逸周书》中提起过的"车轮大蚌壳"和有朱鬣的白马，同认为是天下难得之物，当时作为贿赂，把周文王救了出来，免遭纣王毒手，在政治史上起过一定作用。商代遗物中则经常发现有一二寸径花蚌蛤，上面用棕红粉白颜料绘画些齿纹水纹图案，这些东西在当时是纯粹玩具，还是一种内贮油脂类化妆品用具，已不得而知。《周礼》称古代贵族埋坟，必用蜃粉封闭，即烧制大蛤作灰而使用。实际材料似乎还少发现。惟近年来出土楚墓多有在棺椁外用一厚层白膏泥作封土的，隔绝了内外空气和其他有机物浸蚀，墓中许多文物因之保存下来，或即循古礼制一种代替材料做法。汉代人则用"砗磲"琢成各种器物。砗磲是一种甲壳极厚的大蚌，琢成器物多为哑白色，切割得法打磨光莹也有闪珍珠光泽的。直到明清，还流行用来制作带钩和帽顶，并且清代还成为一种制度，官僚中较低品级必戴砗磲顶。唐代人欢喜饮酒，又好奇，因此重视海南出产红螺杯、鹦鹉螺杯，诗人即常加以赞美。明清到近代还继续使用，惟一般多改作水盂和烟灰碟，再也想不到这东西过去就是诗人所赞美的贵重酒器了。又本于印度佛教习惯，举行宗教仪式，常用大玉螺作为乐器，通称"法螺"，敦煌唐代壁画即有反映。后来喇嘛教沿袭使用，且成为重要法器，明清以来制作精美的，边沿还多包金嵌宝。左旋螺则因稀有难得而格外贵重。由于宗教迷信，和其他几种器物并提，通称"八吉祥"或"八宝"。除实物在宗教界看得十分重要，还反映到千百种工艺品装饰纹样中。又兄弟民族中也有把这种法螺代替号角，用于军事上和歌舞中的，如唐代白居易诗记骠国乐，乐队中就有吹玉螺的。

贝类在商周时期除天然产外，还有骨、玉、铜和包金的种种，或作为商品交换中最早的钱币，或用于死亡者口中含殓，或作为其他人身装饰品和器物镶嵌使用。古诗中有"贝胄朱綅"语，则显然在周代还有用红丝绳串联装饰在武将甲胄上，表示美观并象征权威尊严的。从近年发现云南滇人遗留文物中有大量贝类，又得知在西南地区到西汉时还用它作为货币使用。直到晚清，南方小孩子所戴风帽，用贝作为坠子，也还常见。蒙藏妇女，则至今还有把小贝成串编排于辫发上，当成难得装饰品的。汉代又流行一种贝制卧鹿形玩具，用大玛瑙贝作鹿身，用青铜作鹿头脚，大耳长颈，屈足平卧，背部圆润莹洁，且有点点天然花斑，十分秀美。《史记·封禅书》说，汉代方士喜宣传海上三山，上有白色鸟兽，长生不死。乐府诗亦有仙人骑白鹿语。金银错器上还有仙人驾双鹿云车反映。这类用大贝做的鹿形工艺品，可能也即产生于武帝时代，由于仙人坐骑传说而成。

三国时曹植和其他文人均作有《车渠碗赋》，文字形容显得光泽明莹，纹理细密，和缠丝玛瑙极相近。近年山东鱼山曹植墓出土文物中除一个金博山冠饰外，还有一套玉佩、一个青金石器和一个小小圆盏式玛瑙佩饰，和文章形容极相合。可证明前人说砗磲为宝石之一种，还有一定道理。用海蚌类做砗磲时代必比较晚些。

1963 年

我们从古漆器可学些什么

近十年来，出土文物古代工艺品中使我们视野开阔，计五个部门，即金属加工、陶瓷、漆器、丝绸和雕玉。特别是漆器上的彩绘，丰富了我许多知识，除明白它的工艺图案、艺术特征外，还借此明白它和在发展中的社会历史的密切关系。

北京荣宝斋新记，新近用彩色套印木刻法，试印行了十种漆器图案，在美协会场随同其他木刻画展出。凡看过的人都同声赞美，对于两千二三百年前楚漆工的优秀成就，感到惊奇爱好，对于现代木刻表现的高度艺术水平感到尊重和钦佩。这些漆器大部分是从"楚文物展"和"全国出土文物展"中的漆器选印的。数量虽然不算多，却可以代表近年来中国古代漆器的新发现，特别重要的是长沙楚墓出土的战国漆器。这次把这类漆器的花纹用现代彩色木刻套印，在国内还算是首次，是只有政权在人民手中的今天，政府和人民才会同样重视这种古代文化优秀遗产，把它当作研究、学习和鉴赏对象的。

楚漆器的出土地，最重要的三个地方，即安徽寿县、湖南长沙和河南信阳。起始于一九三三年前后，安徽寿县"李三孤堆"楚王坟的盗掘，除发现近千件青铜器外，还得到一片有彩绘云纹的残漆棺。这片残棺是后来去作调查的李景聃先生在附近一个农民人家猪圈边偶然看到，知道是从墓中取出，才花了点点钱买回的。漆棺壮丽华美的花纹，让我们首次对于战国时代的漆画，得到一种崭新深刻的印象（图五十九）。上面装饰图案所表现出的自由活泼的情感，是和战国时代的社会文化发展情形

图五十九
战国楚 漆豆，湖北省荆州市博物馆藏

完全一致的。但是注意它的人可并不多，因为一般学人还是只知道从带铭文青铜器证文献，一片孤立棺板引不起什么兴趣。

两汉时期的典籍中常提起少府监所属工官东园匠，当时专造"东园秘器"，供应宫廷需要及赐赠王公大臣死后殓身殉葬。共计事物约二十八种，中有"东园朱寿之器"或"砂画云气棺"，同指彩绘花纹漆棺。"科兹洛夫考察团"在蒙古人民共和国诺音乌拉汉代古墓中发现的彩绘云气纹残棺，上面保存的云中鸿雁花纹，是目下有代表性和说明性的重要遗物，没有它，东园匠所造"朱寿之器"制度是不得明白的。因楚漆棺的出土，以及科学院后来在河南辉县发掘得到一片作黼绣纹图案的残棺，我们才借此明白，汉代流行的丧葬制度，原来多是根据周代旧制加以发展的结果，并非凭空产生。即朱绘棺木，也并非从汉创始。辉县棺上彩绘的花纹，更为我们提出黼绣纹一项重要参考材料，修正了汉代以来说的"两弓相背"的注疏附会，得出了它的本来面目。

长沙楚墓漆器的发现，比寿县器物出土稍晚一些，在抗日战争初期，因商承祚、陈梦家二位先生的介绍，才引起部分学人的注意。旧中央博物馆筹备处方面，才当买古董一样收集了几件漆杯案。但是对于它的历史问题和比较知识，还是知道不多。出土有用材料多分散各地私人手中，由于保存不善，大都逐渐干毁。大批特别精美的器物，早被美帝国主义者的文化间谍，用种种狡诈无耻的方法，盗运出国。因此国内多数历史学者和美术史专家，直到新中国成立前后，还很少有人知道楚漆器的发现，在新的学术研究方面，具有何等新的意义。

新中国成立以后，由于人民政府保护文物政策法令的实施，一方面把国内私人重要收藏，陆续购归国有；另一方面又学习苏联先进经验，在全国工业建设地区，经常配备一个文物工作组，清理出土墓葬遗址文物。材料日益增多后，战国时期楚文化的面貌就越加明确，自从前年楚文物在北京历史博物馆展出后，许多人才认识到楚文化形象和色彩，实在丰富惊人。楚文化反映于文学作品中，曾产生爱国诗人屈原的诗歌，反映于工艺美术中，产生了当时楚国金工所铸造的青铜镜子，青铜加工兵器，木工做的大型彩绘雕花错金棺板，弓工做的便于远射鱼鸟的弓弩和矰缴，以及漆工所做的各种色彩华美、造型完整的漆器，特别具有代表性。文学作品和这些工艺品本来是两种完全不同领域的成就，却有一个共同的特征，就是"热情充沛，色彩鲜明"。其实我们应当说，爱国诗人屈原的文学作品的背景，计包括三种成分：一是土地山河自然景物的爱好；二是社会政治在剧烈变化中人民苦难的现实；三是劳动人民在物质文化方面创造的辉煌成就。屈原文学作品的风格是综合了这一切的忠实反映。又因汉文化受楚文化影响极深，文学上的关系比较密切，前人已经常有论述。至于工艺生产方面的影响，由于这些新的发现，才进一步给我们许多启发。

　　楚漆器加工部分，大约可以分作四类：一多色彩绘，如漆盾和人物夹具；二朱墨单色绘，如羽觞（图六十）和圆盘；三素漆针刻细花，如大小夹具；四浮雕罩漆，如大小剑匣。楚漆器花纹特征，从总的方面来说，是主题明确，用色单纯，组织图案活泼而富于变化。表现技术从不墨守成规，即或一个漆羽觞的耳部装饰，也各有匠心独运处。在器物整体中，又极善于利用回旋纹饰，形成一种韵律节奏感。例如图录中的龙凤云纹漆

图六十
战国时期 漆羽觞，中国国家博物馆藏

盾和新出土的凤纹羽觞，都达到同样高度艺术成就。构图设计，还似乎未臻成熟，却充满了一种生命活跃、自由大胆的创造情感，处处在冲破商周以来造型艺术旧传统的束缚，从其中解放出来，形成一种新的发展。最显明的是用三分法处理的圆式图案，本出于殷商青铜和白陶器中的"巴纹"，当时在彩绘木雕上镶嵌的圆泡状的蚌片，也有同样花纹。春秋战国时新流行的"玉具剑"的柄端，也常使用这个圆式图案：或错金，或嵌绿松石，或嵌一片白玉，多用三分法加工，但是因为面积小，变化就不怎么多。在楚漆器中，奁具和盘子类需要范围极广，每一个套奁里外，常用到五六种不同装饰图案，绘画的表现又比雕刻镶嵌简便，因此这种图案，竟达到丰富惊人的美术效果。经过汉代再加以发展，如在他处发现之三辟邪奁里装饰和三熊盘，设计妥帖周到处，在中国工艺图案史的成就上，也应当占有一个特别地位。

楚漆器的花纹，大部分是用龙凤云纹综合组成，却并不像铜器花纹的凝固。从个别优点而言，如本图录中的漆案，因为平面空间比较大，红黑二色对照调子鲜明，即或只用几道带子式花纹作间隔装饰，经常也做得特别美观。羽觞造型不必受定型限制，材料处理伸缩性大，能把完整造型和秀美花纹结合成为一体，更容易见出古代楚漆工的大胆和巧思。彩绘大漆盾同墓出土共四件，现存比较完全的计二件，虽大小形式相同，可是每一盾上的装饰图案，都表现出不同风格和性格，图案的综合变化，真是无比巧思。狩猎云纹漆奁花纹和战国以来一般金银错器花纹，显然一脉相承，也就为我们初步提供了许多物证，明白同式图案的发展，长江流域荆楚吴越工人实有大贡献。这时期金银错和刺绣花纹，其实都是由漆器花纹发展而来。

这些东西值得我们重视，不仅因为它是"战国漆器"，更重要的还是"战国时代装饰艺术的作风"。种种花纹图案当时无疑还反映到造型艺术各方面，特别是建筑彩绘装饰上，具有那个时代的风格特征。

汉代漆器在材料应用和图案设计两个方面，都有了新的成就（图六十一）。首先是特种漆器的制造，已成国家特种手工业生产一个重要部门，除政府所在地的长安洛阳，少府监所属工官东园匠，经常大量生产各种"乘

图六十一
西汉 云纹漆圆壶，长沙马王堆一号汉墓出土

257

舆髹器"，此外西蜀的广汉和武都各地，也特别设立工官，监造各种精美漆器，并把成品分布到国内各个地区去。这些金银加工漆器，通名"金银文画扣器"或"参带金银扣器"，艺术价值极高，同时也是当时货币价值极高的特种工艺品。

这种金银加工漆器，在器材应用上的新发展，是用麻布丝绢作胎的夹纻器，多加上金银及铜鎏金附件，通例是平面部分用柿蒂放射式图案（多如水仙花式），腰沿部分则作叁带式，另加三小熊作脚。这么一来，既增加了器物的坚固程度，同时又增加了华美。图案沿用旧形式部分，也有了充实和变化，如圆式图案利用三分法表现，因为需要范围日益广大，就创造了许许多多种好看的新样子。又据魏武《上杂物疏》和《东宫旧事》记载，结合汉墓出土陶漆器看来，得知汉代以来当时还盛行径尺大小长方形"巾箱""严具""方盠"和收藏文具药物的筐匣，都需要用长方式和带子式装饰。圆筒形的奁具，边沿也需要带子式装饰，因此更促进了这一式图案的多样化，打破了战国以来龙凤云纹反复连续的规律，并打破了图案组成的习惯，代替以种种不同的新画面。一个时代的艺术，内容必然反映出一定程度的社会思想，汉代统治者重儒术，企图利用孝道来巩固政权，孝子传故事就成了漆器中的主题画。汉代现实生活喜骑射游猎，狩猎图反映到各种工艺品装饰图案中，漆器也有份。汉代宫廷方士巫觋最善于附会神仙传说，影响政治文化各方面，到西汉"挟书律"废除后，这类信仰逐渐由宫廷流行到广大民间。例如云气纹中的四神及其他杂鸟兽作主题的装饰，一切工艺品上无不加以反映，彩绘漆更有多种多样的发展，云气纹中还常有羽人仙真夹杂其间。传说中最普遍的西王母，在青铜砖石造型艺术上都有表现，在漆器上无例外也占了一个特别位置。由于造型艺术上的西王母形象普遍反映是在东汉，我们就有可能把几个过去认为是六朝人伪托的汉代小说，产生时代提早一些，因为两者都不会是孤立产生的。

汉代由于铁冶生产发展，提高了农业和手工业生产，加以文景两朝数十年间，政治上对于人民压迫比较缓和，知道节用惜物，在这个劳动人民生产物质积累基础上，帝国大一统的局面到武帝刘彻时代才逐渐完成。这时期国境四方的军事活动，郊天封禅仪式的举行，都不惜大规模使用人力物力，表示统治者政治上的大排场和成功的夸侈。更因神仙传说的浸润，长安宫廷园囿中，根据《史记》《汉书》《三辅黄图》《汉旧仪》等记载，向上拔举的土木建筑，多已高达数十丈，神明台还相传高达百丈，云雨多出其下。每年祀太乙岁星时，还必用太祝率领三百名八岁大童男女，各穿锦绣衣裳，在台上歌舞娱神！为仿效方士传述的海上三神山景象，在长安挖掘了个昆明池，池中做成蓬莱、方丈、瀛洲三山，上面还放下各处送来的黄鹄白鹿、奇花异草，建筑更华丽无比。气魄雄伟正是这个时代的特征，这点特征也反映到漆工艺的装饰设计上。这时期最有代表性的纹样，多是山云华藻起伏绵延中，有羽人仙真往来其间，鸿雁麋鹿、虎豹熊罴、青鸡白兔、野彘奔兕驰骤前后。图案来源或从两个矛盾部分综合而成：一个是纯粹社会现实享乐生活的写照，另一个却是对于神话传说的向往。汉代宫廷文人司马相如等，曾分别用富丽文辞来形容铺叙的场面，在日用漆器上，常常结合成为一个画面，而加以动人表现。

汉代金银加工的特种漆器，文献上如《汉书·贡禹传》的《奏议》、《盐铁论》的《散不足篇》、《潜夫论》的《浮侈篇》，早都提起过，近三十年全国范围内汉墓均有精美实物出土，已证明历史文献中的记载是完全正确的。从朝鲜民主主义人民共和国和蒙古人民共和国出土有铭刻文字的汉代漆器，更得知当时生产分工已经极细，一件小小羽觞，由做胎榛到完成，计有七八种不同分工。绘画向例由专工主持，这种画工必须具体掌握生物形象的知识，能够加以简要而准确的表现，还必须打破一切定型的拘束，做自由适当的安排，不论画的是什么，总之，都要使它在一种韵律节奏中具有生动感。齐梁时人谢赫，谈论画中六法时，认为画的成功作品因素之一是“气韵生动”。过去我们多以为这一条法则，仅适宜于对人物画好坏的评判。如试从汉代一般造型艺术加以分析，才会明白，照古人说来，“气韵生动”要求原本是整体风格，贯穿于绘画各部门——甚至于工艺装饰各部门的。一幅大型壁画的人物形象，可以用它来做鉴赏标准，一个纯粹用静物组成的工艺图案，同样也应当符合这种标准。最值得注意一点，即大多数工艺图案，几乎都能达到这个要求。汉代漆器图案，"气韵生动"四个字，正是最恰当的评语。

还有一个问题，也值得附带一提，就是这种工艺图案，还另外为我们保留了一点汉代社会史的材料。《三国志·魏书》记载中国名医华佗事迹，曾提起过他常教人古代导引养生之术，即所谓"熊经鸟申却行返顾五禽之戏"。这种"五禽之戏"，极明显是从西汉以来就曾经被海上方士当成延年益寿的秘密方技传授的。以熊鹿为主的五禽名目，史传上虽有记载，但形象活动世人却很少见。研究中国医药卫生史的人，也还少注意到。可是我们如果试从汉代漆器多留点心，就会发现漆器图案中的鸟兽名目行动，竟多和《华佗传》中说起的"熊经鸟申"大致相合。这绝不会是一种偶然的巧合。熊鹿活动形象变化之多，古代方士注意它的运动规律，用来当作锻炼身体的模仿学习对象，正是十分自然的。

《华佗传》所说的"五禽之戏"，在鱼豢著《魏略》中记载邯郸淳初次会见三国名诗人曹植时，曹植解衣科头，朗诵俳优小说数千言后，当面表演的"五椎锻"。"五椎锻"原属于卫生运动技术一类，也就是古代的导引法，是"熊经鸟申却

261

行返顾五禽之戏"。传习来处，当时或得于郤俭、左慈诸方士，还有可能和古代印度波斯文化交流有些渊源。

我这点推测，可能是完全不对的，但是从这么一个问题说来，也就可见从实物出发，对于中国物质文化史的研究探讨，还是一条新路，值得有人向前迈进一步。在全国范围内数量以十万计（将来还会以百万计）的出土文物，对于今后文史研究的影响，也是极明显的。多数人如依旧照过去对于古文物情形，只把它当成古董看待，货币价值既不高，很多又缺少美术价值，保存文物的重要性将不容易明确。惟有能够把它当成古代物质文化发展史的地下材料看待，才会觉得这里有丰富的内容，值得我们用一种新的态度来发现，来研究，来理解！依个人浅薄私见，历史科学能否成为一种科学，就决定于研究者方面对于新材料的认识态度而定。我们业已理解到，如孤立片面地从文献学出发，贯穿史料，对于古代社会的面貌，文献不足征处，将永远成为空白；如相反，善于把这百十万件分布全国各个不同地区的地下文物，好好地和历史文献结合起来，在一个更全面、更扎实的认识基础上，学习运用马列主义，进行新的分析探讨，就有可能把许许多多的问题，逐渐弄明白清楚，文化史的空白处，也都可望逐渐充实填补起来。正犹如我们对于古代漆器一样，本来只是从文献上知道一些名目，并且由于宋明以来《三礼图》《三才图会》等书中半出于猜想的图画，对汉以前事多附会曲解，所得印象更不可靠。通过了近二十年多数人的劳动，在一定时间内，把出土材料分析综合，并联系其他出土材料做进一步比较，就可由"完全无知"进而为"具体明白"。并且由几件乍一看来平凡普通、破烂皱缩的漆器上的残余花纹，因此明白了从战国到汉末，前后约六百年时间中的彩绘装饰艺术的作风，而这种艺术作风，原来和社会各方面关系还如此密切！因此让我们深深相信，必然还有许许多多历史问题，出土文物可以帮助我们具体解决。

1955 年 7 月

漆工艺问题

中国文化发展史，漆工艺占了个特别位置，重要处不下于丝和陶瓷，却比丝和陶瓷应用更广泛而久远。且在文化史分期过程中，做过种种不同光荣的贡献。

史前石器时代，文化中的蒙昧期，照需要推测，动物或植物的油脂很可能就要用到简单武器的缠缚和其他生产工具实用与装饰上。到彩陶文化占优势时，这些大瓶小瓮的敷彩过程，在红黑彩色中是否加过树脂，专家吴金鼎先生的意见，一定相当可靠。吴先生不幸早逝，有关这一点，我们浅学实不容易探讨。山东龙山镇发现的黑陶片上，有古文字明白清楚所示"网获六鱼一小龟"，时间稍晚，安阳殷墟商代王公古墓中，又有无数刻字龟甲。虽不闻同时有成形漆器或漆书发现，惟伴随青铜器发现的车饰、箭镞，当时在应用上，必然都得用漆涂饰。使用范围既广，漆的消费量自然就增加。当时生产方式及征集处理这种生产品情形，虽少文献可以征引，但漆的文化价值，却能估计得出。

到文字由兽骨龟甲的刻镂，转而在竹木简札上做历史文件叙录时，漆墨首先当作主要材料，和古代史不可分，直到纸绢能完全代替竹木简札的后汉，方告一个段落。然即此以后两千年，墨的制造就依然离不了漆。在日用器物上，生和死两件大事，杯碗和棺木，都少不了漆。武器中的弓箭马鞍，全需要漆。所以说，一部漆的应用小史，也可说恰好即是一部社会发展简史。

它的意义当然不只是认识过去，还能启发将来。据个人愚见，漆工艺在新的社会中，实有个极光辉的前途，不论在绘画美术上，在日常器物上，它最能把劳动和艺术结合到应用方面，它比瓷器更容易见地方性和创造性，在更便利条件下能生产。

《尚书·禹贡》称：

荆河惟豫州……厥贡漆枲絺纻。

济河惟兖州……厥贡漆丝。

可知当时中原和山东均出漆。《韩非子·十过》篇说：

尧禅天下，虞舜受之，作为食器，斩山木而财之，削锯修其迹，流漆墨其上，输之于宫，以为食器。诸侯以为益侈，国之不服者十三。舜禅天下，而传之于禹，禹作为祭器，墨漆其外而朱画其内……觞酌有采而樽俎有饰……殷人受之……食器雕琢，觞酌刻镂。

古史传喜称尧舜。商以前事本难征信，不尽可靠，惟漆器物的使用在远古，却是事实。人类文明越进步，漆的用处就越加多。《周礼·夏官·职方氏》记河南之利为林漆丝枲。漆林之征二十而五。或纳贡，或赋税，大致在周初，国家有关礼乐兵刑器物，已无不需要用漆调朱墨作彩绘，原料生产且补助过国家经济。不过世人习惯漆的故事，或者倒是《史记》所记，赵襄子漆智伯之头做饮器雪恨，以及豫让报仇甘愿漆身为癞等，因为是故事，容易记忆。

战国时有名思想家庄周，尝为漆园吏，专管漆的生产。《续述征记》称古之漆园在中牟。《史记·货殖列传》称：

陈夏千亩漆……皆与千户侯等。

又：

通邑大都……木器髤者千枚，铜器千钧，素木铁器若卮茜千石……此亦比千乘之家，其大率也。

记载虽极简单，但已可见出当时漆树种植之富和制器之多。《考工记》记百工，均分门各世其业，更可知运用这种生产的漆工艺，早已成为专门家的工作。生产原料和制作成品，多到相当数目的人都可得官，或者说经济地位近于那种官。

更可知在当时漆器加工和铜铁的比价，实在相当高。有千件漆器，不封侯也等于封侯。

漆工艺彩绘上特别进步，当在战国时（图六十二）。封建主各自割据一方，思想上既泛滥无际，诸子竞能，奇技淫巧亦必因之而大有发展。漆工艺的加工，大致出于这个时期。这从现存寿州楚漆板片及长沙出土漆器，也可推想一般状况。且可明白汉漆器的精美，是继承，非独创。

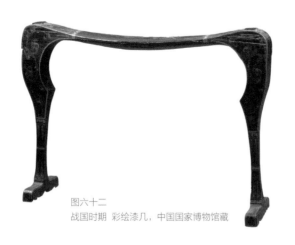

图六十二
战国时期 彩绘漆几，中国国家博物馆藏

桓宽《盐铁论》叙汉人用漆器事说：

今富者银口黄耳……中者舒玉纻器，金错蜀杯。

叙述价值是漆与铜比一抵十，出处多在西川。这事在扬雄《蜀都赋》中也早已说过。二十年来日本人发掘朝鲜汉墓，更证实了那个记载。所谓"雕镂扣器，百技千工"，照漆器铭文记载，每一件器物的的确确是用分工合作方式集合多人产生的。

目前所知，有铭文器物时代最早的，是汉昭帝始元二年，约公元前八十五年。当时即已分木胎和夹纻底子，除朱墨绘画外，还有金银铜贝作镶嵌装饰。彩绘颜色多红黑对照，所作人物云兽纹饰，设计奇巧，活泼生动，都不是后来手艺所能及。中国绘画史讨论六法中"气韵生动"一章时，多以画证画，因此总说不透彻。如果从漆画，从玉上刻镂花纹，从铜器上一部分纹饰来做解释，似乎就方便多了。

漆器铭文中又常有"造乘舆髹……"字样，或可当作皇家御样漆器解。大致当时铜器因为与兵器有关，制造上多出尚方专利。漆器则必须就地取材，却得法令认可，所以有"乘舆髹"字样。制造工官位职都不太小，事实上器物在技术方面的进步，也必然和这个有关，当时还有大器，即彩漆棺木。

照汉代制度看来，比较重要的大官，死后尝得这种赏赐。

《后汉书》记载：

> （梁竦）改殡，赐东园画棺、玉匣、衣衾。
>
> （梁商）及薨……赐以东园朱寿器、银缕、黄肠、玉匣、什物二十八种。
>
> 袁逢卒，赐以朱画特诏秘器。

漆工艺的堕落，和其他工艺堕落，大约相同，当在封建政治解体、世家子、地主、土豪、群雄竞起争天下的三国时代。汉代蜀锦本名闻国内外，有关当时西蜀经济收入，是国家财政一环。《左慈传》曾称，曹操派人入蜀市锦，因左慈钓于堂前铜盘中一举得鲈鱼，拟入蜀购紫芽姜，并托多购锦二匹。曹丕文中却以为蜀锦虚有其名。诸葛亮教令，提及普通刀斧军器不中用，一砍即坏，由"作部"定造，毛病方较少。大约战争连年，蜀之工艺均已堕落，中原佳好漆器更难得，所以曹操当时启奏中，常常提及献纳漆器事情，郑重其事地把一两件皮制漆枕或画案，呈献汉末二帝。谢承《后汉书》称，郭泰（林宗）拔申屠子陵（蟠）于漆工之中，欣赏的可能只是这个人的才能器识，未必是他的手工艺。

到晋代后，加工漆器似乎已成特别奢侈品，也成为禁品。有两份文件涉及这个问题。

晋令曰："欲作漆器卖者，各先移主吏者名，乃得作。皆当淳漆著布骨，器成，以朱题年月姓名。"可知已恢复了汉代旧规矩，做漆器要负责任，乱来不得。又《晋阳秋》说："武帝时，御府令（又作魏府丞）萧谭承、徐循仪疏：'作漆画银槃（一作漆画银带粉碗）'，诏杀之。"不得许可作来竟至死罪。《东宫旧事》载漆器数十种，就中有"漆酒台二，金涂镮钿"，可知汉银扣器制式尚留存。又《续齐谐记》称"王敬伯夜见一女，命婢取酒，提一绿沉漆榼"，可知彩漆不止朱墨（绿沉另有解）。《世说》称"王敦初尚王，如厕，既还，婢擎金澡盘盛水，琉璃碗盛澡豆"，可知当时金漆实相当贵重。弘君举《食檄》有"罗奠碗子"，可知漆嵌螺钿当时已有。《东宫旧事》又载有"漆貃炙大函一具"。《释名》称"貃炙，全体炙之，各自刀割，出于胡貃之所为也"。可知当时仿胡食烧烤时髦餐具，也有用漆造的。《邺中记》则记石虎有漆器精品："石虎大会，上御食，游槃两重，皆金银参带，百二十盏，雕饰并同。其参带之间，茱萸画，微如破发，近看乃得见。游槃则圆转也。"正和韩非《外储说左上》所称战国时人为周王画策记载相合。若与古代碾玉冶金技术进步比证，这种精美漆画是可能的。

漆工艺入晋代日益衰落，或和社会嗜好有关。晋人尚语文简净，影响到各方面，漆器由彩饰华美转而作质素单色，亦十分自然。世传顾恺之《女史箴图》（图六十三），一修仪理发人面前漆奁，边缘装饰尚保留汉代规式，已不着花纹。《东宫旧事》所提若干种漆器，都不涉及花样。又南方青瓷和白瓯，当时已日有进步，生产上或比较便宜，性质上且具新意味，上层社会用瓷代漆，事极可能。王恺、石崇争奢斗富，酒宴上用具为金玉外玻璃琉璃，尝见记载，当时较摩登的，或反而是山阴缥青瓷和南海白瓯。尤其是从当时人赠送礼物上，可见出白瓯名贵。从史传上，一回著名宴会，可以推测得出所用酒器大致还是漆器，他物不易代替，即晋永和九年三月，王羲之邀集

图六十三
晋　顾恺之《女史箴图》（局部），大英博物馆藏

好友，于山阴会稽兰亭赋诗那次大集会。仿照周公营洛邑既成羽觞随波应节令故事，水边临流用的酒器，大有可能还是和汉墓中发现的漆耳杯相差不多。这种酒器就目前发现已知道有铜、瓷、瓦、玉、铅、漆，各种多由仿蚌杯而来。惟漆制的特别精美，纹样繁多。

晋六朝应用漆器名目虽多，但已不易从实物得一印象。只从记载上知道佛像已能用夹纻法制造，约在四世纪时，当时最知名的雕刻家戴逵，即在招隐寺手造五夹纻像。随后六世纪，从梁简文帝文章中，又可见曾令人造过丈八夹纻金薄像。这种造像法，唐代犹保存，直延长到元朝大雕塑家刘元，还会仿造。当时名叫"抟换脱活"，即抟泥做成佛像坯子，用粗麻布和油灰粘上，外面用漆漆过若干次后，再把泥沙掏空即成。后来俗名又叫"干漆作法"，在佛像美术中称珍品。

至于殉葬器物，则因汉末掘墓和薄葬思想相互有关，一般墓葬，已不会有汉乐浪王旰王光墓中大量漆器出现，在南方的绍兴古坟已多的是青质陶瓷，在北方，最近发现的景县封氏墓，也还是瓷器一堆。所以说陶瓷代替了战国时铜器、汉时漆器，成为殉葬主要物品不为过分。

但是到唐朝，漆器又有了新发展，即在漆器上镶嵌金银珠贝花饰，名"平脱"。方法旧，作风新。这从日本正仓院和其他方面收藏的唐代乐器、镜奁、盒子等器物可以知道。唐代艺术上的精巧、温雅、秀丽、调和，都反映到漆工艺中，得到了高度发展。惟生产这些精美艺术品的工师姓名，在历史上还是埋没无闻。

到宋代，方又一变而为剔红、堆朱、攒犀，等等。惟当时上层社会极奢侈，国家财富多聚蓄于上层社会，日用器物多金银，所以代表上层统治者宴客取乐的开封樊楼（丰乐楼），普通银器竟过万件，足供千人使用，不曾提漆器。由国家提倡，社会爱好，官窑器已进入历史上的全盛时期。从工艺美术比较上言来，漆器虽因加工生产过程烦琐，但依然为上层社会重视，就一般社会说来，似乎已大不如当时官窑青瓷和白定瓷有普遍重要意义了。所以到北宋末年，徽宗只知玩艺术而不知处理政治，为修寿山艮岳——一座个人享受的大园子，浪费无数人力物力，花石纲弄得个天怒人怨，金人乘隙而入，兵逼汴京，迫作城下之盟，需索劳军物品时，公库皇室所有金银缴光后，还从民间敛聚金银器物，一再补充。《大金吊伐录》一书，曾有许多往来文件记载。当时除金玉珠宝书籍外，锦缎、茶叶、生姜都用得着。惟瓷漆器和字画不在数内。宋朝政府有个答复文件，且说到一切东西都已敛尽缴光，朝廷宴饮只剩漆器，民间用器只余陶瓷。一可见出当时漆器多集中于政府，二可明白到南宋，北方漆瓷工艺必然衰落。到元朝蒙古人入主中国时，两种工艺必更衰落无疑。从史志记载，得知北宋漆工艺生产在定州，南宋则移至嘉兴及杭州。《武林旧事》称临安各行业时，即有金漆行一业。元代虽有塑像国手刘元，还能做脱活漆像，本人且活到七十多岁，但据虞集作的刘正奉塑像记，当时却被禁止随便为人造作。漆的应用到宋代，已有一千五百年历史，试就历代艺文志推究，或可在子部中的小说与农家中早有过记载，但直到宋代，才有朱遵度作一部《漆经》，书到后来依然散佚不存。仅从现存宋代剔红堆朱器物，还可看出这一代器物特点和优点。元明二代漆艺高手集中嘉兴、西塘、杨汇等地方，多世擅其业。个人且渐知名，如张成、杨茂、杨埙，或善剔红，或善戗金，知名一时。仅存器物亦多精坚华美，在设计上见新意，自成一格。杨埙因从倭漆取法，遂有"杨倭漆"之名，明清以来退光描金作小花朵器物，霏金飘霞做法，似即从杨传入而加以变化。张成有儿子张德刚，于明成祖时供奉果园厂，做剔红官器，另外有个包亮还能与之争功。明代漆器的发展水准，因之多用果园厂器物代表。个人著名的应当数黄大成，平沙人，世人因此叫他作"黄平沙"，作品足比果园厂官器。且著有《髹饰录》二卷，为中国现存仅有关于漆工艺生产制造过程专书。明末扬州有个漆器工匠周某，发明了用玉石、象牙、珍珠等名贵材料进行镶嵌（又名"百宝嵌"），影响到清乾隆一代，应用到各种器物上，如插屏、立屏、挂屏等。清初有卢葵生，工制果盒、沙砚，精坚朴厚，足称名家……

就发展大略做个总结，可知一部有计划的漆工艺史，实待海内学者通人来完成。它的生产应用，实贯穿中国文化史全时期，并接触每一时代若干重要部门问题，由磨石头的彩陶时代起始，到现代原子能应用为止，直接影响如绘画雕刻，间接影响如社会经济。我们实需要那么一本有充分教育价值和启示性的著述，作一般读物和中级以上教育用书。可是到目下为止，它的产生似乎还极渺茫。

原因是：从史学研究传统习惯上说来，历史变与常的重点，还停滞在军事政治制度原则的变更上，美术史中心，也尚未脱离文人书画发展与影响。换言之，即依然是以书证书，从不以物证书。漆之为物，在文化史或工艺美术史方面的重要贡献，一般学人即缺少较深刻认识，求作有计划有步骤研究，当然无可希望。

1948 年秋冬

谈辇舆

《史记·夏本纪》称"禹行四载"，四种交通工具中有"山行乘"，注解恐难得详尽。特别是这种古代交通工具本形及其以后发展，用以书注书方法，不免顾此失彼，读者既得不到原来形象具体知识，更难得到在历史发展中，这一奴隶社会残余转入封建社会制以后种种知识。试从形象出发，结合史志记载，相互印证，看是不是可得到些新的常识。

金文中常见"辇"字，反映奴隶制社会，奴隶主虐待奴隶现实，用人当牲口使用四人拉车的情形。殷商发掘是否有遗物出土，不得而知。《史记》提"山行乘"，集注会注必有解释，不是本人所能深究。惟就"山行"二字而言，可以推测得知，必是"抬举"而不是"推挽"。（古有舆人之诵，得知周代还在使用，但是否即"辇"，个人为无知。）汉石刻千百种，似无形象可征。四十五六年前，记得曾展出个五代周文矩《大禹治水图》，有不少人夫开山运石，是不是同时也有"山行乘"的形象，已难记忆。至于清代那个一丈多高大青玉雕的《大禹治水图》，时间差距过远，不可望发现有用证据。

直到近年，云南昆明附近石砦山发现的大量青铜器群，在一个铜鼓边缘装饰图像中，却有个西南夷酋长出行图，给了我们不少新启发。这个酋长是稳稳当当半躺式坐在个四人肩扛的家伙里的。人人耳着人环，头缠长巾，前后亲信随从，均腰围虎皮，表现得十分明确具体。不仅证实了两千多年前古代"樏"的式样和坐法，还同时证明了此后千余年唐人樊绰著《蛮书》里提起的南诏酋长随身亲信官必身披"波罗皮"的事实。因为《蛮书》就说"波罗即老虎"。这个图像的出现，即可证明"山行乘"的制度，还可说明《蛮书》所称南诏土官必腰围虎皮，西汉以来就是这样，延续千年还未大变。（并且因此明白明代以来犀毗漆中"斑犀"又称波罗漆的由来，技术实传自云南，首先或多用鞍鞯，和赵璘《因话录》中记载，说犀毗出于南诏鞍鞯叙述相同。）

汉石刻多成于东汉，且集中于山东或徐州一带地区，交通发达，没有"樏"的应用形象，事极自然。但为时稍后，就有发现，反映在《女史箴图》中。文章出于西晋著名文人陆机（即《文赋》作者），文章辞约而意深，不愧为好文章，画则历来以为成于东晋顾恺之手笔。就画言画，产生有可能还较早一些些，因为内中"人莫不知修容"一段中，有个梳头宫女，发髻后曳一长髾，完全是汉代制度，和近年出土壁画多相同，而地面席前搁置一漆奁，汉末似名叫"银参带严具"，见于曹操《上杂物疏》，在严可均辑《全三国文》中，当时即作为贵重事物，所以缴还政府的。东晋则受法令禁止，已不使用。所以原作可能还早几十年，出于陆机同时期的画家之手。这个卷子或是重摹，时代又较晚于顾好几个世纪，疑出自隋人。因为：一、题字和隋代字体极相近。末题顾姓名，当时似还无这个习惯。二、奁具上柿蒂画得不大对，显明已不懂制度。这当另作商讨。

更重要的还是这个画卷里有个八人抬的似床非床、似榻非榻、上加纱罩帐子的一个坐具，内坐一人似乎还在从容读书的样子，晋代名称应叫"八杠舆"或"平肩舆"（图六十四）。又还另有个砖刻形象，除上作罩棚，不是纱帐，其他大同小异。记得《晋书》或《南史》曾提作"平肩舆"，而侍从鼓吹必着"荷叶帽"，这个砖刻上即前有鼓吹，后有仆从，果然帽子多像个倒覆荷叶，可知流行时代，宜在公元二三世纪。如不文图互证，认识是难具体的。

到唐代，则发展成为"腰舆"或"步辇"。唐代名画家阎立本、阎立德，具家学渊源，画艺多于其父隋名画家阎毗。传世《列帝图》即出其手，内中梁武帝也坐了个有脚的平榻状东西，旁附双杠，似由四人抬杠，和前者相似而不大同。特征在

图六十四
晋　顾恺之《女史箴图》（局部），大英博物馆藏

用手提，齐腰而止，照史志称呼，宜名"腰舆"。当时大致只限于宫廷中短距离使用，出行是不抵事的。

阎立本继承家学，唐初由虞世基等制定官服制度、仪卫规则时，阎氏弟兄即参与绘图。如用《列帝图》和敦煌唐初贞观时壁画《维摩诘经变》中下列帝王大臣听经形象相比证，可知《列帝图》所绘必有所本，非驾空而成。特别是关于"腰舆"的应用形象，必有一定真实性。因为凡事不孤立存在，这个"腰舆"实上有所承而下有所启，同时又还可能有别的相同存在的。

传世名画还有《步辇图》(图六十五)，绘李世民从容坐在"腰舆"上接见吐蕃使者形象。画中有一执小笏赞礼官，腰系"帛鱼"，

后即吐蕃使者，拱手而立。步辇前后有宫女四至八人，穿紧身小衣，波斯式金锦卷口裤（和洋服裤接近），软底锦靿靴（即所谓"小蛮靴"），披长帛，腕着蛇形金钏，《拈花仕女图》中似乎也有过（这种蛇形金钏似外来物，实物只在明万历七妃子墓中曾出土过）。李世民着黄色常服，黑纱幞头，相当文静，须角虽上翘，却与后来诗文形容虬髯可挂角弓（似应为如角弓）不大合，无背景，显明近于刚从宫中出来，半道相遇而停下来接见的，似不符合应有排场。好像是时代较晚什么人，把阎立

图六十五
唐 阎立本《步辇图》，
故宫博物院藏

本的《职贡图》中不一定是吐蕃使者中一人，配上隋炀帝一类
人物"夜游图"凑合而成。因此是否成于阎之手笔实可疑，但
这问题不是本文拟商讨的。只就"步辇"而言，得知是用丝绳
一端系在杠上，一端挂在肩头，手扶杠杆行进的，应用情形是
相当明确的。惟宫女身上衣着似有点不三不四，在唐代为仅见，
近于孤立存在，值得研究。

　　（史称黄巢入长安时坐在肩舆上。将不外以上几种式样。
个人认为参考前三式似乎妥当些。至于《列帝图》《步辇图》

中所见，似近于宫廷中物，应用到黄巢入长安场面，实不大合适。目下陈列画面则似参取最早一式，即石砦山式。但如参第三式或较接近真实。）

再晚些，即传为五代南唐画家周文矩在所绘的《宫中图卷》里所见的一个方轿式形象，却像是为封建帝王小公主一类带游戏性的东西，也可说是"凤辇"的雏形，因为杠头前端刻了个凤头（记得宋摹唐人绘《阿房宫图》中一个游船，也画作凤形）。

照史传记载，这时已开始出现"担子"，计分两种用途：一为在宫中朝见时，特赐年老大臣，作为一种特别恩宠待遇。正如清代"赐紫禁城骑马"差不多。一为出远门代替了骑马旧习惯，改用人力代马。两种"担子"究竟有什么区别，我们却近于无知。宫里应用只有《宫中图卷》小型凤辇可得大略印象，上远路则无图像足征。

记得故宫八年前 [1] 名画展览时，曾有一大幅金碧山水，原本即近于逸笔草草（金碧山水还无此一格），绢素又十分破碎，且尺幅极大而景物极细，故宫专家定为"唐"，却照例并不说明为什么是唐，特征何在。其实证明非唐，倒有二特征值得注意：其一，其中过桥、入庙，到处有不少成形的二人抬轿子出现；其二，即画中人物衣冠别致，非唐非宋，多戴一种高筒尖帽，

1　本文的写作时间约为 1971 年，本处指作者写作本文时间的八年前。

为任何图像所少见，违反了凡事不孤立规律。是否较后一时高丽画？大有可能。不过对于字画时代鉴定，有的是专家，我从来少发言权，只是从制度上提提而已，疑是五代十国滨海偏霸所属作品，也还少证据。但肯定不会是唐代中原画家手笔，则从大量出现轿子可知。

因为直到北宋，燕云十六州割去后，马匹显然已相当缺乏，全靠川蜀茶马司锦坊织锦和茶叶等换取川西北山马备军用、官用。北宋官制定鞍镫制度时，还分二十来种。最高级为"金银闹装鞍"，官价要二百多两银子才备办，即最小的县令，"铁制银衔镫鞍具"也还得十二两银子。史志还提到县令许可用八到十二名仆从，戴曲翅幞头（一称"卷脚幞头"），还得知内中有个仆从，照例专扛一张有靠背可折合的交椅，把它套在颈子上上路的。留下两个画面可以做证：一个在《清明上河图》中，在开封市人众往来中，有那么一位知县和他的仆从出城。另一个在天籁阁藏宋人画册中，有幅题作《春游晚归图》的，明明白白也是县官"走马上任"的情景，县官独自骑马，而用上八到十二个随从抬抬扛扛、前后相随，正和史志叙述相合。（无知收藏家或商人，随意题个"春游晚归"，有知的"专家"，也即省事原样展出，就只这个画册里至少就有三幅名称和内容不符合，还少有人提到！）

宋代官制规定品官出行必骑马，但妇女出行，特别是清明扫墓，坐"小轿"已成习惯。《东京梦华录》上就记载得极详细，还说清明出城扫墓，归来必在轿前插雪柳，《清明上河图》就反映得清清楚楚。这像还只是统治阶级中层使用的。开始还有更简便些的切合山行的式样，即传世郭熙名画《西湖柳艇》[1]大轴画幅里所反映的当时西湖游客所乘"四川滑竿"式的工具。传世横卷中还有个颜晖绘的《钟馗出游图》[2]（图六十六），画中也有那么个东西。（这个简便式样，直到我在双溪乡下默写这个小文时，住处附近的区医院，还经常可看到由较远山村来诊病的老人，由二亲人抬扛而来。[3]）

宫廷中，似乎也还依旧使用装备较完美的轿子，最有代表性为萧照所绘《中兴瑞应图》画卷中的反映，已开启后来明清两代轿子基本式样。

这就是《史记》所称"山行乘檋"由奴隶

1　应为南宋画家夏圭所绘《西湖柳艇图》，现藏于台北故宫博物院。

2　应为宋末元初画家龚开所绘《中山出游图》，现藏于美国弗利尔美术馆。

3　沈从文1971年被安置在双溪村，写作此文时，"一切全凭记忆"，故文中引用之处有些错漏。

图六十六
宋末元初 龚开《中山出游图》（局部），现藏于美国弗利尔美术馆

社会延续到封建社会末期的历史发展，也反映长期封建社会阶级压迫的一个方面。历史本来是不断发展前进的，但经常也会在某一方面、某一地区、某种事物中，不仅会保留些封建制度残余，甚至于还反映奴隶社会制度人不当人的残余。所以尽管商代以来，制车工艺，即已达到相当高水平，唐代因为国家养马到了四十五万匹，一般妇女出行也骑马，而全国还设有驿站官邸，因公出京上京的，都可照当时等级制度有使用相应马匹和住处权利。但是到了近六百年的明清两朝，反而做武将的，也有出门不会骑马，只坐到四人或八人抬的"官轿"里的事情！明清政权的贪污腐败，极端无能，终于崩溃，被人革命打

倒，这个当然不是主要的，但就这一件小事说来，也可以明白"一叶落知天下秋"的趋势、发展，是终于积累如此如彼的种种，促进了封建皇权的倾覆，在势是无可避免的。

附　篮舆、板舆

或问："晋南北朝史志记载可能还有个什么简便的玩意你忘了，试想想看！"

当然忘掉的还不少，一个人即绝顶聪敏，无一本书，无一个实物图，无一个形象图，这么过考，也怕难及格的。何况我这么一个公认为笨拙的人。严格地要求，是肯定不过硬的，那就得包涵包涵了。

三四十年前读《陶潜传》里，似曾提到过他上庐山应庐山高会时，由于山路高，年岁老，要子侄们用篮舆或板舆抬上山去。究竟应当是什么样子，似乎没见过。但到北宋李公麟绘了个《庐山会图》，记得却像个四方平板小筐筐，是子侄挑上去的，离地不及二尺，倒也方便省事。此外还有个署名《靖节轶事》的小画册，笔道细如明代尤求，也署名李公麟，好像也有那么两人有一个扁担各挑一头的办法，在行进中。稿似相当旧，但是那个篮舆似乎不会早于宋代，而且显明不像是从实用物画出的。

1971 年夏

谈车乘

　　《穆天子传》称周穆王驾八骏马会西王母于瑶池之上。有无八马车出土或形象出现？世传八骏图时代多较晚。这个文件，似出于晋束皙整理太康二年汲郡出土竹简搞出来的。所以汉石刻及壁画均无反映。即到南北朝，画面上也未见到。唐代只李世民墓前"昭陵六骏"，虽反映的是他本人作战坐骑实物形象，且各有名称。装备的"五鞘孔制"且为唐代鞍具制度，见于史志，但多少或受了点八骏传说及名目影响。

　　个人所见，似乎还是元明人所作《八骏图》。是否由赵松雪创始，已难记忆。

　　传世五代人绘《汉武帝见西王母图》[1]（或《会上元夫人图》？）并无车乘表现，只背景作瑶池水波。

1　此处疑为南宋画家所绘《汉宫秋图》。

《石鼓诗》称"六辔沃若",又古文有"懔乎若朽索之驭六马",可见古代必有"六马车"。有没有形象可证,或遗物出土?照诗文称引应当有。遗物似未闻发现,图像也未在汉石刻有反映。

汉代郡守似有"五马"之称,石刻和砖刻应有反映,也没有见过。或者另有解释,不得而知。

《司马相如传》似有"不乘高车驷马,不过汝下"语。应作何解?有无形象可证?是不是司马相如文传,难以记忆。"高车"或指"高轮"或"高盖",即车中那个高高的伞盖。蜀中近年出土汉浮雕砖即可证明。传世或出土铜鎏金水仙花式的"盖弓帽",就是在伞盖末端,有整份出土物,数目难记忆,不过据此可知,这种高伞盖,是可撑可收的。如复原,或能有个六分近似。但由河南浚县卫墓出土驷车复原实物得知西周还没有用伞盖,虽曲辕在中,旁各二马,但直衡和套马颈部之轭,彼此相互关系,如何才能达到"控纵自如"情形,模型所见,似还不大具体。报告或已有具体叙述,不妨查查。汉末两晋间还有些四马车形象,反映到绍兴出土铜镜子上,主题却是"西王母会东王公"所乘车。车作轿子式,两旁有窗,四马奔驰,后垂长长丝绸车帘,似由后面上车。汉石刻也有同式车子,只独马。记得曹操借故把三国时著名文士杨修杀害后,曾写了个信给杨修父亲汉太尉杨彪,送了些礼物,又用他妻子的名义,给杨修母亲一些礼物，内中有一辆车子，似名叫"四望通幰七香车"。名称过长，不大容易记得清楚，可能有些遗漏。照时代估计，应当和镜子上形象相近，大致只是独马。它的特点是轿子式，后面拖曳长长绣幰，还影响到隋唐贵族妇女用小黄牛驾的"金犊车"或"油碧车"。镜子上四马，或因西王母的身份，本意或许用八骏马，受画面限制，只用四马表现。另外，还有同时或晚些传为顾恺之画的《洛神赋图》所乘四马车（图六十七），车后斜插二火焰边长旗，即史传所称"王者乘九斿之车"，马前两旁还各有执弹弓任保卫责任的"驸马"，真正名

图六十七
晋　顾恺之《洛神赋图》（局部），故宫博物院藏

副其实的"驸马"。照画中男女人物衣冠制度说来，至早是北朝人手笔，比顾可能晚二百年或更多。因为给画中洛神着齐梁时装，男子臣仆着北朝装，此画出现事实上还可能更晚些。时代必在隋唐间，才会这么办。极可能，是隋代画家作的。因为赋中"鲸鲵踊而夹毂，水禽翔而为卫"，鱼龙形象和敦煌隋壁画反映极相近，而执弹弓驸马，也是隋唐制度。记得说的是王公贵族出行时，用来驱逐拦道行人，也即镇压人民意。(后来"弹压"二字，可能即由此而出。是否这样，得问问编字典专家！)

这个"王者乘九斿之车"，虽不一定出于东晋顾恺之手，但是用到晋代大事件上，还是可以参考。比如说，我们如绘"淝水之战"，谢玄十二万人如何击溃了苻坚数十万人马情形，史传记载，还曾提及当时苻坚做皇帝的车驾御辂也丢失了，用这个车作参考，似比用别的合适一些。比较后些，宋初作《绣衣卤簿图》和清《卤簿图》或《南巡图》御辂都更壮观些，但不如前者时代较接近。

此前一定还有不少四马车图像，只是限于见闻，难提意见。

《诗经》中所提"执辔如组，两骖如舞"，是否和三马车有关？说起《诗经》，我真惭愧，也可说"读过还背诵过"，也可说"毫无知识"。因为六十年以前，记得在私塾上学时，每天温书，内中《诗经》最容易背，但内容可比《论语》深得多。如"关关雎鸠"，老秀才塾师，也讲不出所以然。好奇心强，问得多些时，就得自己搬凳子，到孔夫子牌位前，伏在凳上，被狠狠揍二十板，事后还得向牌位作个揖，搬凳子自归原位。因此一提《诗经》，就联想到这种封建教育。加之时间过了半世纪多，就多模模糊糊了。好像还有个"两骖雁行"，若只重在解释字义，查查《十三经注疏》省事，如所说恰指的是三马车，图像似无反映。或许是由于我孤陋寡闻，提不出形象证据。还依稀记得《左传》上或别的提到个故事，说某马必蹶，或和三马车有关？至于两马驾的"骈车"，那倒比较容易明确。不仅用马，还有用"鹿"用"牛"的，倒像是读书人闻所未闻。照应用说，这种两马骈车，是最容易控御的。所以孔子谈教育中的六艺之一的"御"，那驾车技术的训练，虽不明指马数，有可能只指一马。不过后来说的"骖乘"，似即指车旁的卫士骑从而言，如汉代四川蜀中画像砖上骈车旁二骑从，与《洛神赋图》中二挟弹弓骑从。这种专门知识，恐得问"专家"！因为记得历史博物馆曾陈列过不少马数不等的模型车，向"专家"请教，不会错。我说的可能是"专家"不注意的小问题，是常识，是客观现实。

1971 年夏

在极端孤寂简单乡居中，用默写方式，试写文物常识小文。

——沈从文

说『熊经』

《庄子·刻意》中说道:

吹呴呼吸,吐故纳新,熊经鸟申,为寿而已矣,此道(导)引之士,养形之人,彭祖寿考者之所好也。

其中"熊经"即是一种健身方法,郭庆藩《集释》引司马彪注云:"若熊之攀树而引气也。"而成玄英注亦云:"如熊攀树而自悬。"看来乃是模仿熊的动作而创造的类似今日体操的健身方式。

在《庄子》的时代,健身法大约分为两大类,一类是"导",即"导气令和",《庄子》说"真人之息以踵,众人之息以喉",前者就是流转周身的气的运转,人以意念使"气"周行全身经络,以达到"吐故纳新",强身健体的效果,并根据自己内部器官的具体情况，采取"吹""呴""呼""吸"各种不同的运气方式，就如《云笈七签》卷五十六所分别的那样，只不过《云笈七签》分得更细更烦琐些。另一类是"引"，即"引体令柔"，包括"熊经""鸟申"等各种形体锻炼在内的养生方法，正像《抱朴子·别旨》所说的"或伸屈、或俯仰、或行卧、或倚立、或踯躅、或徐步"，大约这种方法最初是古人受动物运动启发而创造的，所以多以动物名命名，就像《抱朴了·对俗》所说："知龟鹤之遐寿，故效其道引以增年。"

西汉以来，有关卫生保健的方法曾有过不少论著，但保存下来的却不多，按《汉书·艺文志》的记载，共有四大类，一是"神仙"、二是"房中"、三是"医药"、四是"导引"，各有分别。但是，"神仙"之法多属迷信，又极靡费，普通人难以做到，只有帝胄贵室可以仿行，所以汉武帝刘彻才会上方士的大当，甚至还把一个公主嫁给了方士，并封为"文成五利将军"，筑百丈高台，用三百个八岁的童男童女，穿上锦绣衣服通宵歌舞，结果神仙不来，只好把这个骗子杀了。"房中"本是一种在性交中讲求节欲保精的方法，如天师道之"合气"，但这也往往只有帝王家有兴趣施行，因为只有帝胄贵室才养了无数嫔妃宫女，所以久而久之便成了帝王纵欲之术，完全变了性质。"医药"当然对大多数人有用，但也有缺陷，一是名医秘方人所罕知，用的药也往往少数有钱人能办得起，尽管到唐代曾将孙思邈《千金方》刻石公开，宋代更将宫廷秘方全部公之于《圣济方》《政和本草》，但无钱人仍未见得能照方抓药；二是即便照方抓药，仍是消极治病，不是事先预防，所以只有第四类"导引"是很积极的预防方式，而且"导引术"人人可以自学，"熊经""鸟申"之类形体运动更是容易，就像小孩学体操一样。

旧时说"熊经"往往从《庄子》一下子说到华佗"五禽戏"，华佗云："古之仙者，为导引之事，熊颈鸱顾，引挽腰体，动诸关节，以求难老"，见于《三国志·华佗传》，但从《庄子》到华佗，中间隔了数百年，整整秦汉两代，"熊经"之类健身术难道在这数百年中竟湮没无闻，直至华佗才重新发掘吗？这显然不可能，所以，我们以出土文物资料为主，参以文献记载，重新考证汉代"熊经"的流传，以补足这一段历史的空缺，并以实物图片来形象化地说明"熊经"，以弥补文字资料无法详细表述的缺陷。当然，在出土文物中，马王堆三号汉墓的《导引图》（图六十八）当然是考证"熊经"的最重要资料，其中第四十一图正是"熊经"（图1）！不过，马王堆三号汉墓年代在西汉初年，比它稍晚的《淮南子·精神训》中仍有"熊经、鸟伸、凫浴、蝯（猿）躩、鸱视、虎顾"的记载，那么《导引图》能够继承战国以来的导引套路就很自然了。问题是，在此之后，"熊经"是不是仍然一直没有失传？在文物资料中是否有证据可以

图六十八

西汉 《导引图》（局部），马王堆三号汉墓出土

证明从《庄子》到华佗是一脉相传？我们考证的结论是肯定的。

　　一九六四年河北保定出土西汉金银错管状车器上的六个"熊经"图形（图2）。第一个有如熊攀树刚刚起步，前肢如抱树干，后肢一足在地，一足抬起；第二个则后肢作弓箭步，前肢一伸向前，掌心向外，掌尖向上，一在身后，曲肘向上，这与今日各种武术的一个常见动作十分相似，而汉代各种文物中也常见熊的这一类似形象，如西汉朱绘漆盘中之熊（图3）、洛阳西汉空心砖墓彩绘门上部之熊（图4）、东汉错银车轴上之熊（图5）等；第三个则后肢交错而立，前肢一在身后，一曲在身前；第四个则作跨步，后肢一曲一直，分在两侧，前肢左曲右直，左肢曲肘向下，右肢直而向侧上，西汉青铜酒尊（图6）、洛阳西汉空心砖墓彩绘（图7）中所见之熊亦有相似姿势；第五个则后肢一足在地，一足抬起，前肢右曲左直，若右肢抬起，左肢向下后方摆动，整个身体亦随之旋转；第六个则较复杂，后肢右肢向一侧蹬出，左肢则外撇屈膝，前肢右曲肘翻掌，左曲肘掌心向后，山西西汉墓出土青铜酒尊腰部所见两个熊像与此也相仿（图8）。

汉代文物中所见"熊经"图像远不止此，零星的尚有许多，但成套的当以此为首，另武氏祠石刻《黄帝伐蚩尤图》中另有四熊（图9），其姿势亦可能是"熊经"中的，可惜残破且过于简略，仅存轮廓，只好一并附于此供参考。从这些资料中可以看出，首先，自战国人已有"熊经"方法以来，汉代一直延绵不衰；其次，"熊经"在汉代已远不止"攀树而引气"一种姿势，很可能已经完成了包括各种姿势在内的套路；最后，华佗创"五禽戏"，其中"熊"一部分，当是吸收了汉代"熊经"术的成果而光大之的，绝不是心血来潮的突然发现。东汉末崔寔《政论》说："夫熊经鸟伸虽延历之术，非伤寒之理。"《汉书·王吉传》更引王吉说："俯仰诎信（屈伸）以利形，进退步趋以实下。"可见西汉、东汉人并没有把"熊经"等方法遗

图1
马王堆出土帛书《导引图》第41式"熊经"（摹本）

图3
西汉朱绘漆盘中之熊（摹本）

图4
洛阳西汉空心砖墓彩绘门上部的
"熊经"图案（摹本）

图5
东汉错银车轴上的"熊经"
图案（摹本）

图2
西汉金银错管状车器上的"熊经"图案（摹本），河北保定 1964 年出土

图 6

西汉青铜酒尊上的图案（摹本）

图 7

洛阳西汉空心砖墓彩绘（摹本）

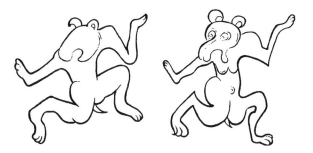

图 8

山西西汉墓出土之青铜酒尊腰部所见二熊（原为浮雕，线图难见效果）

图 9

四熊均取自武氏祠石刻《黄帝伐蚩尤图》部分（摹本）

忘，反而记得很牢，而且分析得也很清醒。

可是，汉魏之后，"导引"便被纳入道教系统，《道藏》"尽"字号有《彭祖导引图》。"临"字号又有托名彭祖的《摄生养性论》，显然均为伪托，《道藏》里还有许多讲"导引之术"的著作也都附会了很多神秘怪异的迷信思想，不过，也有不少古代"导引"的方法被完好地保存在这些芜杂的书中，像陶弘景《登真隐诀》卷中便辑有不少健身的方法，《云笈七签》卷三十二《杂修摄》引《导引经》也记有各种引挽之术，这些也许与"熊经鸟申"都有密切的关系，只是越到后来，它们的本来面目便越含混，以致人们渐渐忘记了它们的起源不过是人类对于动物的"摹仿"。

约作于 1975 年

谈金花笺

一　时代和主要内容

金花笺照北京习惯称呼是"描金花笺"，比较旧的称呼应当是"泥金银画绢"或"泥金银粉蜡笺"。原材料包括绢和纸，一般多原大六尺幅或八尺幅，仿澄心堂的一种则是斗方式，大小在二尺内。制作时代多在十七世纪后期和十八世纪前期。主题图案的表现方法大致可分成两种形式，一是在彩色纸绢上用金银粉加绘各种生色折枝花，二是在彩色纸绢上绘各种疏朗串枝花或满地如意云，再适当加上各种龙凤、八吉祥或花鸟蝴蝶图案。反映到这种彩色鲜明的纸绢上的，不论是庄严堂皇的龙凤，还是生动活泼的花鸟蜂蝶，看来却给人一个共同的愉快印象，即画面充满生意活跃的气氛，它具有一种十八世纪文人画家绝办不到，惟有工人艺术家才会有的，豪放中包含有精细、秀美中又十分谨严的装饰艺术风格。特别是整幅纸张的装饰效果，显得极其谨严完整，部分花鸟却又自由活泼，相互调和得恰到好处，它的产生虽在两百年前，到现在仍使人感到十分新鲜。

这些纸绢似创始于唐、宋，盛行于明、清，当时多是特意为宫廷殿堂中书写宜春帖子诗词或填补墙壁廊柱空白，也作画幅上额或手卷引首用的，在悬挂时可起屏风画作用，有的位置就等于屏风。宋代以来，人称黄筌父子在屏风上作花鸟画为"铺殿花"，语气中实含有讽刺。其实照目前看来，倒正说明了这类画的长处是笔墨扎实，毫不苟且，因之装饰效果特别强。十七世纪、十八世纪以来，金花笺上的花鸟云龙，长处还是照旧，应属于"铺殿花"一个分支。作者部分是清代宫廷中如意馆工师，部分是苏州工匠。在苏州织造上奏文件中，有一份关于同治八年制造五色蜡笺工料价目，十分重要。价目是：

计细洁独幅双料两面纯蜡笺，每张工料银五两九分。

又洒金蜡笺，每张加真金箔洒金工料一两一钱五分二厘，每张工料银六两二钱四分二厘。

又五色洒金绢，每张长一丈六尺，宽六尺，每尺用加重细洁纯净骨力绢，需银一两，颜料练染工银三钱，真金箔一钱四分七厘，洒金工银三分一厘，每尺银一两四钱七分八厘，每张银二十三两六钱四分八厘。

文件中说的是比较一般的洒金纸绢，由此可推知，十八世纪以来，加工极多的泥金绘画纸绢，当时价格必然更贵（图六十九）。如把这个价目和绸缎价目相比较，当时特别讲究的石青装花缎子，不过一两七钱银子一尺，最高级的天鹅绒，只三两五钱银子一尺，这种加金纸绢价格之高可见一斑。

画师姓名我们目前知道的虽不多，但艺术风格则可从花笺本身一望而知：早期多接近蒋廷锡父子，较晚又和邹一桂有些相通，山水画笔法则像张宗苍、董诰。这情形十分自然。因为作者既然多是如意馆工师或苏州画工，艺术风格受宫廷画师影响，是不足为奇的，特别是容易受后来做宰相的蒋廷锡画风的影响。但是如从图案

图六十九
清　嘉庆帝在洒金黄笺纸上手书的吉祥语，故宫博物院藏

304

布局效果看来，这些画却早已大大超过了他们，每一幅画都注意到整体效果和部分的相互关系，节奏感极强，有很高的艺术成就。

二　泥金银技术在一般工艺上的发展

泥金银技术比较普遍地使用到丝绸衣物、木漆家具和其他各方面，是在唐、宋两代，即公元六世纪、七世纪到十二世纪。明杨慎引《唐六典》，称唐人服饰用金计十四种，宋王栐著《燕翼诒谋录》，则说北宋时用金已到十八种，各有名目开列。今本《唐六典》并无用金十四种的名称，其他唐宋以来类书也少称引。从名目分析，杨说恐怕只是据王栐著作附会，不很可信。但唐代泥金、缕金、捻金诸法用于妇女歌衫舞裙之多样化，则从当时诗文中可以说明。时间更早一些，如《南齐书·舆服志》《东宫旧事》《邺中记》和曹操《上杂物疏》均提及金银绘画器物，可知至晚在东汉时，泥金银绘画技术，就已应用到工艺各部门，而且还在不断发展中。

但是，最早使用在什么时候，如仅从文献寻觅，是无从得到正确解答的。数年前，长沙战国楚墓出了几个透雕棺板，前年信阳长台关楚墓出了个彩绘漆棺和大型彩绘漆案，上面都发现有泥金银加工、绘饰精美活泼的云龙凤图案，因此才知道早在春秋战国之际，当装饰艺术部门正流行把黄金和新发现的白银应用到镶嵌工艺各方面时，同时也就发明了把金银箔做成极细粉末，用作绘画材料，使用于漆工艺上，增加它的艺术光彩。这是公元前四世纪、五世纪的事情。

用金银在各色笺纸上作书画，也由来已久。文献著录则始于汉晋方士用各色绸帛、笺纸书写重要经疏。这个方法一直被沿袭下来，直到十九世纪不废。直接施用于服饰上，则晋南北朝是个重要阶段。当时由于宗教迷信，使得许多统治者近于疯狂地把所占有的大量金银去谄媚神佛，装饰庙宇。除佛身装金外，还广泛应用于建筑彩绘、帐帷旗幡各方面。因佛披金襕袈裟传说流行，捻金织、绣、绘、串枝宝相花披肩于是产生，随后且由佛身转用到人身的披肩上。唐代的服饰广泛用金，就是在这个传统基础上的一种发展。绘画中则创造了金碧山水一格，在中国绘画史上占有特别地位。笺纸上加金花，也在许多方面应用。李肇《翰林志》即说过：“凡将相告身，用金花五色绫纸所司印。”又《杨妃外传》称李白题牡丹诗即用金花笺。唐人重蜀中薛涛笺，据《牧竖闲谈》记载，则当时除十色笺外，还有“金沙纸、杂色流沙纸、彩霞金粉龙凤纸、绫纹纸”，等等。这些特种笺纸，显然有好些是加金的。《步非烟传》称：“以金凤笺写诗。”明陈眉公《妮古录》则称：“宋颜方叔尝创制诸色笺，有杏红、露桃红、天水碧，俱砑成花竹、鳞羽、山林、人物，精妙如画。亦有用金缕五色描成者，士大夫甚珍之。"元费著作《蜀笺谱》称："笺背青面白，有学士笺及仿姑苏作杂色粉纸，名'假苏笺'，皆印金银花于上。和苏笺不同处，姑苏纸多布纹，假苏笺为罗纹。"且说："蜀中也仿澄心堂，中等则名玉水，冷金为最下。"明屠隆《考槃余事》谈宋纸上说及团花笺和金花笺，并说元时绍兴纸加工的有"彩色粉笺、蜡笺、花笺、罗纹笺"。明代则有"细密洒金五色粉笺、五色大帘纸洒金笺、印金五色花笺"。吴中则有"无纹洒金笺"。《成都古今记》亦称除十样彩色蛮笺外，还有金沙、流沙、彩露、金粉、冷金诸种金银加工纸。范成大《吴船录》，曾见白水寺写经，是用银泥在碧唾纸上书写，卷首还用金作图画。大约和近年发现虎丘塔中写经、上海文管会藏开宝时写经同属一式。宋袁裒《枫窗小牍》则说"皇朝玉牒多书于销金花白罗纸上"。《宋史·舆服志》也说宋官诰内部必用泥金银云凤罗绫纸，张数不同。除上面记载，反映宋代纸上加金银花已相当普遍外，即在民间遇有喜庆事，也流行用梅红纸上加销金绘富贵如意、满池娇、宜男百子等当时流行的吉祥图案。男女订婚交换庚帖，一般还必须用泥金银绘龙凤图案。由此得知，宋代虽然禁用金银的法令特别多，却正反映社会上用金实在相当普遍，难于禁止。王栐也以为当时是："上行下效，禁者自禁而用者自用。"又宋代以来日用描金漆器早已成社会习惯，所以《梦粱录》记南宋临安市容时，日用漆器商行，"犀毗"和"金漆"即各不相同，分别营业，可见当时金漆行销之广和产量之多。宋李诫《营造法式》并曾记载有建筑上油漆彩绘用金分量及做法。

契丹、女真、蒙古等族，从九世纪以来，在北方政权前后相接，计五个世纪，使用金银作建筑装饰，虽未必即超过唐宋，惟服饰上用金银风气，则显然是同样在发展中。特别是金、元两代，把使用织金丝绸衣物帷帐作为一种奢侈的享受，且用花朵大小定官品尊卑，服饰用金因之必然进一步扩大。陶宗仪著《辍耕录》还把元时漆器上用金技术过程加以详细叙述。到明代，漆工艺专著《髹饰录》问世时，更发展了漆器上用金的种类名目。举凡明清以来使用在金花纸绢上的各种加工方法，差不多在同时或更早都已使用到描金漆加工艺术上。综合研究必有助于对金花笺纸材料的理解和认识。

三 金花笺在工艺上的特征

金花笺一般性加金技术处理，根据明清材料分析，大致不外三式：一、小片密集纸面如雨雪，通称"销金""屑金"或"雨金"，即普通"洒金"；二、大片分布纸面如雪片，则称"大片金"，又通称"片金"，一般也称"洒金"；三、全部用金的，即称"冷金"（在丝绸中则称为"浑金"），冷金中又分有纹、无纹二种并有布纹、罗纹区别。这部分生产，宋、明以来苏蜀工人都有贡献，贡献特别大的是苏州工人。纸绢生产属于苏州织造管辖范围，这是过去不知道的。

明清花笺（图七十）制作，按其艺术特征，可分成几个阶段：

一、显然属于明代的，计有朱红、深青及明黄、沉檀四色。材料多不上蜡，属于粉底纸绢类，花多比较草率大派，银已泛黑，折枝和龙形与明代锦缎、瓷器纹样相通。

二、明清之际的，多作各种浅粉色底子薄花绢，用金银粉末特别精神，画笔设计也格外秀雅，和同时描金瓷上花纹近似。

三、乾隆时期的，多五色相配搭，外用黄色粗花绫裹成

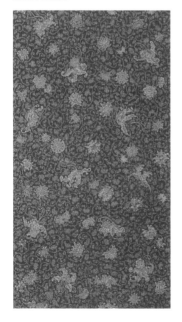

图七十
清 描金宫绢，1964 年沈从文捐献，故宫博物院藏

309

一轴。纸料比较坚实，花纹却较板滞，但图案组织还是极富巧思。

四、道光、同治以后的，纸张多较薄，色料俱差，金银色均浅淡，画笔也日益简率。

从材料性质说，大致也可以分成三种：一、细绢上加彩粉底加金银绘；二、彩粉底加金银绘；三、彩粉蜡底加金银绘。

如从花纹区别，大体有如下各种：一、各种如意云中加龙凤、狮球或八吉祥折枝花；二、散装生色折枝花；三、各式卷草串枝花加龙凤、狮球、八吉祥、博古图。从花纹上看，云多作骨朵如意云形的，清代虽还沿用，其实是明式，和明云缎花纹相似。至于细如飘带不规则五彩流云，则是清式。云中有蝙蝠，如"洪福齐天"，必是清代。其中又有早晚，从蝙蝠形状可知。龙多竖发猪嘴（所谓"猪婆龙"），凤为细颈秀目，并有摇曳生姿云样长尾，即非明也是清初仿，和瓷器一样。博古图主题是康熙所特有，道光也有仿效。细金屑薄粉笺多属康熙，有各种浅色的。另外还有一种斗方式金花笺，纸下角加有一个长方条朱红色木戳，作"乾隆年仿澄心堂纸"八字，上用细泥金银绘花鸟、松竹、山水、折枝花，纸分粉笺和蜡笺两种，粉笺较精，多紧厚结实如玉版。又有一种作"仿照体仁殿制"字样，纸式相同。我疑心这类笺纸是明宣德时制作，清代才加上金花的。还有一种斗方式作冰梅花纹的，所见计有二式：一种是在银白薄蜡纸上用金银绘冰梅，加小方戳则称"玉梅花笺"

图七十一
清 梅花玉版笺，故宫博物院藏

（图七十一），创始于康熙，乾隆时还在复制。一种是薄棉茧纸，花纹透明，尺码较小，五色俱备，生产时代当在明清之际，或明代南方工人本于"纸帐梅花"旧说，专为裱糊窗槅用的。

四 一点意见

纸是祖国劳动人民伟大发明之一，它的主要成就，首先是在科学文化传播上所起的巨大作用。其次是由于特种加工，又产生了许多精美特殊的纸张，在艺术史的进展上作出了特别的贡献。泥金银花笺则在制作技术上和绘画艺术上，都反映出十八世纪前后制纸工人技术和民间画师艺术的结合，值得予以应有重视，但是在古代艺术研究领域里，这一部分材料却往往被忽略。这牵涉到对绘画艺术的看法问题。照旧的看法，什么文人墨客，随便即兴涂抹几笔，稍有些新意思，一经著录，就引起收藏家的注意关心。至于这种工艺画，不拘当时用过多少心血，有何艺术成就，也被认为是一些工匠作品，不值得注意。照个人理解，从这些工艺画的艺术成就本身，以及从它对今后轻工业生产各部门进行平面装饰设计时的参考价值来看，都应加以认真地整理研究，才对得起这部分优秀遗产。

1959年发表于《文物》杂志第 2 期

过节和观灯

一　端午给我的特别印象

说起过节和观灯，每人都有份不同的经验。

中国是世界上一个大国，地面广、人口多、历史长，分布全国各民族语言文化风俗习惯又不一样，所以一年四季就有许多节日，使用不同的方式，分别在山上、水边、乡村、城镇举行。属于个人的且家家有份。这些节日在衣食住行各方面，丰富人民生活的内容，扩大历史文化的面貌，也加深了民族团结的情感。一般吃的如年糕、粽子、月饼、腊八粥，玩的如花炮、焰火、秋千、风筝、灯彩、陀螺、兔儿爷、胖阿福，穿戴的如虎头帽、猫猫鞋，作闹龙舟和百子观灯图的衣裙、坎肩、涎围和围裙……就无一不和节令密切相关。较古节日已延续了两三千年，后起的也有千把年的历史，经史等古籍中曾提起它种种来历和举行的仪式。大多数节日常和农事相关，小部分则由名人故事或神话传说而来，因此有的虽具全国性，但依旧会留下区域特征。比如为纪念屈原的五月端阳，包粽子、悬蒲艾、戴石榴花，虽然已成全国习惯，但南方的龙舟竞渡，给青年、妇女及小孩子带来的兴奋和快乐，就绝不是生长在北方平原的人所能想象的。

大江以南，凡是有河流可通船舶处，无论大城小市，端午必照例举行赛船。这些特制龙船多窄而长，有的且分五色，头尾高张，转动十分灵便。平时搁在岸上，节日来临前，才由二三十个特选少壮青年，在鞭炮轰响、欢笑呼喊中送请下水。初五叫小端阳，十五叫大端阳，正式比赛或由初三到初五，或由初五到十五。沅水流域的渔家子弟，白天玩不尽兴，晚上犹可继续进行，三更半夜后，住在河边的人从睡梦中醒来时，还可听到水面上飘来蓬蓬当当的锣鼓声。近年来我的记忆力日益衰退，可是四十多年前在一条六百里长的沅水和五个支流边的一些大城小镇度过的端阳节，由于乡情风俗热烈活泼，将近半个世纪，种种景象在记忆中还明朗清楚，不褪色，不走样。

因此还可联想起许多用"闹龙舟"作题材的艺术品。较早出现的龙舟，似应数敦煌壁画，东王公坐在上面去会西王母，云游远方，象征"驾六龙以驭天"。画虽成于北朝人手，最先稿本或可早到汉代。其次是《洛神赋图》，也有个相似而不同的龙舟，仿佛"驾玉虬而偕逝"情形，作为曹植对洛神的眷恋悬想。虽历来当作晋代大画家顾恺之手笔，但产生时代可能较晚些。还有个长及数丈元明人传摹唐李昭道《阿房宫图卷》，也有几只装饰华美的龙凤舟，在一派清波中从容荡漾，和结构宏伟建筑群相呼应。只是这些龙舟有的近于在水云中游行的无轮车子，有的又和五月端阳少直接关系。由宋到清，比较著名的画还有宋人张择端《金明池争标图》、宋人《龙舟图》、元人王振鹏《龙池竞渡图》、宋人《西湖竞渡图》、清人《龙舟竞渡卷》……画幅虽不大，但都相当生动美丽，反映出部分真实历史。清初十二月令画轴之《五月端阳龙舟图》（图七十二），且画得格外华美热闹。

此外，明清工人用象牙、竹木和剔红雕填漆做的龙船，也有工艺精巧绝伦的。至于应用到生活服用方面，实无过西南各省民间挑花刺绣：被面、帐檐、门帘、枕帕、围裙、手巾、头巾和小孩穿的坎肩、涎围，戴的花帽，经常都把"闹龙舟"作主题，加以各种不同艺术表现，做得异常精美出色。当地妇女制作这些刺绣时，照例必把个人对节日欢乐的回忆，身为新嫁娘、母亲对于家庭的幸福愿望，对于儿女的热爱关心，连同彩色丝线交织在图案中。闹龙舟的五彩版画，也特别受农村中和长年寄居在渔船上、货船上的妇孺欢迎，能引起他们种种欢乐回忆和联想。

图七十二
清　宫廷画家绘
《十二月令图》
之《五月端阳龙
舟图》，台北故
宫博物院藏

二 记忆中的云南跑马节

还有特具地方性的跑马节，是在云南昆明附近乡下跑马山下举行的。这种聚集了近百里内四乡群众的盛会，到时百货云集，百艺毕呈，对于外乡人更加开眼。不仅引人兴趣，也能长人见闻。来自四乡载运烧酒的马驮子，多把酒坛连驮架就地卸下，站在一旁招徕主顾，并且用小竹筒不住舀酒请人品尝。有些上点年纪的人，阅兵点将一般，到处走去，点点头又摇摇头，平时若酒量不大，绕场一周，也就不免给那喷鼻浓香酒味熏得摇摇晃晃，有个三分醉意了。各种酸甜苦辣吃食摊子，也都富有云南地方特色，为外地所少见。妇女们高兴的事情，是城乡第一流银匠到时都带了各种新样首饰，选平敞地搭个小小布棚，展开全部场面，就地开业，煮、炸、捶、钻、吹、镀、嵌、接，显得十分热闹。卖土布鞋面、枕帕的，卖花边阑干、五色丝线和胭脂水粉香胰子的，都是专为女主顾而准备。文具摊上经常还可发现木刻《百家姓》和其他老式启蒙读物。

大家主要兴趣自然在跑马，特别关心本村的胜败，和划龙船情形相差不多。我对于赛马兴趣并不大。云南马骨架多比较矮小，近于古人说的"果下马"，平时当坐骑，爬山越岭腰力还不坏，走夜路又不轻易失蹄。在平川地作小跑，钻子步走来匀称稳当，也显得蛮有精神。可是当时我实另有所会心，只希望从那些装备不同的马背上，发现一点"秘密"。因为我对于工艺美术有点常识，漆器加工历史有许多问题还未得解决。读唐宋人笔记，多以为"犀皮漆"做法来自西南，系由马鞍鞴涂漆久经摩擦而成。"波罗漆"即犀皮中一种，"波罗"由樊绰《蛮书》得知即老虎别名，由此可知波罗漆得名便在南方。但是缺少从实物取证，承认或否认仍难肯定。我因久住昆明滇池边乡下，平时赶火车入城，即曾经从坐骑鞍桥上发现有各种彩色重叠的花斑，证明《因话录》等记载不是全无道理。所谓秘密，就是想趁机会在那些来自四乡装备不同的马背上，再仔细些探索一下究竟。结果明白不仅有犀皮漆云斑，还有五色相杂牛皮纹，正是宋代"绮纹刷丝漆"的做法。至于宋明铁错银马镫，更是随处可见。云南本出铜漆，又有个工艺传统，马具制作沿袭较古制度，本来极平常自然。可是这些小发现，对我说来却意义深长，因为明白"由物证史"的方法，此后就用到研究物质文化史和工艺图案发展史，都可得到不少新发现。当时在人马群中挤来钻去，十分满意，真正应合了古人说的"相马于牝牡骊黄之外"。但过不多久，更新的发现就把我引诱过去，认为从马背上研究老问题，不免近于卖呆，远不如从活人中听听生命的颂歌为有意思了。

原来跑马节还有许多精彩的活动，在另外一个斜坡边，比较僻静长满小小马尾松林子和荆条丛生的地区，那时到处有一簇簇年轻男女在对歌，也可说是"情绪跑马"，热烈程度绝不下于马背翻腾。云南本是个诗歌的家乡，路南和迤西歌舞早闻名全国，这一回却更加丰富了我的见闻。

这是种别开生面的场所，对调子的来自四方，各自蹲踞在松树林子和灌木丛沟凹处，彼此相去虽不多远，却互不见面。唱的多是情歌酬和，却有种种不同方式。或见景生情，即物起兴，用各种丰富比喻，比赛机智才能。或用提问题方法，等待对方答解。或互嘲互赞，随事押韵，循环无端。也唱其他故事，贯穿古今，引经据典，当事人照例心中一本册，滚瓜熟，随口而出。在场的既多内行，开口即见高低，含糊不得。所以不是高手，也不敢轻易搭腔。那次听到一个年轻妇女一连唱败了三个对手，逼得对方哑口无言，于是轻轻地打了个吆喝，表示胜利结束，从荆条丛中站起身子，理理发，拍拍绣花围裙上的灰土，向大家笑笑，意思像是说："你们看，我唱赢了。"显得轻松快乐，拉着同行女伴，走到江米酒担子边解口渴去了。

这种年轻女人在昆明附近村子中多的是。性情明朗活泼，劳动手脚勤快，生长得一张黑中透红的脸，满口白白的牙齿，穿了身毛蓝布衣裤，腰间围了个钉满小银片扣花葱绿布围裙，脚下穿双云南乡下特有的绣花透孔鞋，油光光辫发盘在头上，她们不仅唱歌十分在行，大年初一和同伴到各个村子里去打秋千，用马皮做成三丈来长的秋千条，悬挂在路旁高树上，蹬个十来下就可平梁，还悠游自在若无其事！

在昆明乡下，一年四季早晚，本来都可以听到各种美妙有情的歌声。由呈贡赶火车进城，向例得骑一匹老马，慢吞吞地走十里路。有时赶车不及还得原骑退回。这条路得通过些果树林、柞木林、竹子林和几个有大半年开满杂花的小山坡。马上一面欣赏土坎边的粉蓝色报春花，在轻和微风里不住点头，总令人疑心那个蓝色竟像是有意模仿天空而成的。一面就听各种山鸟呼朋唤侣，和身边前后三三五五赶马女孩子唱的各种本地悦耳好听山歌。有时面前三五步路旁边，忽然出现个花茸茸的戴胜鸟，竖起头顶花冠，瞪着个油亮亮的眼睛，好像对于唱歌也发生了兴趣，经赶马女孩子一喝，才扑着翅膀掠地飞去。这种鸟大白天照例十分沉默，可是每在晨光熹微中，却欢喜坐在人家屋脊上，"郭公郭公"反复叫个不停。最有意思的是云雀，时常从面前不远草丛中起飞，扶摇盘旋而上，一面不住唱歌，向碧蓝天空中钻去，仿佛要一直钻透蓝空。伏在草丛中的云雀群，却带点鼓励意思，相互应和。直到穷目力看不见后，忽然又像个小流星一样，用极快速度下坠到草丛中，和其他同伴会合，于是另外几只云雀又接着起飞。赶马女孩子年纪多不过十四五岁，嗓子通常并没经过训练，有的还发哑带沙，可是在这种环境气氛里，出口自然，不论唱什么，都充满一种淳朴本色美。

大伙儿唱得最热闹的叫"金满斗会"，有一次在龙街村子里举行，到时候住处院子两楼和那道长长屋廊下，集合了附近几个乡村男女老幼百多人，六人围坐一矮方桌，足足坐满了三十来张桌子，每桌各自轮流低声唱《十二月花》，和其他本地好听曲子。声音虽极其轻柔，但合起来却如一片松涛，在微风摇荡中舒卷，张弛不定，有点龙吟凤哕意味。仅是这个唱法就极其有意思。唱和相续，一连三天才散场。来会的妇女占多数，和逢年过节差不多，一身收拾得清洁利索，头上手中到处是银光闪闪，使人不敢认识。我以一个客人身份挨桌看去，很多人都像面善，可叫不出名字。随后才想起这个是村子口摆小摊卖酸泡梨的，那个是城门边挑水洗衣的，此外打铁箍桶的工匠家属，小杂货商店的老板娘子，乡村土医生和阉鸡匠，更多的自然是赶马女孩子和不同年龄的农民和四处飘乡赶集卖针线花样的老太婆，原来熟人真不少！集会表面说辟疫免灾，主要作用还是传歌。由老一代把记忆中充满智慧和热情的好听歌声，全部传给下一辈。反复唱下去，到大家熟习为止。因此在场的老年人格外兴奋活跃，经常每桌轮流走动。主要作用是在照规矩传歌，不问唱什么都不犯忌讳。就中最当行出色的是龙街村子一个吹鼓手，年纪已过七十，牙齿早脱光了，却能十分热情整本整套地唱下去。除爱情故事，此外嘲烟鬼、骂财主，样样在行，真像是一个"歌库"。小时候常听老太婆口头语"十年难逢金满斗"，意思是盛会难逢，参加后，才知道原来这种会，只有正当金星入斗那一年才举行的。

同是唱歌，另外有种抒情气氛，而且背景也格外明朗美好，即跑马节跑马山下举行的那种会歌。

西南原是诗歌的家乡，我所听到的不过是极小范围内一部分而已。新中国成立后，人民生活日益美好，心情也必然格外欢畅，新一代歌手都一定比三五十年前更加活泼和热情。

三 灯节的灯

元宵主要在观灯。观灯成为一种制度，似乎《荆楚岁时记》中就提起过，比较具体的记载，实起始于唐初，发展于两宋，来源则出于汉代燃灯祀太乙。观灯日期迟早不一，有的由十四到十六，有的又由十五到十九。"灯市"得名并扩大作用，也是从宋代起始。论灯景壮丽，过去多以为无过唐宋。笔记小说记载，大都说宫廷中和贵族彩里灯奢侈华美的情况。

观灯有"灯市"，唐人笔记虽记载过，但正式举行还是从北宋汴梁起始，南宋临安续有发展，明代则集中在北京东华门大街以东八面槽一带。从《东京梦华录》和其他记述，得知宋代灯市计五天，由十五到十九。事先必搭一座高达数丈的"鳌山灯棚"，上面布置各种灯彩，燃灯数万盏。封建皇帝到这一天，照例坐了一顶敞轿，由几个亲信太监抬着，倒退行进，名叫"鹁鸽旋"，便于四面看人观灯。又或叫几个游人上前，打发一点酒食，旧戏中常用的"金杯赐酒"即由之而来。说的虽是"与民同乐"，事实上不过是这个皇帝久闭深宫，十分寂寞无聊，大臣们出些巧主意，哄着他开心遣闷而已。宋人笔记同时还记下许多灯彩名目，"琉璃灯"可说是新品种，不仅在富贵人家出现，商店中也起始用它来招引主顾，光如满月。"万眼罗"则用红白纱罗拼凑而成。至于灯棚和各种灯球的式样，有《宋人观灯图》和《宋人百子闹元宵图》，还为我们留下些形象材料。由此得知，明清以来反映到画幅上如《金瓶梅》《宣和遗事》和《水浒传》插图中种种灯景，和其他工艺品——特别是保留到明清锦绣图案中，百十种极其精美好看、旁缀珠玉流苏的多面球灯，基本上大都还是宋代传下来的式样。另外画幅上许多种鱼、龙、鹤、凤的巧作灯、儿童竹马灯和在地下旋转不停的滚灯，也由宋代传来。宋代"琉璃灯"和"万眼罗"，明代的"金鱼注水灯"和用千百蛋壳做成的巧作灯，用冰琢成的冰灯，式样做法虽已难详悉，至于明代有代表性实用新品种，"明角灯"和"料丝灯"，实物在故宫还有遗存的。中国历史博物馆又还有个《明宪宗元宵行乐图》（图七十三），画的是宫中过年情形，留下许多好看的成串成组的宫灯式样。这个传世宫廷画卷，上面还有个松柏枝扎成上挂八仙庆寿的鳌山灯棚，及灯节中各种杂剧杂技活动，焰火燃放情况，并且还有一个乐队，一支"百蛮进宝队"，几个骑竹马灯演《三战吕布》戏文故事场面，画出好些明代北京民间灯节风俗面貌。货郎担推的小车，还和宋元人画的《货郎图》差不多，车上满挂各种小玩具和灯彩，货郎作一般小商人装束。照明人笔记说，这种种却是专为宫廷娱乐仿照市面上风光预备的。宫廷中养了七百人，就是为得皇帝一人开心而预备的。到万历时才有大臣上奏，把人数减去一半。

　　我生长的家乡是湘西边上一个居民不到一万户口的小县城，

但是狮子龙灯焰火，半世纪前在湘西各县却极著名。逢年过节，各街坊多有自己的灯。由初一到十二叫"送灯"，只是全城敲锣打鼓各处玩去。白天多大锣大鼓在桥头上表演戏水，或在八九张方桌上盘旋上下。晚上则在灯火下玩蚌壳精，用细乐伴奏。十三到十五叫"烧灯"，主要比赛转到另一方面，看谁家焰火出众超群。我照例凭顽童资格，和百十个大小顽童，追随队伍城厢内外各处走去，和大伙在炮仗焰火中消磨。玩灯的不仅要气力，还得要勇敢，为表示英雄无畏，每当场坪中焰火

图七十三
明《明宪宗元宵行乐图》（局部），
中国国家博物馆藏

上升时，白光直泻数丈，有的还大吼如雷，这些人却不管是"震天雷"还是"猛虎下山"，照例得赤膊上阵，迎面奋勇而前。我们年纪小，还无资格参与这种剧烈活动，只能趁热闹在旁呐喊助威。有时自告奋勇帮忙，许可拿个松明火炬或者背背鼓，已算是运气不坏。因为始终能跟随队伍走，马不离群，直到天快发白，大家都烧得个焦头烂额，精疲力尽。队伍中附随着老渔翁和蚌壳精的，蚌壳精向例多选十二三岁面目俊秀姣好男孩子充当，老渔翁白须白发也做得俨然，这时节都现了原形，狼狈可笑。乐队鼓笛也常有气无力、板眼散乱地随意敲打着。有时为振作大伙精神，乐队中忽然又悠悠扬扬吹起"踹八板"来，狮子耳朵只那么摇动几下，老渔翁和蚌壳精即或得应着鼓笛节奏，当街随意兜两个圈子，不到终曲照例就瘫下来，惹得大家好笑！最后集中到个会馆前点验家伙散场时，正街上江西人开的南货店、布店，福建人开的烟铺，已经放鞭炮、烧开门纸迎财神，家住对河的年轻苗族女人，也挑着豆豉萝卜丝担子上街叫卖了。

有了这个玩灯烧灯经验底子，长大后读宋代咏灯节事的诗词，便觉得相当面熟，体会也比较深刻。例如吴文英作的《玉楼春·京市舞女》词上半阕：

茸茸狸帽遮梅额，金蝉罗剪胡衫窄。

乘肩争看小腰身，倦态强随闲鼓笛。

写的虽是八百年前元夜所见，一个小小乐舞队年轻女子，在夜半灯火阑珊兴尽归来时的情形，和半世纪前我的见闻竟相差不太多。因为那八百年虽经过元明清三个朝代，只是政体转移，社会变化却不太大。至于新中国成立后虽不过十多年，社会却已起了根本变化，我那点儿时经验，事实上便完全成了历史陈迹，一种过去社会的风俗画。边远小地方年轻人，或者还能有些相似而不同经验可以印证，生长于大都市见多识广的年轻人，反而已不大容易想象种种情形了。

1963 年 3 月写于北京

谈写字（一）

　　社会组织复杂时，所有事业就得"分工"。任何一种工作，必须要锲而不舍地从事多年，才能够有点成就。当行与玩票，造诣分别显然。兼有几种长处，所谓业余嗜好成就胜过本行专业的，自然有人，但这种人到底是少数。特殊天才虽可以超越那个限度，用极少精力，极少时间，作成发明创造的奇迹。然而，这种奇迹期之于一般人，无可希望。一般人对于某种专门事业，无具体了解，难说创造；无较深认识，绝不能产生奇迹。不特谨严的科学是这样，便是看来自由方便的艺术，其实也是这样。

　　多数人若肯承认在艺术上分工的事实，那就好多了。不幸得很，中国多数人大都忽略了这种事实，都以为一事精便百事精。尤其是艺术，社会上许多人到某一时都欢喜附庸风雅，从事艺术。惟其倾心艺术，影响所及恰好作成艺术进步的障碍，这个人若在社会又有地位，有势力，且会招致艺术的堕落。最显著的一例就是写字。

写字算不算得是艺术，本来是一个问题。原因是它在人类少共通性，在时间上又少固定性。但我们不妨从历史来考察一下，看看写字是不是可称为有艺术价值。就现存最古的甲骨文字看来，可知道当时文字制作者，在点线明朗悦目便于记忆外，已经注重到它个别与群体的装饰美或图案美。到铜器文字，这种努力尤其显然（商器文字如画，周器文字上极重组织）。此后大小篆的雄秀，秦权量文字的整肃，汉碑碣的繁复变化，从而节省为章草，整齐成今隶，它那变革原因，虽重在讲求便利，切合实用，然而也就始终有一种造型美的意识存在。因为这种超实用的意识，浸润流注，方促进其发展。我们若有了这点认识，就权且承认写字是一种艺术，似乎算不得如何冒失了。

写字的艺术价值成为问题，倒恰好是文字被人承认为艺术之时。史称熹平时蔡邕写石经成功，立于太学门外，观看的和摹写的车乘日千余辆，填塞街陌。到晋有王羲之作行草书（图七十四），更奠定了字体在中国的艺术价值，不过同时也就凝固了文字艺术创造的精神。从此写字重模仿，且渐重作者本人的事功，容易受人为风气所支配，在社会上它的地位与图画、音乐、雕刻比较起来，虽见得更贴近生活，切于应用，令人注意，但与纯艺术也就更远了。

因此到近来有人否认字在艺术上的价值，以为它虽有社会

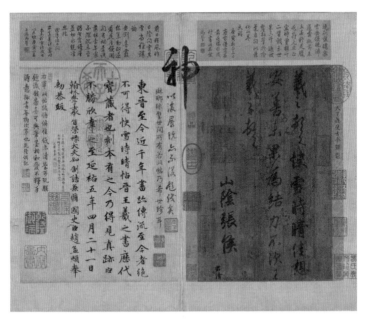

图七十四
东晋 王羲之《快雪时晴帖》，台北故宫博物院藏

地位，却无艺术价值。郑振铎先生是否认它最力的一个人，与朋友间或作小小的舌战，以为写字不能称为艺术。艺术，是不是还许可它在给人愉快意义上证明它的价值？我们是不是可以为艺术下个简单界说："艺术，它的作用就是能够给人一种正当无邪的愉快。"艺术的价值自然很多，但据我个人看来，称引一种美丽的字体为艺术，大致是不会十分错误的。

字的艺术价值动摇，浮泛而无固定性，另外有个原因，不在它的本身，却在大多数人对于字的估价方法先有问题。一部分人把它和图画、音乐、雕刻比较，便见得一切艺术都有所谓创造性，唯独写字拘束性大，无创造性可言。并且单独无道德或情感教化启示力量，故轻视它。这种轻视无损于字的地位，自然也无害于字的艺术真价值。轻视它，不注意它，那就罢了。到记日用账目或给什么密友情人写信时，这轻视它的人总依然不肯十分疏忽它，明白一个文件看来顺眼有助于达到目的。家中的卧房或客厅里，还是愿意挂一副写得极好的对联，或某种字体美丽的拓片，作为墙头上的装饰。轻视字的艺术价值的人，其实不过是对于字的艺术效果要求太多而已。糟的倒是另外一种过分重视它而又莫名其妙的欣赏者。这种人对于字的本身美恶照例毫无理解（凑巧这种人又特别多），正因其无理解，便把字附上另外人事的媒介，间接给它一种价值。把字当成一种人格的象征，一种权力的符咒；换言之，欣赏它只为的是崇拜它。前年中国运故宫古物往伦敦展览时，英国委员选画的标准是见有乾隆皇帝题字的都一例带走。中国委员当时以为这种"毛子精神"十分可笑。其实，有些中国艺术鉴赏者，何尝不是同样可笑。近年来南北美术展览会里，常常可以发现吴佩孚先生画的竹子，冯玉祥先生写的白话诗，注意的人可真不少。假石涛假八大的字画，定价相当的高，还是容易找到买主。几个比较风雅稍明绘事能涂抹两下的朝野要人，把鬻画作画当成副业，收入居然十分可观。凡此种种，就证明"毛子精神"原来在中国是更普遍的存在。几年来"艺术"两个字在社会上走了点运，被人常常提起，便正好仰赖到一群艺术欣赏者的糊涂势利精神，那点对于艺术隔膜，批判不苛刻，对于名公巨卿又特别容易油然发生景仰情绪做成的嗜好。山东督办张宗昌虽不识字，某艺术杂志上还刊载过他一笔写成的虎字！多数人这么爱好艺术，无形中自然就奖励到庸俗与平凡。标准越低，充行家也越多。书画并列，尤其是写字，仿佛更容易玩票，无怪乎游山玩水时，每到一处名胜地方，当眼处总碰到一些名人题壁刻石。若无世俗对于这些名人的盲目崇拜，这些人一定羞于题壁刻石，把上好的一堵墙壁一块石头脏毁，来虐待游人的眼目了。

所以说，分工应当是挽救这种艺术堕落可能办法之一种。本来人人都有对于业余兴趣选择的自由，艺术玩票实在还值得加以提倡。因为与其要做官的兼营公债买卖，教书的玩麻雀牌，办党的唱京戏，倒还是让他们写写字、画点画好些。然而必须认识分工的事实，真的专家行家方有抬头机会，这一门艺术也方有进步希望。这点认识不仅当前的名人需要，当前几个名画家同样需要。画家欢喜写美术字，这种字给人视觉上的痛苦，是大家都知道的。又譬如林风眠先生，可说是近代中国画家态度诚实、用力勤苦的一个模范，他那有创造性的中国画，虽近于一种试验，成就尚有待于他的努力，至少他的试验我们得承认它是一条可能的新路。不幸他还想把那点创造性转用在题画的文字上，如此一来，一幅好画也弄成不三不四了。记得他那绘画展览时，还有个批评家，特别称赞他题在画上的字，以为一部分用水冲淡，能给人一种新的印象。很显然，这种称赞是荒谬可笑的。林先生所写的字，所用的冲淡方法，都因为他对于写字并不当行。林先生若还有一个净友，就应当劝他把那些美丽画上的文字，尽可能地去掉。

话说回来，在中国，一切专业者似乎都有机会抬头，唯独写字，它的希望真渺茫得很！每个认字的人，照例都被动或自动临过几种字帖，刘石庵、邓石如、九成宫（图七十五）、多宝塔、张黑女、董美人等是一串熟悉的名词。有人欢喜玩它，谁能说这不是你的当行，不必玩？正因为是一种谁也知道一两手的玩意儿，因此在任何艺术展览会里，我们的眼福就只是看俗书劣书，别无希望了。专家何尝不多，但所谓专家，也不过是会写写字，多学几种帖，能模仿某种名迹的形似的那么一种人吧。欣赏者不懂字，专家也不怎么懂字。必明白字的艺术，应有的限度，折中古人，综合其长处，方能给人一点新的惊讶，新的启示。欲独辟蹊径，必理解它在点线疏密分布间，如何一来方可以得到一种感官上的愉快，一种从视觉上给人雕塑、图画兼音乐的效果。这种专家当然不多。另一种专家，就是有继往开来的野

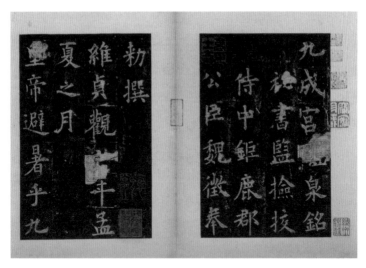

图七十五
宋拓唐刻 欧阳询《九成宫醴泉铭》（局部），故宫博物院藏

心，却无继往开来的能力，终日胡乱涂抹，自得其乐，批评鉴
赏者不外僚属朋辈以及强充风雅的市侩，各以糊涂而兼阿谀口
吻行为，赞叹爱好，因此这人便成一家。这种专家在目前情形
下，当然越来越多。这种专家一多，结果促成一种风气，便是
以庸俗恶劣代替美丽的风气。专家不抬头，倒是"塞翁失马"，
不至于使字的艺术十分堕落，专家抬头，也许更要不得了。

我们若在这方面还存下一点希望，似乎还有两种办法可
以努力，一是把写字重新加以提倡，使它成为一种特殊的艺术，
玩票的无由插手；二是索性把它看成一种卑贱的行业，让各种

字体同工匠书记发生密切关系，以至于玩票的不屑于从事此道。如此一来，从装饰言，将来必可以看到许多点线悦目的字；从应用言，也可望多数人都写出一种便利流动的字。这种提倡值得大家关心，因为它若有了点效果，名流的俗字，艺术家的美术字，不至于到处散播，我们的眼目，就不必再忍受这两种虐待了。

1937 年 4 月发表于天津《大公报·文艺》第 319 期

谈写字（二）

一　宋四家

　　书画到宋代后，有了极大变化，说坏处是去传统标准日远，说特色是敢自我作古。经生体的稳重熟练把握不住，虞欧褚颜的创造天赋也都缺乏。试用代表这个时代的苏黄米蔡作例（图七十六至图七十九），就可知道这几个人的成就，若律以晋唐法度规模，便见得结体用笔无不带点权谲霸气，少端丽庄雅，能奔放而不能蕴藉。就中蔡襄楷书虽努力学古，也并不成功。功夫即下得多，作字结体用笔，都呆俗无精神。米芾书称从兰亭出，去兰亭从容和婉可多远！若遇游山玩水，探胜访奇，兴会来时，攘袖挥毫，摩崖题壁，草草数行，自然尚有些动人处。函简往还，叙述家常琐事，跋赞法书名画，间或记点小小掌故，也留下些妙墨佳书，至若一本正经的碑志文字，四家实少佳作。苏书《罗池庙碑》，蔡书《荔子谱》《万安桥记》，都笔不称名。黄书做作，力求奔放潇洒，不脱新安茶客情调。恰如副官与人对杯，终不能令人想象曲水流觞情景也。米书可大可小，最不宜中，一到正正经经来点什么时，即大有不知如何做的手脚急窘，此外理学大儒、馆阁词臣、元勋武将、词人骚客，也留下许多作品，如朱熹、王安石、司马光、文彦博、韩绛、吴琚、范成大、陆游，大多数可说是字以人传，尤多特别精彩处。其中倒还是范成大和陆游较好。即以四大家而论，米称俊爽豪放，苏称妩媚温润，黄号秀挺老成，蔡号独得大王草法；其实则多以巧取势，实学不足，去本日远。即以对于艺术兴趣特别浓厚、赏鉴力又极高之徽宗皇帝而言，题跋前人名迹时，来三两行瘦金体书，笔墨秀挺中见苍劲，自成一格，还可给人一种洒落印象。写字一到二十行，

图七十六
宋 苏轼《寒食帖》（局部），台北故宫博物院藏

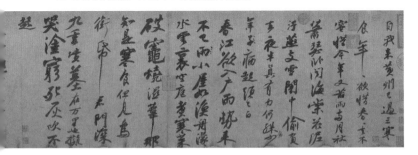

图七十八
宋 米芾《参政帖》，
上海博物馆藏

图七十九
宋 蔡襄《自书诗》（局部），
故宫博物院藏

338

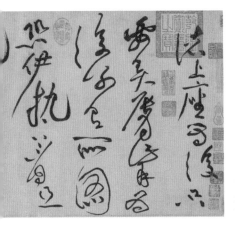

图七十七
宋 黄庭坚《诸上座帖》（局部），
故宫博物院藏

就不免因结体少变化而见出俗气、呆气、头巾气，难称佳制。《墨庄漫录》称：

> 海岳以书学博士召对，上问本朝以书名数人。海岳各以其人对，曰："蔡京不得笔，蔡卞得笔而少逸韵。蔡襄勒字，沈辽排字，黄庭坚描字，苏轼画字。"上复问："卿书如何？"对曰："臣书刷字。"

倪思评及宋贤书时，也有相似意见。大米虽有痴名，人实不痴，既善作伪，又复好洁成癖，对于自己一笔字，平时倒看得极重。其实论到宋代几个有名书家笔墨长短时，这种应对可谓相当准确，并非完全戏谑。说宋人已不能如虞欧褚颜认真写字，并不为过。

宋人虽不长于认真写字，可是后世人作园林别墅匾对，用宋人字体写来，却还不俗气。这种匾对照例可保留一种潇洒散逸情趣，容易与自然景物相衬。即作商店铺户横竖招牌，也比傻仿颜柳字体少市侩气，呆仿六朝碑少做作气。就中尤以米苏字体，在卷轴上作一寸以内题识时，如吴琚与吴宽，笔墨尽管极力求脱俗，结果或者反而难免八分俗气。成行成篇还看得去，一个一个裁下看，简直不成东西！可是若把字体放大到一尺以后，不多不少来个三五字，又却常常雅韵欲流，面目一新，然放大米书容易，放大苏书似不容易。因此能做大字米黄体的有人，做苏书的世多不见。

二　近代笔墨

康南海先生喜谈书法，谈及近百年笔墨优劣时，有所抑扬，常举例不示例，不足以证是非。至于南海先生个人用笔结体，虽努力在点画间求苍莽雄奇效果，无如笔不从心，手不逮意，终不免给人一芜杂印象。一生到处题名，写字无数，且最欢喜写"开张天岸马，奇逸人中龙"一联，却始终不及在云南昆明黑龙潭相传为陈抟那十个字来得秀雅奇逸！一个书家终生努力，还不及他人十个字给人印象之深，似乎也就大可不必写字了。昔人说，鲜于伯几、康里子山笔下有河朔气，评语褒中寓贬。南海先生实代表"广东作风"，启近代"伟人派"一格。反不如梁任公、胡展堂二先生同样是广东人，却能谨守一家法度，不失古人步骤，转而耐看。所以说南海先生代表广东作风，正可与画家中的高奇峰、高剑父、林风眠，同为一条战线上人物。笔下心中都有创造欲，可惜意境不高，成就因之亦有限。政治革命为社会民族作预言，事情不容易而容易；至于文学艺术革命，事情却容易而不容易。为的是这是另外一种战争！

因此让我想起一个附带建议，即盼望现代画家再莫题跋。尤其是几位欢喜题跋的画家，题跋常破坏了画的完美！

其实欲明白清代书法优劣，为南海先生议论取证，不如向故都琉璃厂走走，即可从南纸店和古董铺匾额得到满意答复。因为照习惯，这百十家商店的市招，多近两百年国内名流达宦手笔。虽匾额字数不多，难尽各人所长，然在同一限度中，却多少可见出一点各自不同的风格或性格。北京商店最有名市招，自然应数宣武门外骡马市大街"西鹤年堂"一面金字招牌，传为严分宜手书，还有神武门大街大高殿牌楼几个横额，字体从小欧《道因法师碑》出，加峻紧险迫，筋骨开张；两百年来还仿佛可从笔画转折间见出执笔者执拗性情。至于琉璃厂匾额，实美不胜收。二十六年最摩登的应数梅兰芳为"伦池斋"写的三个字。乾嘉时代多宰臣执政、名公巨卿手笔，刘墉、翁方纲可作代表。咸同之季多儒将手笔，曾、左可作代表。晚清多诗人名士手笔，法式善、宝竹坡可作代表。入民国以后，情形又随政体而变，总统如黎元洪、袁世凯，军阀如吴佩孚、段祺瑞，此外如水竹村人（徐世昌）的大草书，逊清太傅陈宝琛的欧体书，内阁总理熊希龄的山谷体行书，诗人、词客、议员、记者、学者、名伶如樊增祥、姚茫父、罗瘿公、罗振玉、沈寐叟、庄蕴宽、林长民、邵飘萍等，各有千秋的笔墨，都各居一家屋檐下，俯视过路人，也仅过路人瞻仰。到1919年以后，则新社会露头角的名流，与旧社会身份日高的戏剧演员，及在新旧社会之间两不可少的印人画家，如蔡元培、胡适之、梅兰芳、程砚秋、齐白石、寿石工诸人写的大小招牌，又各自填补了若干屋檐下空缺。所以从这个地方，我们不仅可以见出近两百年来有象征性的大人物名姓墨迹，还可从执笔者的身份地位见出时代风气的变迁。先是名公宰臣的题署，与弘奖风雅大有关系，极为商人所尊重。其次是官爵与艺术分道扬镳，名士未必即是名臣，商人倒乐意用名士作号召。再其次是遗老与军阀，艺员与画家，在商人心中眼中已给予平等重视，这些人本身也必然亦承认了这个现实平等观。"民主"二字倒真像快要来到了。再其次是玩古董字画卖文房四宝，已得用新的一群作象征，也可知事实上这个新的一群，在时代新陈代谢中，已成为风雅的支持者了。

琉璃厂古董铺已有悄悄改营金钞生意的，旧书铺或兼卖新体小说或率性改作纸烟杂货店，横匾自然就已到可有可无时代了。

三　市招与社会

　　若说从故都一条小街上的市招字体，可看出中国近百年书法的变化，和中国历史文化的新陈代谢及社会风气的转移，那从各地都会市招上，也一定可以明白一点东西。凡较热闹的省会，我们一定会感觉到一件事，即新的马路和新的店铺，多用新的市招。虽间或可从药店和糕饼店、南纸店，发现一二旧式匾额，比较上已不多。可知这三样旧社会的商业，或因牌号旧，或因社会需要，在新的都会中尚勉强能存在。但试想想，旧药店已不能不卖阿司匹林，糕饼店也安上玻璃柜兼售牛奶面包，南纸店更照例得准备洋墨水和练习簿，就可知大都会这些旧牌号，虽存在实勉强存在，过不久恐都得取消了。最后剩下的将是中医与财神庙的匾额，这是中国人五十年内少不了的。虽然新式理发馆或大银行门面，依然常常有个伟人题字点缀，一看也就知道所需要的正如办丧事人家题铭旌，只是题字人的功名，字体好坏实已不再为任何方面注意。武昌黄鹤楼废基上的露天摊子，"小孔明"的招子，已到用什么总队的大队长的美术字来招徕主顾了。

不过从执笔方面，也多少可以看出一点代表地方的象征。譬如说，南京有的是官大名分多的革命要人，市招上题名也大多数是这种要人。1929年以后，南京的旅馆、饭馆以及什么公司，都可发现谭、于诸老的墨迹，多少也可象征一个不再重职业阶级的民主国伟人气度。山东究竟是文化礼仪之邦，济南市面虽日益变新，旧招牌尚多好好保存。较新的牌号，大多数还是一个胶东状头王垿所包办，《九成宫醴泉铭》作底子的馆阁体欧书，虽平板些不失典型。长沙是个也爱名人也重伟人的地方，各业匾额便多谭延闿先生《争座位帖》颜体大字，和书家杨仲子（杨度之弟）六朝体榜书，两人秋色平分。杭州是个也有名流也要书家的地方，所以商店中到处可见周承德先生宽博大方的郑文公碑体写在朱红漆金字大匾上。至若西湖沿湖私人别墅园亭，却多国内近三十年名流达官的题署。上海是个商业都会，并且是个五方杂处、英雄豪杰活动地方，所以凡用得着署名市招的，就常有上海闻人虞洽卿、王一亭、杜月笙的题字。近代社会要人与闻人关系既相当密切，因之凡闻人的大小企业，从百货公司到成衣店，却又多要人题字。

四　新问题

大凡欢喜写写字，且乐意到一个新地方从当地招牌上认识那地方文化程度或象征人物的，都可能有个相差不多的印象或感想，即招牌字体有越来越不高明的趋势。或者因为新式商店门面宽窄无定，或者因为油漆匠技术与所用材料恶劣，居多招牌字体比例就永远不会与匾额相称，匾额又照例难与门面装饰性相调和。至于请求名人动笔的商人呢，似乎已到不明好坏、不问好坏情形，只是执笔的官位越大或为人越富于商标性就越好。至于写字的名人伟人呢，若还想把它当成一件事做，好坏之间还有点荣辱感，肯老老实实找个人代笔，还不失为得计。不幸常常是来者不拒，有求必应。有些人竟特别欢喜不择纸笔，当众挥毫，表示伟大洒脱。不是用写径寸字体的结构方法放大成对径二尺三尺的大字，就是用不知什么东西制成的笔，三涂五抹而成，真应了千年前火正后人米颠说的，不是"勒"字就是"排"字，不是"描"字就是"刷"字，可是论成就，却与古人相去甚远！虽说这种连扫带刷的字体，有时倒也和照相馆、西药房这些商号本身性质相称，可是这一来，在街上散步时，我们从市招上享受字体愉快的权利，可完全被剥夺了。

权利去掉后自然多了一种义务，那就是在任何地方都可碰头的伟人字和美术字。这两者合流，正象征一种新的形成，原来是奠基于"莫名其妙"和"七拼八凑"。从写字看文化，使我们感觉到像上月朱自清先生对于政府十年前迫学生用毛笔的复古担忧，为不必要。也对梁思成先生主持北平文整会的修理工作的意见，同意以外觉得茫然。因为要人中虽还有个吴稚老，欢喜写写篆字，至于另外一位富有民主风度的于胡子，写的字就已经像是有意现代化，用大型特制原子笔做成莼菜条笔锋。北平琉璃厂的戴月轩李福寿，好笔作价已到三千万元，政府哪还有兴趣能够强迫人用毛笔写好字！至于费三十五十亿元来收拾的故都，也真只是将将就就来收拾一下罢了。因为国内最有历史价值的建筑雕刻，当数山西河洛，许多地方都是梁先生伉俪在 1934 年到 1937 年亲身调查过的。多年战乱，云冈和天龙山已面目全非，五台赵城的土木建筑，毁去的更无可补救。和平胜利后，随之而来是一个更猛烈残酷的内战，炮火焚灼所及，这些东东西西留下的废墟，也会因种种情形而完全毁去本来样子，踪迹不存。十年前保存在中国营造学社，人间仅有的一些建筑照片，听说一部分已在八年前寄存于天津一银行库中时为水毁去。能爱惜、研究、保存的专家，全中国只那么一二人，个人即雄心依旧，必和国内其他工矿专家一样，也快老了，体力精神消耗得都差不多了，即使有机会再来工作，也恐怕来不及了。整个国家却正在具体和抽象的两种大火中无限制地焚烧。读读《大公报》上连载的梁先生的那篇文章，让我们看到一个对历史和文化有责任有良心的专家，活在二十世纪上半期的中国，灵魂上的灾难实如何深刻。梁先生也许会和我有同感，即一个故宫博物院最大的用处，如只是五月二十这一天，把宫灯挂出来点缀纪念，不能作更有意义的改革，并供给多数人研究学习的便利，这个博物院的存在与否，实在都无意义可言！且不妨比朱佩弦先生主张听它毁坍还激烈，进而主张一把火烧去。但目前更重要的，或者还是凡力之所及能保存的，即毁去也无助于社会革命发展的。"文化保卫"四个字若还有点意义，有许多事就值得分开来说来看，而这个分别的责任，即落在对国家民族对世界文化有认识有良心的读书人肩上。这时节作豪言壮语易，说这种良心话却难。我们实在还需要更多像梁思成先生的意见，提出给全国各方面参考。因为任何一个新的社会来临，就还需要工业和其他！

从写字也可让我们明白，社会在变，字体在变，可是字的存在为人民继续当作一种传达意见情感的工具来运用，至少在中国总还有个百十年寿命可言。字本来是让人认识的，如像北伐以后，近二十年来政工人员写的美术字标语，实在不容易认识，也并不怎么美，使我觉得即此一事，提出向"传统学习"的口号，也就还有其必要！但是向一个现代从事政工人员说"标语字要明白简单醒目而有效果，宜于从传统学习"，当然像是完全胡说！因为凡是这一行工作，都正在打倒"传统"，而学的却是有现代性的"美术字"。辩论结果，只会相互头痛。

1948 年 7 月发表于《论语》半月刊第 156 期

1902—1922

生于湖南凤凰县一军人家庭，有苗族、土家族血统。因家道中落，小学毕业后入湘西土著部队，当过补充兵、司书、警察所办事员、屠宰税收税员。后失业，浪迹沅水流域各地。辛亥革命的见闻和军旅生涯，使他逐渐形成对屠杀和滥用权力的憎恶，对"农人与兵士，怀了不可言说的温爱"，以及"知识同权力相比，我愿意得到知识，放下权力"的人生态度。

1923—1924

在保靖湘西巡防军统领官陈渠珍处任书记时，受五四运动余波影响，脱离部队赴北京，读大学幻想破灭，但结识一批青年知识分子朋友。在贫困无业中，故都街市成为他反复观摩的古代文化博物馆，京师图书馆成为他读书和避寒场所，北京大学开放政策让他能自由选择旁听课程。

1925

为谋生当过发报员、秘书、图书管理员。经历无数挫折，开始在报刊大量发表习作，涉及散文、小说、杂文、诗歌、剧本、文论，以短篇小说为主。因在《现代评论》发表过部分作品，后被批评者归入"现代评论派"。

1926—1927

第一个作品集《鸭子》出版。1926年秋从香山慈幼院图书馆辞职，成为中国最早的职业作家之一。

1928

转赴上海，一年间出版了十一部作品集，创作渐趋成熟。因《新月》常刊载其小说，被批评者归入"新月派"。

1929

与胡也频、丁玲合作创办《红黑》《人间》月刊，因亏损不久即停刊。为解困到中国公学国文系应聘任讲师，并在暨南大学兼课。

1930

秋，到武汉大学国文系任助教。

1931

为营救被捕的胡也频奔波，胡遇害后掩护丁玲送遗孤回湘，失去武汉大学教职。秋，受聘为青岛大学讲师。

1932

创作力更趋旺盛，题材风格呈多样化，除当年大量作品发表和出版外，《阿黑小史》《从文自传》《八骏图》《月下小景》等未出版著作也写于青岛。

1933

夏，应邀赴北平参加编辑中小学教科书。9月与张兆和结婚；和杨振声共同主持编辑《大公报·文艺副刊》。因发表《文学者的态度》等作品，批评在"海派"名目下的商业竞争，引发持续到翌年的文坛"京海之争"。

1934

创作并发表《湘行散记》，出版《从文自传》《记丁玲》《边城》《沫沫集》等代表作。

1935

秋，《大公报·文艺副刊》改名《大公报·文艺》，推荐萧乾接编每周三期，自己和杨振声只负责星期日扩大版。

1936

两度过南京时探望在软禁中的丁玲。4月起，《大公报·文艺》全交萧乾编。发表《作家间需要一种新运动》等文章，批评文学创作"差不多"现象，反对作家依附政治和文学中的商业作风，引发持续到翌年的论争。

1937

卢沟桥事变后，与一批知识分子结伴离开沦陷的北平，辗转到武汉，继续教科书编辑工作。

1938

经沅陵赴昆明，继续编教科书。开始创作《湘西》《长河》等作品。冬，眷属抵达昆明。

1939

参编《今日评论》周刊文艺部分；受聘为西南联大副教授。

1940

参编《战国策》半月刊文艺部分，被批评者归入"战国策派"。为呈贡难童学校兼授义务课。

1941

出版《烛虚》，反映近年散文风格趋哲理性思考的变化。为呈贡育侨中学兼授义务课。

1942

《长河》第一卷书稿被删被扣不能出版，《芸庐纪事》发表前部分被扣，两部未完作品创作中断。

1943

西南联大改聘他为教授。带探索性小说《看虹录》《摘星录》受批评指责。为呈贡县中兼授义务课。

1944

近年结集的书每本都必被扣数篇，致《王谢子弟》《衣冠中人》等几个短篇集无从出版。为桃源建国中学兼授义务课。

1945

对党派政治反感，未接受闻一多劝他加入中国民主同盟的建议。

1946

西南联大结束，被聘为北京大学国文系教授。10月起主编《益世报·文学周刊》，12月起主编《平明日报·星期艺文》，实由周定一负责。主张非党专门家形成不同政治力量寻求避免内战的时评，被当局禁止发表。反映对时局看法的《从现实学习》等文章受到左翼阵营作家激烈批评。

1947

参编《文学杂志》。评论时局反内战的文章继续受到批评。

1948

热心协助北大博物馆筹建工作；为北大博物馆专修科备课，编写《陶瓷史》等教材。12月，刊物因战火延及平津停办；预计将不得不终止文学生涯，但未接受南京政府陈雪屏南下通知，决定留在北平。

1949

年初，因受到空前政治压力和恐吓，精神失常，3月病中自杀获救，失去北大国文系教职。6月完成《陶瓷史》编撰。8月彻底改业，转入北平历史博物馆，除分派的工作外，经常在陈列室为普通观众做说明，并坚持多年。

1950

送入华北人民革命大学学习，年底毕业回到博物馆，任陈列部设计员。

1951

参与敦煌文物展布展、讲解工作。10 月赴四川参加土地改革。

1952

3 月回京后被抽调参加文物行业"五反运动"联合检查组，过眼被查处文物数十万件。

1953

开始发表物质文化史研究论文。应邀在中央美术学院兼课。以工艺美术界身份出席第二次文代会。开明书店通知他因作品过时，所有已印未印书稿及纸型均奉命销毁。台湾当局因政治原因禁止出版他的一切作品。

1954

发表阐述其治学观的论文《文史研究必需结合文物》。

1955

参与再版《红楼梦》注释。参与编撰《中国历史图说》，任编委。

1956

增选为全国政协特邀委员。兼任故宫博物院织绣研究组顾问。

1957

出版《中国丝绸图案》。

1958

携故宫博物院、历史博物馆部分馆藏文物，历时三个月，去杭州、苏州、南京丝绸生产基地，面向工人、设计员、研究人员巡回展出，提供古为今用服务并调研。出版《唐宋铜镜》。谢绝接任北京市文联负责人的提议。

1959

筹划在中国历史博物馆新馆开展丝绸服装史等研究方向。为故宫作织绣陈列馆设计并参与布展。

1960

出版论文集《龙凤艺术》。着手为长篇传记体小说准备材料，同时《中国服饰资料》重点工作开始进行。为人民艺术剧院《虎符》剧组提供古为今用资料和咨询服务，此后陆续为多部历史剧提供类似帮助。

1961

任高等艺术院校工艺美术类教材编写组顾问。夏，撰写《抽象的抒情》，发抒对文艺政策的看法。11月应邀访问南昌、庐山、井冈山、赣州、景德镇等地三个多月，试作几组旧体诗，长篇小说未动笔。

1962

未发表的研究论文供景德镇陶瓷研究所编写《中国的瓷器》引用，协助修改补充书稿，并作序。

1963

主审新的几部工艺美术类统编教材。12月贯彻周总理指示，中国历史博物馆组建编撰《中国古代服饰资料》的工作体系，任主编。

1964—1965

7月，《中国古代服饰资料》经层层审查后交稿；因政治形势变化出版搁置。担心被抓辫子扣帽子，对出版不抱希望。

1966—1968

"文化大革命"中受冲击，到1968年末"曾初次作过大小六十多次的检讨"。

1969

6月，获得"解放"。9月，张兆和下放五七干校。11月，作为中国历史博物馆老弱病残职工，被首批下放到湖北咸宁的五七干校。

1970—1971
在干校多次迁徙，曾作大量旧体诗，据记忆撰写多篇文物专题论文，撰写博物馆四十展柜的改陈建议。

1972—1977
获准请假回京治病，立即数次修订《中国服饰资料》，恢复对各方面提供古为今用服务。继续专题研究，但长期苦于得不到应有支持。

1978
调中国社会科学院历史研究所，完成《扇子应用进展》等新著。冬，中国社会科学院抽调助手配合，建立临时工作室，对《中国服饰资料》进行大量修改补充。

1979
2月，《中国服饰资料》再次交稿，但出版者几经变动。11月，出席第四次全国文代会。国内开始有对他的文学成就的研究和重新评价。

1980
中国社会科学院历史研究所组建古代服饰研究室。冬，应邀出访美国，先后在十五所大学作二十三次演说。

1981
文学旧作陆续结集出版。9月，服饰资料在香港以《中国古代服饰研究》为书名出版。

1982
春，到湖北江陵考察楚墓新出土丝织物。文学作品结集出版持续增加。

1983—1988

因脑血栓影响工作能力，继续指导《中国古代服饰研究》的增订工作。对大陆出现的"沈从文热"劝阻降温。台湾对他作品的出版逐渐解禁。

1988年5月10日

在北京病逝。

沈虎雏　编
2006年2月

编者手记

沈从文先生在 1949 年后，与友人通信时说，"我也不要写作了，反正写作有很多年轻人，我要做的是工艺美术史的研究，给下一代留个礼物吧。"早已确立了文学地位的沈从文，虽然从来没有受过专业的美术方面的训练，但是对于他要开始做的文物研究有着强烈的自信，和他对自己文学作品价值的自信是一样的。他转行于文物研究，取得了同样令人瞩目的成就。

相信每一位读过沈从文先生文学作品的人，都会被他作品中那种对"人"的爱和理解而深深感动。这样的爱和理解依旧流淌在这些关于古物研究的文章中，他爱的是那个产生动人作品的"人"的心，那些不知名的古人，他们的勤劳、热情和追求，融会于这些古物中，经过千百年，遇见了这个懂他们的人。他说，"（对于普通人）生活在卑微平凡中的哀乐，十分十分熟习。懂他们的心。因为我事实上懂他们比懂古董还细致具体。"

这份对世间生活的深挚之情和对文化传统的自爱之心,像一颗种子潜藏在他生命中,在沈从文的人生转折之际,便展现了生命力。编辑本书时,感到了一种安宁和沉静,也感动于这样一种朴素沉默的努力。

《古人的文化》即是从沈从文先生文物研究的著作中选取的以"古代文化"为主题的文章结集。本书编者朱玲女士在选编过程中参考了《沈从文全集》(28—31卷)、《龙凤艺术》《中国社会科学院学者文选——沈从文集》《沈从文的文物世界》等书。沈从文先生的作品,目前一般可以视为文献来处理,确属出版时的排印错误均已校改,但对当时的习用语、习用字尽量保留。从他的写作过程可以知道,很多文章在写作时,手边并没有资料,有时候"一切全凭记忆"。在编校中确发现有些错漏之处,均已修订或加注。

本书编辑完成后,设计师瞿中华请黄永玉老先生题写书名,已经九十多岁高龄的黄老先生欣然同意,写下了"古人的文化"这几个字。沈从文是黄永玉的表叔,在黄老先生的文章《这些忧郁的碎屑》中,曾经描写了这样一段对话:

"三月间杏花开了,下点毛毛雨,白天晚上,远近都是杜鹃叫，哪儿都不想去了……我总想邀一些好朋友远远地来看杏花，听杜鹃叫。有点小题大做……"我说。

"懂得的就值得！"他（沈从文）闭着眼睛，躺在竹椅上说。

责任编辑：王飞宁
2023 年 4 月

2023 年 6 月 13 日，黄永玉先生与世长辞。